法 裁 判 論

헌법 재판론

조재현 지음

박영사

머리말

로스쿨 제도가 출범한 지 5년째를 맞고 있다. 그동안 법학교육에는 많은 변화가 있었다. 뚜렷한 변화라면 학부전공과 상관없이 3년 동안 법학에 대한 이론과 실무교육이 함께 이루어진다는 점이다. 로스쿨 제도의 취지가 다양한 전공을 가진 사람들을 이론과 실무를 겸비한 우수한 법률가로 양성한다는 데 있는 만큼, 교과과정의 구상과 설계는 로스쿨 도입의 목표를 향하고 있어야 한다. 교과과정의 실제 운용도 변호사시험과 별개로 이루어질 수 없다. 변호사시험은 선택형 문제와 사례중심으로 실시되는 사법시험과는 달리 기록형 시험이 추가된다. 실무적 요소가 강화된 변호사시험은 교육현장의 변화를 요구하고 있다. 교수는 이론 중심의 강의에만 머물 수 없고, 학생들의 학습과 수험준비는 이전과 다른 차별화된 전략이 필요하다. 판례내용과 소송절차에 대한 정확한 이해는 필수적이다. 헌법학의 경우도 예외가 아니다. 헌법재판소 판례가 강의의 중요한 비중을 차지하게 되었고, 헌법소송법적 분야가 로스쿨 교육과정에서는 필수 교과목이 되었다. 필자는 헌법이나 헌법재판 강의시간에 가능한 많은 판례를 학생들에게 소개하려고 노력하였다. 일부 학생은 그러한 강의 자료를 수험에 활용하는 경우도 있었다. 부족한 강의 자료를 믿고 변호사시험 준비에 활용하는 학생들을 보면 고마운 마음과 함께 한편으로는 체계적이고 완결된 형태의 강의 교재를 제공하지 못하였다는 점 때문에 미안한 마음이 교차하기도 하였다. 법학이라는 방대한 학습 분량과 3년이라는 짧은 기간의 함수관계를 가장 효율적으로 해결하는 방안은 강의시간에 사용되는 자료나 교재가 변호사시험장에서 수험준비서로 활용되어야 한다는 점이다. 그러한 강의 교재의 개발은 연구 이외에 우리가 감당해야 할 몫이다.

『헌법재판론』을 출간하면서 기쁨보다는 걱정이 앞선다. 허영 선생님께 헌법을 배우면서 훌륭한 학자가 되기를 희망하지는 않았지만, 부끄러운 제자가 되지 않기를 조심스럽게 희망했었다. 『헌법재판론』을 훌륭한 학술서로서 기획하지는 않았다. 강의를 듣고 변호사시험을 준비하는 학생들의 고민을 조금이나마 덜어 줄 수 있다면, 그것으로 내가 희망했던 목표는 채울 수 있을 것이라 생각한다. 앞으로 그러한 방향으로 『헌법재판론』을 발전시킬 것을 약속하면서 출간의 변을 대신하고자 한다.

이 책이 출간되기까지는 많은 분들의 도움이 있었다. 부족한 제자의 길을 언제나 지지해 주시고 학문적 영역에서뿐만 아니라 모든 생활영역에서 나의 사표가 되시는 허영 선생님께 감사를 드린다. 동아대학교 법학전문대학원에서 연구와 강의에 전념할 수 있도록 학문적 조언과 격려를 아끼지 않으시는 정만희 교수님께도 감사를 드린다. 출판을 허락해 주신 박영사의 안종만 회장님과 출판의 전 과정을 마치 오랜 친구처럼 도와주시고 기획해 주신 조성호 부장님께 감사드리며, 출판과정에서 실무적으로 도움을 주신 분들에게도 고마운 마음을 전하고 싶다. 박영사 편집부의 엄주양 대리님은 조판과 교정에 있어서 감동을 주었다. 동아대학교 대학원 박사과정에 재학하고 있는 김형섭 법학석사와 동아대학교 법학전문대학원을 졸업하고 법무법인 구덕에서 근무하고 있는 이하늬 변호사도 교정작업을 도와주었다. 끝으로 당신의 자식걱정의 끝이 어딘지를 도무지 알 수 없게 하시는 자친이신 김도필, 곁에서 항상 못난 사람을 믿고 응원해 주는 아내 최보영, 기쁨과 평화를 주는 아들 연우와 출간의 기쁨을 함께 하고 싶다. 이 모든 상황을 허락하신 하나님께 감사드린다.

2013. 8

저자 조 재 현

차 례

제 1 편 헌법재판

헌법재판

제 2 편 일반심판절차

01_ 재판부와 소송당사자

02_ 심판의 청구와 결정

03_ 가처분과 재심

제 3 편 특별심판절차

01_ 위헌법률심판제도

05_ 헌법소원심판

헌법재판론

제1편 헌법재판

제2편 일반심판절차

제3편 특별심판절차

헌법재판

제 1 절 헌법재판의 의의

Ⅰ. 헌법재판의 의미

헌법재판이란 헌법적 분쟁에 관하여 분쟁이 발생한 경우에 독립적 지위와 관할권을 가지는 헌법기관이 이를 유권적으로 해결하는 헌법의 인식 및 실현작용을 말한다. 우리 헌법은 헌법재판으로 헌법 제111조 제 1 항에서 위헌법률심판, 탄핵심판, 정당해산심판, 권한쟁의심판, 헌법소원심판 등을 열거하고 있다.

Ⅱ. 헌법재판의 목적

헌법재판의 가장 중요한 목적은 헌법의 규범력을 확보하고 국민의 기본권을 보장하는 것이다. 헌법재판소는 모든 종류의 헌법재판을 통하여 헌법과 법질서의 통일성을 유지하고 헌법의 최종 목적인 국민의 기본권을 보장함으로써 국가와 사회에서 서로 대립하거나 갈등하는 의사와 이익을 조정하고 통합한다.

헌법재판에서 기본권을 보장하는 대표적인 심판으로는 헌법소원심판제도와 위헌법률심판제도를 들 수 있다. 국회가 국민의 기본권을 침해하는 법률을 제정한 경우에 위헌법률심판이나 헌법소원심판을 통하여 해당 법률의 효력을 상실시킴으로써 국민의 기본권을 보호한다. 특히 헌법소원심판은 공권력의 행사나 불행사로 인하여 기본권이 침해된 경우에 이를 구제하는 강력한 수단이다.

탄핵심판제도, 정당해산심판제도, 권한쟁의심판제도도 간접적으로 기본권을 보장하는 데 기여한다. 탄핵심판제도는 직무상 권한을 남용하여 위법한 행위를 한 자를 공직에서 배제하는 방법을 통하여 기본권적 가치의 침해를 방지하는 데 기여한다. 정당해산심판제도는 정당이라는 집단의 힘으로 기본권을 보장하고 있는 헌법을 부정하거나 헌법질서를 전복하려는 시도를 제거하여 기본권을 실현하려는 데 기여한다. 권한쟁의심판제도는 권력의 남용과 오용으로 인하여 기본권의 침해가 발생하는 것을 방지하는 역할을 간접적으로 수행한다.

III. 헌법재판의 법적 성격

헌법재판은 재판작용으로서의 성질도 가지고 있고, 규범통제의 경우에는 입법작용으로서의 성질도 가지고 있으며, 정치작용으로서의 성질도 가지고 있다. 헌법재판이 가지고 있는 이러한 특성으로 인하여 헌법재판작용을 입법작용, 행정작용, 사법작용과 구별하여 제 4 의 국가작용이라고 하기도 한다.

제 2 절 한국의 헌법재판

Ⅰ. 헌법재판기관

1. 헌법재판기관으로서 헌법재판소

헌법재판소는 헌법 제111조 제 1 항에 열거된 헌법재판에 관하여 독점적이고 배타적인 관할권을 가진다. 미국이나 일본과 같이 연방대법원이나 최고재판소가 담당하는 입법례와 달리 우리나라처럼 헌법재판의 각종 심판절차에 대한 관할을 헌법재판소가 독점하는 시스템을 헌법재판의 집중형 시스템이라고 한다.

2. 구체적 규범통제의 이원화

헌법 제107조 제 2 항에서 "명령·규칙 또는 처분이 헌법이나 법률에 위반되는 여부가 재판의 전제가 된 경우에는 대법원은 이를 최종적으로 심사할 권한을 가진다"고 규정하여 구체적 규범통제에서 법률을 제외한 명령 또는 규칙 등의 위헌여부심사를 헌법재판소가 아닌 대법원이 관장하도록 정하고 있다.

Ⅱ. 한국에서의 헌법재판의 역사

1. 1948년 헌법

(1) 구체적 규범통제와 탄핵심판의 이원화

1948년 헌법에서는 헌법재판을 구체적 규범통제와 탄핵재판으로 이원화하였다. 법률의 위헌여부심판을 위하여 헌법위원회제도가 채택되었고, 탄핵사건을 심판하기 위해 탄핵재판소를 설치하였다.

(2) 헌법위원회

헌법위원회는 법률의 위헌여부심판에 대해서만 관할권을 가졌다. 헌법위원회는 부통령을 위원장으로 하고 대법관 5인과 국회의원 5인의 위원으로 구성되었다. 국회의원과 대법관 가운데서 각각 예비위원을 두었다.

(3) 탄핵재판소

대통령, 부통령, 국무총리, 국무위원, 심계원장, 법관 기타 법률이 정하는 공무원이 직무수행과 관련하여 헌법 또는 법률에 위배한 때에는 국회가 탄핵을 소추할 수 있도록 하였고, 이러한 탄핵사건을 심판하기 위하여 탄핵재판소가 설치되었다. 탄핵재판소는 부통령을 재판장으로 하고 대법관 5인과 국회의원 5인의 심판관으로 구성되었다.

(4) 헌정의 실제

1952년 헌법과 1954년 헌법에서도 헌법재판제도의 기본적인 내용은 그대로 유지되었다. 헌법위원회는 1950년부터 업무를 시작하였으나 그 활동은 미미하였으며, 10년간 6건의 사건을 처리하는 데 그쳤다.

2. 1960년 헌법

(1) 헌법재판소제도의 도입

1960년 헌법은 종전의 헌법위원회 제도를 폐지하고 헌법재판소제도를 도입하였다. 헌법재판소의 관장사항은 법률의 위헌여부심사, 헌법에 관한 최종적인 해석, 국가기관 간의 권한쟁의심판, 정당해산심판, 탄핵재판, 대통령·대법원장·대법관의 선거에 관한 소송으로 하고 있었다.

(2) 헌법재판소의 구성

헌법재판소는 대통령, 대법원, 참의원이 각 3인씩 선임하는 9인의 심판관으로 구성하도록 하고 있었으며, 심판관의 임기는 6년으로 하고 2년마다 3인씩 개임하도록 하였다. 헌법재판소장은 심판관 중에서 재적 심판관의 과반수의 찬성으로 호선互選하여 대통령이 확인하는 방식을 취하였다.

(3) 헌법재판의 특징

헌법재판소가 법률의 위헌여부를 관장하도록 하고 있었는데, 규범통제의 절차에서 특징적인 점은 법률의 위헌여부나 헌법에 관한 최종적인 해석을 헌법재판소에 제청하는 권한을 법원 이외의 당사자도 가지도록 하였다는 점이다.[1] 그리고 법원에 사건이 계속됨이 없는 경우에도 법률의 위헌여부심사를 헌법재판소에 제청할 수 있었다.[2] 이 경우 제청인을 국회와 같은 국가기관에 한정하면 추상적 규범통제가 이

1 1961년 헌재법 제 9 조(위헌제청과 법원의 재판) ① 법원에 계속 중인 사건에 관하여 법원 또는 당사자가 법률의 위헌여부의 심사나 헌법에 관한 최종적 해석을 헌법재판소에 제청하였을 때에는 헌법재판소의 결정에 의하여 당해 사건에 대한 법원의 재판은 헌법재판소의 판결이 있을 때까지 정지할 수 있다. 단, 형사소송법 제92조 제 1 항 후단의 구속기간과 민사소송법 제184조의 판결선고기간을 산정함에 있어서는 본항의 재판정지기간은 이를 산입하지 아니한다.

2 1961년 헌재법 제10조(제청서기재사항) ① 법원에 계속 중인 사건에 관하여 법률의 위헌여부의 제청을 할 때에는 다음 각호의 사항을 기재하고 필요한 서류를 첨부하여야 한다. 1. 제청법원 또는 제청인의 표시, 2. 사건의 표시, 3. 위헌이라고 해석되는 법률 또는 법률의 조항, 4. 위헌이라고 해석되는 이유, 5. 기타 필요한 사항.
② 법원에 사건이 계속됨이 없이 법률의 위헌여부 또는 헌법에 관한 최종적 해석을 제청할 때에는 제청서에 다음 사항을 기재하여야 한다.
1. 제청인의 표시, 2. 위헌이라고 해석되는 법률조항 또는 해석을 요구하는 헌법의 조항, 3. 위헌이라고 해석되는 이유 또는 당해헌법조항에 대한 제청인의 해석, 4. 기타 필요한 사항.

루어지고, 제청인을 일반국민에까지 확대하면 일종의 민중소송이 이루어지게 된다. 결국 입법자는 모든 종류의 규범통제, 즉 구체적 규범통제뿐만 아니라 추상적 규범통제제도까지 제도화할 수 있었다.

(4) 헌정의 실제

1960년 헌법은 우리 헌법사에서 가장 현대적인 헌법재판제도의 모습을 띠는 것이었으나, 헌법재판소가 구성되기도 전에 5·16군사쿠데타로 출범조차 하지 못하였다.

3. 1962년 헌법

(1) 대법원과 탄핵심판위원회

1962년 헌법에서는 헌법재판소제도를 폐지하고 대법원에서 위헌법률심사와 정당해산심판을 하게 하였으며, 탄핵심판위원회를 두어 탄핵심판을 담당하도록 하고 있었다.

(2) 대 법 원

대법원은 대법원장과 대법원판사로 구성되었으며, 법률 또는 명령 등의 위헌여부심사와 정당해산심판을 담당하였다. 법률이나 명령 등의 위헌여부가 재판의 전제가 된 경우 대법원이 이를 최종적으로 심사하는 권한을 가졌다. 정당의 목적이나 활동이 민주적 기본질서에 위배될 때에는 정부는 대법원에 그 해산을 제소할 수 있고, 정당은 대법원의 판결에 의하여 해산되도록 하였다.

(3) 탄핵심판위원회

탄핵심판위원회는 대법원장을 위원장으로 하고 대법원판사 3인과 국회의원 5인의 위원으로 구성되었다. 다만 대법원장을 심판할 경우에는 국회의장이 위원장이 되었다. 그리고 심판위원회에는 8인의 예비심판위원을 두었다.

(4) 헌정의 실제

1962년 헌법재판제도는 1969년 헌법에서도 동일하게 유지되었다. 이 시기 동안 대법원의 위헌법률심사는 활발하지 못하였으며, 사형제도, 강간죄 등이 합헌으로 선언되었다. 다만 1971년 국가배상법 제2조 제1항 단서와 법원조직법 제59조 제1항 단서에 대하여 위헌판결이 선고되었다.

4. 1972년 헌법

(1) 헌법위원회제도의 부활

1972년 헌법은 헌법위원회제도를 다시 부활시켰다. 헌법위원회는 법률의 위헌여부심판, 탄핵심판, 정당해산심판을 관장하였다.

법률이 헌법에 위반되는지의 여부가 재판의 전제가 된 때에 법원의 제청으로 위헌여부를 심판하도록 하였다. 대통령·국무총리·국무위원·행정각부의 장·헌법위원회 위원·법관·중앙선거관리위원회 위원·감사위원 기타 법률에 정한 공무원이 그 직무집행에 있어서 헌법이나 법률을 위배한 때에는 국회는 탄핵을 소추할 수 있으며, 헌법위원회가 탄핵을 결정한다. 정당의 목적이나 활동이 민주적 기본질서에 위배되거나 국가의 존립에 위해가 될 때에는 정부는 헌법위원회에 그 해산을 제소할 수 있고, 정당은 헌법위원회의 결정에 의하여 해산된다.

(2) 헌법위원회

헌법위원회는 9인의 위원으로 구성되었다. 국회가 3인을 선출하였고, 대법원장이 3인을 지명하였으며, 9인 모두 대통령이 임명하였다. 헌법위원회 위원의 자격요건에는 법관의 자격을 요구하지 않았다.

(3) 헌정의 실제

1972년 유신헌법 체제하에서는 헌법위원회에 위헌여부심판의 제청이 한 건도 없었기 때문에 헌법재판이 행해지지 않았다.

5. 1980년 헌법

1980년 헌법은 1972년 헌법의 헌법위원회제도를 그대로 답습하여 법률의 위헌여부심판, 탄핵심판, 정당해산심판 등을 관장하도록 하였다. 다만, 구체적 규범통제제도에서 "법률이 헌법에 위반되는 여부가 재판의 전제가 된 경우에 법원은 법률이 헌법에 위반되는 것으로 인정한 때에는 헌법위원회에 제청하여 그 결정에 의하여 재판한다"라고 변경하여 대법원판사 전원의 2/3 이상으로 이루어진 합의체에서 당해 법률의 헌법위반여부를 결정하고, 여기에서 헌법에 위반되는 것으로 인정할 때에 헌법위원회에 송부한다고 하여 대법원의 불송부결정권을 규정하였다.[1]

1 헌법위원회법 제15조 제3항.

제 3 절 헌법재판소

Ⅰ. 헌법재판소의 구성

1. 헌법재판소 재판관의 임명

헌법재판소는 대통령이 임명하는 9인의 재판관으로 구성된다. 3인은 국회에서 선출하고, 3인은 대법원장이 지명하며, 3인은 대통령이 직접 임명한다.

재판관의 임기가 만료되거나 임기 중 재판관이 결원이 된 때에는 임기만료 또는 결원이 된 날로부터 30일 이내에 후임자를 임명하여야 한다. 다만 국회에서 선출한 재판관이 국회의 폐회 또는 휴회 중에 그 임기가 만료되거나 결원이 된 때에는 국회는 다음 집회가 개시된 후 30일 이내에 후임자를 선출하여야 한다.[1]

2. 헌법재판소장의 임명

헌법 제111조 제 4 항 및 헌재법 제12조 제 2 항에서 "헌법재판소의 장은 국회의 동의를 얻어 재판관 중에서 대통령이 임명한다"고 정하고 있다. 이 조항의 의미와 관련하여 논란이 있다. 먼저 재판관으로 임명하고 그 다음에 헌법재판소의 장의 임명절차를 밟아야 하는 것인지, 아니면 처음부터 헌법재판소의 장인 재판관으로 선임해서 국회의 임명동의를 받아야 하는 것인지가 문제될 수 있다. 이 규정은 먼저 재판관으로 임명하고 그 다음에 헌법재판소장의 임명절차를 거쳐야 하는 것을 의미하지 않는다는 견해[2]가 있으며, 지금까지 그러한 관례로

1 헌재법 제 6 조 제 3 항.
2 허영, 『헌법소송법론』, 박영사, 2013, 111면.

재판소장이 임명되어 왔다.

대통령이 재임 중인 재판관 중에서 국회의 동의를 얻어 헌법재판소장을 임명하는 경우 그 임기가 문제된다. 헌법에 헌법재판소장의 임기를 따로 정하지 않고 있기 때문에 재판관의 잔여임기 동안만 헌법재판소장으로 재임하는 것으로 보아야 한다.[1]

3. 국회의 인사청문

헌법재판소 재판관을 임명함에 있어서는 사전에 국회의 인사청문을 거쳐야 한다. 대법원장이 지명하는 3인의 재판관, 대통령이 직접 임명하는 3인의 재판관[2]뿐만 아니라 국회에서 선출하는 재판관의 경우에도 인사청문을 거치도록 하고 있다.[3]

1 허영, 앞의 책, 111면.

2 국회법 제65조의2(인사청문회) ① 제46조의3의 규정에 의한 심사 또는 인사청문을 위하여 인사에 관한 청문회("인사청문회")를 연다.
② 상임위원회는 다른 법률에 따라 다음 각 호의 어느 하나에 해당하는 공직후보자에 대한 인사청문 요청이 있는 경우 인사청문을 실시하기 위하여 각각 인사청문회를 연다.
1. 대통령이 각각 임명하는 헌법재판소 재판관·중앙선거관리위원회 위원·국무위원·방송통신위원회 위원장·국가정보원장·공정거래위원회 위원장·금융위원회 위원장·국가인권위원회 위원장·국세청장·검찰총장·경찰청장·합동참모의장 또는 한국은행 총재의 후보자, 2. 대통령당선인이 「대통령직인수에 관한 법률」 제5조 제1항에 따라 지명하는 국무위원후보자, 3. 대법원장이 각각 지명하는 헌법재판소 재판관 또는 중앙선거관리위원회 위원의 후보자.

3 국회법 제46조의3(인사청문특별위원회) ① 국회는 헌법에 의하여 그 임명에 국회의 동의를 요하는 대법원장·헌법재판소장·국무총리·감사원장 및 대법관과 국회에서 선출하는 헌법재판소 재판관 및 중앙선거관리위원회 위원에 대한 임명동의안 또는 의장이 각 교섭단체대표의원과 협의하여 제출한 선출안등을 심사하기 위하여 인사청문특별위원회를 둔다. 다만, 대통령직인수에관한법률 제5조 제2항의 규정에 의하여 대통령당선인이 국무총리후보자에 대한 인사청문의 실시를 요청하는 경우에 의장은 각 교섭단체대표의원과 협의하여 그 인사청문을 실시하기 위한 인사청문특별위원회를 둔다.

4. 헌법재판소 재판관의 법적 지위

(1) 재판관의 자격법정주의

헌법재판소 재판관으로 임명되는 자는 법관의 자격을 가지고 있어야 한다. 재판관은 ㉠ 판사, 검사, 변호사, ㉡ 변호사 자격이 있는 사람으로서 국가기관, 국영·공영 기업체, 「공공기관의 운영에 관한 법률」 제 4 조에 따른 공공기관 또는 그 밖의 법인에서 법률에 관한 사무에 종사한 사람, ㉢ 변호사 자격이 있는 사람으로서 공인된 대학의 법률학 조교수 이상의 직에 있던 사람으로서 어느 하나에 해당하는 직에 15년 이상 있던 40세 이상의 사람 중에서 임명한다.[1] 다만 ㉠ 다른 법령에 따라 공무원으로 임용하지 못하는 사람, ㉡ 금고 이상의 형을 선고받은 사람, ㉢ 탄핵에 의하여 파면된 후 5년이 지나지 아니한 사람은 재판관으로 임명할 수 없다.[2]

(2) 재판관의 독립

헌법재판소 재판관은 헌법재판소에 소속한 재판관이며, 재판관 상호 간에 그리고 다른 국가기관으로부터 독립되어 있다. 헌법재판이 독립성을 확보함에 있어서는 재판업무를 수행하는 재판관의 신분이 다른 국가기관이나 외부의 간섭으로부터 독립되어 있을 것이 요구된다. 헌법은 재판관의 독립을 보장하기 위해서 임기와 정년의 보장, 신분보장, 정치적 중립의 보장 등을 정하고 있다.

1) 재판관의 임기와 정년

헌법재판소 재판관의 임기는 6년이며, 법률이 정하는 바에 의하여 연임할 수 있다.[3] 헌법재판소장에 대해서는 연임을 금지하는 규정이

1 헌재법 제 5 조 제 1 항.
2 헌재법 제 5 조 제 2 항.
3 헌법 제112조 제 1 항.

없으므로 헌법재판소장도 연임할 수 있다. 헌법재판소 재판관의 정년에 관해서 헌법에서는 정하고 있지 않지만, 헌재법에서는 재판관의 정년을 65세로, 헌법재판소장의 정년을 70세로 정하고 있다.[1]

2) 재판관의 신분보장

재판관의 신분을 보장하기 위하여 헌법은 탄핵 또는 금고 이상의 형의 선고에 의하지 아니하고는 재판관을 파면할 수 없도록 정하고 있다.[2] 헌법재판소 재판관은 탄핵의 대상이 되는데, 국회에서 탄핵소추의결이 있으면 헌법재판소 심판이 있을 때까지 권한행사가 정지된다. 이 경우 헌법재판소 재판관들 가운데 3인 이상의 재판관들이 탄핵소추의결을 받게 되면 헌법재판소는 업무를 수행할 수 없는 사태가 발생할 수 있다.

헌법에는 재판관의 강제퇴직규정을 두고 있지 않다. 따라서 원칙적으로 헌법재판소 재판관에 대해서는 강제로 퇴직하게 할 수 없다. 다만 재판관이 중대한 심신상의 장해로 인하여 직무를 수행할 수 없는 경우, 재판관이 이러한 상황에서도 사임을 거부하는 때에는 헌법 제106조 제2항을 유추하여 임명권자인 대통령이 퇴직하게 할 수 있다는 견해가 있다.[3]

3) 정치적 중립성의 보장

헌법재판소 재판관은 정당에 가입하거나 정치에 관여할 수 없다.[4] 또한 정치적 중립성과 헌법재판의 공정성을 보장하기 위해서 재판관의 겸직을 제한하고 있다. 재판관은 국회 또는 지방의회 의원의 직, 국회·정부 또는 법원의 공무원의 직, 법인·단체 등의 고문·임원 또

1 헌재법 제7조 제2항.
2 헌법 제112조 제3항.
3 정종섭, 『헌법소송법』, 박영사, 2012, 51면.
4 헌법 제112조 제2항, 헌재법 제9조.

는 직원의 직을 겸하는 것이 금지된다.[1] 지방자치단체의 장도 겸할 수 없다.[2] 재판관이 국회의원선거의 후보자가 되고자 하는 경우에는 지역구 국회의원 선거일 전 60일까지 그 직을 그만두어야 하고, 비례대표국회의원선거나 비례대표시·도의원 선거 및 보궐선거 등에서 후보자가 되고자 하는 경우에는 후보자등록신청 전까지 그 직을 그만두어야 한다.[3]

5. 헌법연구관

헌법재판소규칙으로 정하는 수의 헌법연구관을 둔다. 헌법연구관은 특정직 국가공무원으로서 헌법재판소장의 명을 받아 사건의 심리 및 심판에 관한 조사·연구에 종사한다. 헌법재판소장은 다른 국가기관에 대하여 그 소속 공무원을 헌법연구관으로 근무하게 하기 위하여 헌법재판소에의 파견근무를 요청할 수 있다. 이에 따라 판사, 검사, 행정부 공무원 등이 헌법연구관으로 근무하기도 한다. 헌법연구관을 신규 임용하는 경우에는 3년의 기간으로 헌법연구관보로 임용하여 근무하게 한 후 근무성적을 참작하여 헌법연구관으로 임용한다. 다만 경력 및 업무능력 등을 참작하여 헌법재판소규칙이 정하는 바에 따라 헌법연구관보 임용을 면제하거나 그 기간을 단축할 수 있다. 헌법연구관, 헌법연구관보는 재판관회의의 의결을 거쳐 헌법재판소장이 임용한다.

6. 헌법연구원

헌법재판소에는 법학분야 등의 박사학위 소지자들이 연구원으로 채

1 헌재법 제14조, 지방자치법 제35조 제1항 제2호.
2 지방자치법 제96조 제1항 제1호.
3 공직선거법 제53조 제1항 제1호.

용되어 사건의 심리 및 심판에 관한 조사·연구에 종사하고 있다. 헌법재판소장은 헌법재판소규칙이 정하는 기준에 따라 필요할 때 연구원을 임용할 수 있다.

7. 연구위원

학계 또는 관련 전문가의 다양한 지식과 경험을 헌법재판사건의 심판과 헌법재판제도의 발전을 위해 활용하고자 헌법재판소에 헌법연구위원을 둘 수 있다. 헌법재판소장은 교수 등 각계의 전문가들을 3년의 범위 안에서 기간을 정하여 헌법연구위원으로 임명하는데 이들은 2급 내지 3급 상당의 별정직 내지 계약직 공무원이다.

II. 헌법재판소의 조직

1. 재판관회의

헌재법은 헌법재판소의 조직의 하나로 재판관회의를 두고 있다. 재판관회의는 재판관 전원으로 구성된다는 점에서 재판부와 동일하지만, 재판권을 행사하지 않는다는 점에서는 구별된다.

재판관회의는 재판관 전원으로 구성하며, 헌법재판소장이 의장이 된다. 재판관회의는 헌법재판소규칙의 제정과 개정 등에 관한 사항, 예산요구·예비금지출과 결산에 관한 사항, 사무처장 임면의 제청과 헌법연구관 및 3급 이상 공무원의 임면에 관한 사항, 특히 중요하다고 인정되는 사항으로서 헌법재판소장이 부의하는 사항 등을 의결한다.[1]

1 헌재법 제16조 제4항.

2. 헌법재판연구원

헌법재판소에 헌법 및 헌법재판연구와 헌법연구관·사무처 공무원 등의 교육을 위해서 원장 1인을 포함하여 40인 이내의 정원으로 구성하는 헌법재판연구원을 둔다. 헌법재판연구원장은 헌법연구관 또는 1급인 일반직 국가공무원으로 임명하는데, 계약직 공무원으로 임명할 수도 있다.[1]

1 헌재법 제19조의4 제 1 항, 제 2 항, 제 3 항.

헌법재판론

제1편 헌법재판

제2편 일반심판절차

제1장 재판부와 소송당사자
제2장 심판의 청구와 결정
제3장 가처분과 재심
제4장 재판관의 제척 · 기피 · 회피
제5장 심판비용 및 공탁금

제3편 특별심판절차

제1장 위헌법률심판제도
제2장 탄핵심판제도
제3장 위헌정당해산제도
제4장 권한쟁의심판
제5장 헌법소원심판

01_ 재판부와 소송당사자

제 1 절 재판부의 구성과 심판정족수

Ⅰ. 전원재판부와 지정재판부

헌법재판은 헌재법에 특별한 규정이 있는 경우를 제외하고는 재판관 전원으로 구성되는 재판부에서 행한다. 전원재판부의 예외로 헌재법 제68조 제1항의 헌법소원심판절차에서 사전심사를 담당하는 지정재판부가 있다. 지정재판부는 재판관 3인으로 구성된다. 헌재법에서 지정재판부라고 하지 않는 한 전원재판부가 심판을 관장한다.

Ⅱ. 심판정족수

1. 심리정족수

헌법재판을 심리하기 위해서 필요한 정족수를 심리정족수라고 한다. 헌법재판사건을 심리하기 위해서는 재판관 7인 이상의 출석으로 사건을 심리한다. 지정재판부는 재판관 3인의 출석으로 사건을 심리한다.

2. 결정정족수

(1) 일반정족수와 가중정족수

헌법재판사건을 결정하기 위해서 필요한 정족수를 결정정족수라 한다. 헌법재판사건을 결정하기 위해서는 종국심리에 관여한 재판관 과반수의 찬성이 있어야 한다. 예컨대, 권한쟁의심판, 가처분심판 등은 관여 재판관 과반수의 찬성으로 결정한다. 다만 법률의 위헌결정, 탄핵결정, 정당해산결정, 헌법소원의 인용결정, 헌법재판소가 종전에 판시한 헌법 또는 법률의 해석적용에 관한 의견을 변경하는 경우[1]에는 재판관 6인 이상의 찬성이 있어야 한다.

(2) 판례의 변경과 결정정족수

1) 주문의 변경

지방자치단체의 장이 금고 이상의 형을 선고받고 그 형이 확정되지 아니한 경우 부단체장이 권한을 대행하도록 규정한 지방자치법 제111조 제1항 제3호에 대하여 합헌을 선언한 2002헌마699등 결정[2]을 변경하여 2010헌마418 결정에서는 헌법불합치결정을 한 바 있다.[3]

1 동일한 심판대상에 대한 결정에 있어서 그 전 사건의 결정에서 표시한 주문의 표현을 나중 사건의 결정에서 변경하는 경우에는 주문 내용의 기본적인 견해의 변경이 아닌 한 판례의 변경에는 해당하지 않는다. 헌재 1997. 1. 16. 92헌바6등.

2 헌재 2005. 5. 26. 2002헌마699등.

3 헌재 2010. 9. 2. 2010헌마418. 이 사건 법률조항이 헌법에 위반된다는 의견이 5인이고, 헌법에 합치되지 아니한다는 의견이 1인이므로 헌재법 제23조 제2항 제1호에 따라 이 사건 법률조항은 헌법에 합치되지 아니한다고 선언하고, 아울러, 종전에 헌법재판소가 이 결정과 견해를 달리하여 이 사건 법률조항에 해당하는 구 지방자치법 조항이 과잉금지원칙을 위반하

2) 결정이유의 변경

① 적법요건에서의 결정이유의 변경(각하결정에 대한 선례가 있는 경우)

헌법재판소는 법령소원의 경우 청구기간과 관련하여 시행일이나 해당사유 발생일을 그 기준으로 삼는다. 법령의 시행에 특정한 행위를 일정한 기간이 지나면 할 수 없도록 유예기간을 두는 경우에는 유예기간과 관계없이 법 시행일에 기본권의 침해를 받은 것으로 본다.[1] 따라서 시행일을 기산점으로 하여 헌법재판소가 청구기간이 도과하였음을 이유로 부적법 각하결정을 한 경우 이를 변경하려면 재판관 6인 이상의 찬성이 필요하다.[2]

② 본안에서의 결정이유의 변경

헌법재판소는 96헌라2 결정에서 종래 헌법재판소가 헌재법 제62조 제1호를 한정적·열거적인 조항으로 보아 국회의원은 권한쟁의심판의 청구인이 될 수 없다고 판시한 의견을 재판관 6 : 3의 의견으로 변경하

여 자치단체장의 공무담임권을 제한하는 것이 아니고 무죄추정의 원칙에도 저촉되지 않는다고 판시하였던 2005. 5. 26. 2002헌마699, 2005헌마192(병합) 결정은, 이 결정과 저촉되는 범위 내에서 변경한다.

【주 문】

1. 지방자치법(2007. 5. 11. 법률 제8423호로 전부 개정된 것) 제111조 제1항 제3호는 헌법에 합치되지 아니한다.

2. 위 법률조항은 입법자가 2011. 12. 31.까지 개정하지 아니하면 2012. 1. 1.부터 그 효력을 상실한다.

3. 법원 기타 국가기관 및 지방자치단체는 입법자가 개정할 때까지 위 법률조항의 적용을 중지하여야 한다.

1 헌재 1996. 3. 28. 93헌마198. 부칙규정에 의하여 법 시행일로부터 1년간의 유예기간을 두어 1년이 되는 시점까지만 의약품도매상을 할 수 있도록 한 경우에는, 법 시행일에 이미 일정한 시점 이후부터는 영업을 할 수 없도록 기간을 제한받은 것이므로 청구인은 법시행일에 유예기간과 관계없이 기본권의 침해를 받은 것으로 보아야 한다.

2 헌재 2003. 1. 30. 2002헌마516. 이 사건 심판청구는 청구기간을 도과한 흠이 있어 부적법하므로 각하하기로 하여 주문과 같이 결정한다. 다만 이 결정에는 재판관 윤영철, 재판관 하경철, 재판관 김영일, 재판관 권성, 재판관 주선회의 아래 5.와 같은 반대의견과 재판관 권성의 아래 6.과 같은 반대의견에 대한 보충의견이 있으나, 우리 재판소가 1996. 3. 28. 선고한 93헌마198 결정 등에서 판시한 헌법 또는 법률의 해석적용에 관한 의견을 변경하는 데 필요한 헌재법 제23조 제2항 단서 제2호 소정의 심판정족수에는 미치지 못하였으므로 이를 반대의견으로 적시하기로 한다.

였다.[1] 2007헌마369 결정에서는 "평화적 생존권이란 이름으로 주장하고 있는 평화란 헌법의 이념 내지 목적으로서 추상적인 개념에 지나지 아니하고, 개인의 구체적 권리로서 국가에 대하여 침략전쟁에 강제되지 않고 평화적 생존을 할 수 있도록 요청할 수 있는 효력 등을 지닌 것이라고 볼 수 없다. 따라서 평화적 생존권은 헌법상 보장되는 기본권이라고 할 수는 없다 할 것이다"라고 판시하여 종래 2005헌마268 결정[2]을 변경하였다.[3]

제 2 절 소송당사자와 소송대리인

Ⅰ. 소송당사자

헌법재판의 유형에 따라 청구인과 피청구인은 다르다. 탄핵심판과 정당해산심판 및 권한쟁의심판과 같은 대립적 소송구조에서는 소추인 대 피소추인, 정부 대 해당정당, 피해기관 대 가해기관이라는 청구인과 피청구인 등의 소송당사자가 명확히 정해진다. 헌법소원심판에서 청구인은 헌법소원을 청구하는 기본권의 주체이며, 피청구인은 기본권을 침해한 공권력의 주체라고 보아야 한다. 하지만 입법작용에 의한 기본권 침해의 경우에는 피청구인을 특정하기가 어렵다. 위헌법률

1 헌재 1997. 7. 16. 96헌라2. 우리재판소가 종전에 1995. 2. 23. 90헌라1 결정에서 이와 견해를 달리하여 헌재법 제62조 제 1 항 제 1 호를 한정적·열거적인 조항으로 보아 국회의원은 권한쟁의심판의 청구인이 될 수 없다고 판시한 의견은 재판관 황도연, 재판관 정경식, 재판관 신창언을 제외한 나머지 재판관 6인의 찬성으로 이를 변경하기로 한다.

2 헌재 2003. 2. 23. 2005헌마268.

3 헌재 2009. 5. 28. 2007헌마369. 종전에 헌법재판소가 이 결정과 견해를 달리하여 '평화적 생존권을 헌법 제10조와 제37조 제 1 항에 의하여 인정된 기본권으로서 침략전쟁에 강제되지 않고 평화적 생존을 할 수 있도록 국가에 요청할 수 있는 권리'라고 판시한 2003. 2. 23. 2005헌마268 결정은 이 결정과 저촉되는 범위 내에서 이를 변경한다.

심판의 경우에는 제청법원이 청구인이 되지만, 피청구인은 없다고 보는 것이 타당하다.

II. 소송대리인

1. 정부가 소송당사자인 경우

헌법재판에서 정부가 당사자인 경우에는 법무부장관이 대표해서 소송을 수행한다. 따라서 법무부장관은 소속 검사 등을 소송수행자로 지정하거나 소송대리인을 선임하여 소송을 수행하게 할 수 있다.

2. 국가기관 또는 지방자치단체가 소송당사자인 경우

헌법재판에서 국가기관 또는 지방자치단체가 소송당사자인 경우에는 변호사 또는 변호사자격이 있는 소속 직원을 대리인으로 선임하여 심판을 수행하게 할 수 있다. 변호사강제주의가 소송당사자인 국가기관 또는 지방자치단체에도 적용되는 결과이다.

3. 사인이 소송당사자인 경우

(1) 소송대리의 변호사강제주의

헌법재판의 심판절차에 있어서 당사자인 사인은 변호사를 대리인으로 선임하지 아니하면 심판청구를 하거나 심판수행을 하지 못한다. 다만, 당사자인 사인이 변호사의 자격이 있는 때에는 그러하지 아니하다.

(2) 변호사강제주의의 효과

헌법재판에서는 변호사의 자격이 있는 자로 하여금 소송수행을 강제하고 있기 때문에 변호사가 대리인으로 선임되지 않은 심판청구나 소송수행은 부적법하다. 그러나 변호사의 자격이 없는 사인인 청구인이 한 헌법소원심판청구나 주장 등 심판수행도 변호사인 대리인이 추인한 경우에는 적법한 헌법소원심판청구와 심판수행으로서의 효력이 있고 헌법소원심판대상이 된다.[1]

(3) 변호사강제주의의 합헌성

헌법재판소는 변호사강제주의는 재판업무에 분업화원리의 도입이라는 긍정적 측면과 재판을 통한 기본권의 실질적 보장, 사법의 원활한 운영과 헌법재판의 질적 개선, 재판심의 부담경감 및 효율화, 사법운영의 민주화 등 공공복리에 기여도가 큰 점, 무자력자에 대한 국선대리인제도라는 대상조치가 별도로 마련되어 있는 점을 들어 합헌이라고 결정하였다.[2] 이러한 헌법재판소의 판시에 대하여 헌법소송에서만 변호사강제주의가 적용되어야 하는지에 관하여 합리적인 설명이 어렵고, 비교법적으로도 그 예를 쉽게 찾기 어렵다는 점을 들어 입법개선이 요구된다는 주장이 있다.[3]

4. 국선대리인제도

헌재법 제70조에서는 국선대리인제도를 두어 헌법소원심판청구에서 변호사를 대리인으로 선임할 자력이 없는 경우에는 당사자의 신청

1 헌재 1992. 6. 26. 89헌마132.
2 헌재 2004. 4. 29. 2003헌마783.
3 허영, 앞의 책, 138면.

에 의하여 국고에서 그 보수를 지급하는 국선대리인을 선정해 주도록 하고 있다. 국선대리인 선임을 원하는 자는 헌법소원사유를 명시한 국선대리인 선임신청서를 제출하여야 한다.

III. 이해관계인 및 심판참가인

1. 이해관계인

헌법재판에서는 재판과 관계가 있는 자에게 의견서를 제출할 수 있는 기회를 보장하고 있다. 위헌법률심판에서 당해 소송사건의 당사자 및 법무부장관은 헌법재판소에 법률의 위헌여부에 대한 의견서를 제출할 수 있으며,[1] 헌법소원심판에서 이해관계가 있는 국가기관 또는 공공단체와 법무부장관은 헌법재판소에 그 심판에 관한 의견서를 제출할 수 있다.[2] 국가인권위원회는 인권의 보호와 향상에 중대한 영향을 미치는 재판이 계속 중인 경우에 헌법재판소의 요청이 있거나 필요하다고 인정하는 때에는 헌법재판소에 법률상의 사항에 관하여 의견을 제출할 수 있다.[3]

2. 심판참가인

헌법재판소의 심판절차에 관하여 법에 특별한 규정이 있는 경우를 제외하고는 민사소송에 관한 법령이 준용되므로 이해관계인은 보조참가 등 소송참가를 할 수 있다.[4] 행정소송법 제16조 제 1 항, 제17조

1 헌재법 제44조.
2 헌재법 제74조 제 1 항.
3 국가인권위원회법 제28조 제 1 항.
4 민사소송법 제71조, 제76조.

제 1 항은 제 3 자의 소송참가와 행정청의 소송참가를 정하고 있다. 행정소송법이 우선적으로 준용되는 권한쟁의심판이나 헌법소원심판의 경우에는 다른 행정청 또는 제 3 자의 심판참가도 가능하다.[1]

1 김현철, 『헌법소송법』, 전남대학교출판부, 2012, 63면.

02_ 심판의 청구와 결정

제 1 절 심판의 청구

Ⅰ. 심판의 청구

헌법재판은 심판의 청구로 심판절차가 개시된다. 위헌법률심판에서는 법원의 제청이 있어야 하고, 헌재법 제68조 제 1 항에 의한 헌법소원심판과 헌재법 제68조 제 2 항에 의한 헌법소원심판절차에서도 심판의 청구가 있어야 한다. 탄핵심판, 정당해산심판, 권한쟁의심판의 경우에도 심판의 청구가 있어야 한다.

Ⅱ. 심판청구의 방식

심판청구는 심판사항별로 정하여진 청구서를 헌법재판소에 제출함으로써 한다. 위헌법률심판에 있어서는 법원의 제청서, 탄핵심판에 있어서는 국회의 소추의결서의 정본으로 이에 갈음한다.[1]

1 헌재법 제26조.

헌법재판절차에서 심판청구는 서면주의에 의한 방식을 취하고 있으며, 심판청구서가 헌법재판소에 현실로 도달한 때에 심판의 청구가 있게 된다. 헌재법 제26조 제1항의 "심판청구는 청구서를 헌법재판소에 제출함으로써 한다"는 규정은 도달주의를 정하고 있는 것이라고 해석된다.[1]

III. 심판의 청구와 직권주의

1. 심판의 청구

헌재법은 신청주의를 채택하고 있기 때문에 신청인은 기본적인 주장을 하여야 한다. 위헌법률심판에서는 법원이 제청서에 위헌이라고 해석되는 이유를 기재하여야 하며,[2] 헌재법 제68조 제1항에 의한 헌법소원심판에서 청구인은 침해의 원인이 되는 공권력의 행사 또는 불행사와 함께 청구이유를 청구서에 기재하여야 한다. 헌법재판소가 구체적인 위헌성 주장을 포함하지 않은 헌법소원심판청구에 대하여 각하결정을 하거나,[3] 기본권이 침해되었다는 막연한 주장에 대해서는 구체적인 위헌성의 주장이 없다는 이유로 판단하지 아니한 결정이 있다.[4]

1 헌재 1990. 5. 21. 90헌마78; 헌재 2000. 10. 11. 2000헌마614. 청구인이 2000. 9. 27. 헌법소원심판청구서를 등기우편으로 발송한 사실은 인정되나, 헌법소원의 제기기간은 헌법이나 법에 특별한 규정이 없는 이상 일반원칙인 도달주의에 따라 헌법재판소에 심판청구서가 접수된 날로부터 기산하여야 하는 것이다.

2 헌재법 제43조.

3 헌재 1998. 9. 30. 98헌바3.

4 헌재 2003. 12. 18. 2002헌바91등. 헌재법 제68조 제2항 소정의 헌법소원청구의 경우 헌재법 제71조 제2항, 제43조 제4호의 규정에 따라서 심판대상 법률이 위헌이라고 해석되는 이유를 구체적으로 적시하여야 하는데, 청구인들은 이 사건 법률조항 등으로 인하여 청구인들의 행복추구권, 재산권 등이 침해되는 결과가 발생하였다고 막연하게 주장하고 있을 뿐 이에 관한 구체적인 위헌이유를 적시하지 않고 있으므로, 위와 같이 구체성을 결여한 주장부분에

2. 직권주의

헌법재판에서는 직권주의적 요소가 강하게 지배한다. 위헌법률심판의 경우에는 직권주의로 인하여 심판의 대상을 청구와 관련되는 범위 내에서 변경할 수 있다. 또한 헌법재판소는 제청법원이나 소송당사자에 구속되지 않고 제출되지 아니한 쟁점에 대해서도 판단할 수 있다. 헌법소원심판의 경우에도 청구인의 심판청구서에 기재된 피청구인이나 청구취지에 구애됨이 없이 청구인의 주장요지를 종합적으로 판단할 수 있으며, 청구인이 주장하는 침해된 기본권과 침해의 원인이 된 공권력을 직권으로 조사하여 피청구인과 심판대상을 확정할 수 있다는 것이 판례의 태도이다.[1]

헌재 1993. 5. 13. 91헌마190

헌법재판소법 제25조, 제26조, 제30조, 제31조, 제32조, 제37조, 제68조, 제71조 등에 의하면 헌법소원심판제도는 변호사 강제주의, 서면심리주의, 직권심리주의, 국가비용부담 등의 소송구조로 되어 있어서 민사재판과 같이 대립적 당사자간의 변론주의 구조에 의하여 당사자의 청구취지 및 주장과 답변만을 판단하면 되는 것이 아니고, 헌법상 보장된 기본권을 침해받은 자가 변호사의 필요적 조력을 받아 그 침해된 권리의 구제를 청구하는 것이므로 소송비용과 청구양식에 구애되지 않고 청구인의 침해된 권리와 침해의 원인이 되는 공권력의 행사 또는 불행사에 대하여 직권으로 조사 판단하는 것을 원칙으로 하고 있다. 따라서 헌법소원심판은 그 청구서와 결정문에 반드시 피청구인을 특정하거나 청구취지를 기재하여야 할 필요가 없다. 그러므로 헌법소원심판청구서에 피청구인을 특정하고 있더라도 피청구인의 잘못된 표시는 헌법소원심판청구를 부적법하다고 각하할 사유가 되는 것이 아니며 소원심판대상은 어디까지나 공권력의 행사 또는 불행사인 처분 자체이기 때문에 심판대상 처분을 한 공권력의 주체인 피청구인의 기재 누락이나 잘못된 기재에 대하여 헌법재판소가 본안판단을 해야 할 필요는 없다.

1 헌재 1993. 5. 13. 91헌마190.

판청구서에서 청구인이 피청구인(처분청)이나 청구취지를 잘못 지정한 경우에도 권리구제절차의 적법요건에 흠결이 있는 것이 아니어서 직권으로 불복한 처분(공권력)에 대하여 정당하게 책임져야 할 처분청(피청구인)을 지정하여 정정할 수도 있고 처분청을 기재하지 아니할 수도 있다. 따라서 헌법재판소는 청구인의 심판청구서에 기재된 피청구인이나 청구취지에 구애됨이 없이 청구인의 주장요지를 종합적으로 판단하여야 하며 청구인이 주장하는 침해된 기본권과 침해의 원인이 되는 공권력을 직권으로 조사하여 피청구인과 심판대상을 확정하여 판단하여야 하는 것이다.

제 2 절 심판청구의 취하

Ⅰ. 청구의 취하

청구의 취하란 청구인이 헌법재판소에 대하여 한 심판청구의 전부 또는 일부를 철회하는 의사표시를 말한다. 청구의 취하에 관하여는 헌재법에 특별한 규정이 없다. 헌재법 제40조 제 1 항에 의하면 민사소송법의 규정이 준용되도록 하고 있는데, 이때 민사소송법상의 소취하에 관한 규정이 적용되는지가 문제된다.[1]

1 헌재법 제40조(준용규정) ① 헌법재판소의 심판절차에 관하여는 이 법에 특별한 규정이 있는 경우를 제외하고는 민사소송에 관한 법령의 규정을 준용한다. 이 경우 탄핵심판의 경우에는 형사소송에 관한 법령을, 권한쟁의심판 및 헌법소원심판의 경우에는 행정소송법을 함께 준용한다.
② 제 1 항 후단의 경우에 형사소송에 관한 법령 또는 행정소송법이 민사소송에 관한 법령과 저촉될 때에는 민사소송에 관한 법령은 준용하지 아니한다.

1. 위헌법률심판

위헌법률심판절차에서 법원의 제청은 원칙적으로 철회할 수 없고 예외적인 경우에 한하여 철회할 수 있다. 당해 사건의 전제가 된 법률의 개정 또는 폐지로 인하여 제청요건이 존재하지 않는 경우에는 철회할 수 있다.

2. 탄핵심판

소추위원은 탄핵소추권자가 아니므로 스스로의 판단에 의하여 심판청구를 취하할 수 없다. 국회가 청구를 취하할 수 있는가에 관하여는 명시적인 규정이 없으므로 논란이 있다.

3. 정당해산심판

정당해산심판절차에서 심판청구에 현저한 잘못이 없는 한 원칙적으로 사후에 그 심판청구를 취하할 수 없다고 보아야 한다. 청구의 취하가 예외적으로 인정되는 경우에는 그 취하는 국무회의의 심의를 거쳐 대통령이 행하며, 법무부장관이 소송수행의 대표자로서 수행한다.

4. 권한쟁의심판

권한쟁의심판절차에서는 원칙적으로 심판청구의 취하가 허용된다는 것이 판례의 태도이다. 헌법재판소는 심판청구가 취하된 경우에 심판절차종료선언을 하고 있다.[1]

1 헌재 2001. 6. 28. 2000헌라1. 헌재법이나 행정소송법에 권한쟁의심판청구의 취하와 이에 대한 피청구인의 동의나 그 효력에 관하여 특별한 규정이 없으므로 소의 취하에 관한 민사소송

5. 헌법소원심판

우리 헌법재판소는 헌법소원심판절차에서도 심판청구의 취하가 허용된다고 판시한다. 불기소처분에 대한 헌법소원심판절차에서 청구가 취하되면 심판절차가 종료된다고 판시[1]하고 있으며, 법률에 대한 헌법소원심판에서도 심판청구가 취하되었음을 이유로 헌법소원심판절차가 종료되었다고 선고하였다.[2]

법 제239조는 이 사건과 같은 권한쟁의심판절차에 준용된다고 보아야 한다. 그렇다면 이 사건 권한쟁의심판절차는 청구인들의 심판청구의 취하로 종료되었음이 명백하므로, 헌법재판소로서는 이 사건 권한쟁의심판청구가 적법한 것인지 여부와 이유가 있는 것인지 여부에 대하여 더 이상 판단할 수 없게 되었다.

1 헌재 1995. 12. 15. 95헌마221등.

㉠ 다수의견 : 헌법재판소법이나 행정소송법에 헌법소원심판청구의 취하와 이에 대한 피청구인의 동의나 그 효력에 관하여 특별한 규정이 없으므로, 소의 취하에 관한 민사소송법 제239조는 이 사건과 같이 검사가 한 불기소처분의 취소를 구하는 헌법소원심판절차에 준용된다고 보아야 한다. 이 사건 헌법소원심판절차는 청구인들의 심판청구의 취하로 1995. 12. 14. 종료되었음이 명백하므로, 헌법재판소로서는 이 사건 헌법소원심판청구가 적법한 것인지 여부와 이유가 있는 것인지 여부에 대하여 판단할 수 없게 되었다.

㉡ 1인의 반대의견 : 헌법소원제도는 본질상 청구인 개인의 주관적인 권리구제뿐만 아니라 객관적인 헌법질서를 수호·유지하는 기능도 함께 가지고 있는 것이므로, 헌법소원사건에 대한 심판이 청구인의 권리구제에는 도움이 되지 않는다 하더라도 헌법질서의 수호·유지를 위하여 중요한 의미가 있는 경우에는 예외적으로 청구인이 심판청구를 취하하여도 심판절차는 종료되지 않는다고 보아야 할 것이다. 따라서 헌법재판소로서는 재판부에서 평의한 대로 종국결정을 선고하는 것이 옳다.

㉢ 3인의 반대의견 : 헌법소원심판청구 중 주관적 권리구제에 관한 점 이외에, 헌법질서의 수호·유지를 위하여 긴요한 사항으로서 그 해명이 헌법적으로 특히 중대한 의미를 지니고 있는 부분이 있는 경우에는 비록 심판청구의 취하가 있는 경우라 하더라도 전자의 부분에 한하여 민사소송법 제239조의 준용에 따라 사건의 심판절차가 종료될 뿐이고, 후자의 부분에 대하여는 헌법소원심판의 본질에 반하는 위 법률조항의 준용은 배제된다고 할 것이므로 위 취하로 말미암아 사건의 심판절차가 종료되는 것이 아니라 할 것이다. 따라서 청구인이 심판청구를 취하하면, 전자의 부분에 대하여는 심판절차의 종료선언을 하되, 후자의 부분에 대하여는 헌법적 해명을 하는 결정선고를 함이 마땅하다.

2 헌재 2003. 4. 24. 2001헌마386.

II. 청구취하의 효과

청구가 취하되면 처음부터 소송계속이 없었던 것으로 되므로 소송이 종료되는 것이 원칙이다. 그러나 예외적으로 소송이 종료되지 않고 심판의 이익이 존재하는 경우가 있다. 헌법재판소는 헌법소원심판과 권한쟁의심판에서 청구가 취하되었음을 이유로 심판절차가 종료되었다고 판시하고 있다.

헌재 2003. 4. 24. 2001헌마386

법 제40조 제1항은 "헌법재판소의 심판절차에 관하여는 이 법에 특별한 규정이 있는 경우를 제외하고는 민사소송에 관한 법령의 규정을 준용한다. 이 경우 탄핵심판의 경우에는 형사소송에 관한 법령을, 권한쟁의심판 및 헌법소원심판의 경우에는 행정소송법을 함께 준용한다"고 규정하고, 같은 조 제2항은 "제1항 후단의 경우에 형사소송에 관한 법령 또는 행정소송법이 민사소송에 관한 법령과 저촉될 때에는 민사소송에 관한 법령은 준용하지 아니한다"고 규정하고 있다. 그런데 헌법재판소법이나 행정소송법에 헌법소원심판청구의 취하와 이에 대한 피청구인의 동의나 그 효력에 관하여 특별한 규정이 없으므로, 소의 취하에 관한 민사소송법 제266소는 이 사긴과 같은 헌법소원절차에 준용된다고 보아야 한다. 기록에 의하면 청구인과 승계참가인이 2003. 1. 8. 서면으로 이 사건 헌법소원심판청구를 공동으로 취하하였고, 이미 본안에 관한 답변서를 제출한 피청구인에게 취하의 서면이 2003. 1. 27. 송달되었는바, 피청구인이 그날로부터 2주일 내에 이의를 하지 아니하였음이 분명하므로, 민사소송법 제266조에 따라 피청구인이 청구인과 승계참가인의 심판청구의 취하에 동의한 것으로 본다. 그렇다면 이 사건 헌법소원심판절차는 청구인과 승계참가인의 심판청구의 취하로 2003. 2. 11. 종료되었으므로, 이 사건 헌법소원심판절차가 이미 종료되었음을 명확하게 선언하기로 하여 주문과 같이 결정한다.

헌재 2001. 6. 28. 2000헌라1

권한쟁의심판이 개인의 주관적 권리구제를 목적으로 삼는 것이 아니라 헌법적 가치질서를 보호하는 객관적 기능을 수행하는 것이고, 특히 국회의원의 법률안에 대한 심의·표결권의 침해 여부가 다투어진 이 사건 권한쟁의심판의 경우에는 국회의원의 객관적 권한을 보호함으로써 헌법적 가치질서를 수호·유지하기 위한 쟁송으로서 공익적 성격이 강하다고는 할 것이다. 그렇지만 법률안에 대한 심의·표결권 자체의 행사 여부가 국회의원 스스로의 판단에 맡겨져 있는 사항일 뿐만 아니라, 그러한 심의·표결권이 침해당한 경우에 권한쟁의심판을 청구할 것인지 여부 또한 국회의원의 판단에 맡겨져 있어서 심판청구의 자유가 인정되고 있는 만큼, 위에서 본 권한쟁의심판의 공익적 성격만을 이유로 이미 제기한 심판청구를 스스로의 의사에 기하여 자유롭게 철회할 수 있는 심판청구의 취하를 배제하는 것은 타당하지 않다. … 이 사건 권한쟁의 심판절차는 청구인들의 심판청구의 취하로 2001. 5. 8. 종료되었음이 명백하므로, 헌법재판소로서는 이 사건 권한쟁의심판청구가 적법한 것인지 여부와 이유가 있는 것인지 여부에 대하여 더 이상 판단할 수 없게 되었다.

III. 청구취하의 취소 또는 철회

청구의 취하는 소송행위이므로 사기, 강박, 착오 등을 이유로 청구취하의 철회나 취소를 주장할 수 없다. 헌법재판소는 청구취하의 의사표시가 있은 후에는 피청구인의 기망에 의하여 취하하였다고 하더라도 그 취하가 무효라고 할 수 없고 이를 임의로 취소할 수도 없다고 판시하였다.[1]

1 헌재 2005. 2. 15. 2004헌마911. 헌법소원심판청구의 취하는 청구인이 제기한 심판청구를 철회하여 심판절차의 계속을 소멸시키는 청구인의 헌법재판소에 대한 소송행위이고 소송행위는

제3절 심 리

전원재판부는 재판관 7인 이상의 출석으로 사건을 심리한다.[1]

헌재법 제30조에 의하면 탄핵심판·정당해산심판·권한쟁의심판은 구두변론에 의한다. 탄핵심판, 정당해산심판, 권한쟁의심판은 기본적으로 대립당사자의 구조를 이루고 있어서 충분한 심리를 하기 위해서 구두변론에 의하는데, 이를 필요적 구두변론이라 한다.

위헌법률심판과 헌법소원심판은 서면심리에 의하되 재판부가 필요하다고 인정하는 경우에는 변론을 열 수 있는 것으로 규정하고 있다. 위헌법률심판이나 헌법소원심판에서는 구두변론이 모든 사건에서 필요적으로 행해지지는 않는다. 임의적 구두변론의 경우에는 신청에 의해 행해질 수도 있고, 헌법재판소가 스스로 구두변론을 열기로 결정함에 따라 행해지기도 한다.

제4절 평 의

헌법재판소의 심리가 종결되면 재판관회의에서 사건에 대한 평의를 한다. 사건을 평의에 회부하고자 하는 주심재판관은 관련사건에 관한 평의요청서를 작성하고 그에 검토보고서를 첨부하여 각 재판관에게 배포하는 방법으로 평의를 요청한다. 평의에서는 주심재판관이

일반 사법상의 행위와는 달리 내심의 의사보다 그 표시를 기준으로 하여 그 효력 유무를 판정할 수밖에 없는 것인바, 청구인의 주장대로 청구인이 피청구인의 기망에 의하여 이 사건 헌법소원심판청구를 취하하였다고 가정하더라도 이를 무효라 할 수도 없고, 청구인이 이를 임의로 취소할 수도 없다.

1 헌재법 제23조 제1항.

먼저 사건에 대한 검토내용을 요약하여 발표하고 평의를 진행한 후 최종적으로 표결하는 평결을 하게 된다.

Ⅰ. 평의에서 표결의 방식

평의에서의 표결방식은 순차표결의 방식쟁점별 평결방식과 동시표결의 방식주문별 표결방식이 있다.

1. 순차표결의 방식

순차표결의 방식은 청구의 적법요건에 대한 판단과 본안판단을 구별하여 먼저 적법요건에 대한 표결을 하여 적법여부를 결정한 후, 적법하다고 판단하면 그 다음에는 부적법하다는 의견을 낸 재판관도 청구가 적법하다는 전제하에 본안에 대한 의견을 낸다. 심판청구의 적법요건에 대하여 의견이 나뉘는 경우에는 각 쟁점별로 표결하여야 하며, 다양한 의견을 단순 합산하여 적법여부를 판단할 수 없다.

2. 동시표결의 방식

동시표결의 방식은 적법요건에 대한 판단과 본안판단을 구별하지 않고 각 쟁점에 대하여 재판관마다 의견을 내어 결정정족수를 충족시키는지를 정한다. 청구가 적법하지 않다는 의견을 낸 재판관은 본안에 대한 의견을 낼 수 없고, 청구가 적법하다고 보는 재판관만 본안에 대한 의견을 낼 수 있다.

3. 헌법재판소의 태도

우리 헌법재판소는 동시표결의 방식, 즉 주문별 '합의'방식을 취하고 있다. 동시표결의 방식에 대해서 재판관들 사이에 의견이 대립을 보인 경우도 있고,[1] 각하의견을 낸 재판관이 본안에 대하여 소수의견을 낸 경우도 있다.[2]

동시표결의 방식을 취하는 결과 헌법소원심판에서 9인 중 인용의견이 5인이고 각하의견이 4인인 경우에 헌법소원 인용결정정족수에 미달한다는 이유로 기각결정을 하는 것이나, 권한쟁의심판에서 재판관 9인 중 각하의견이 3인이고 인용의견과 기각의견이 각각 3인인 경우에 인용의견이 재판관의 과반수에 이르지 못하였다는 이유로 기각결정을 한 것도 동시표결의 방식을 취하기 때문에 발생한다. 순차표결의 방식을 취하면 주문이 달라질 수 있다.

1 헌재 1994. 6. 30. 92헌바23. 이 결정에서 다수의견은 "헌법의 위 규정에 따른 헌법재판소법 제23조 제 2 항 단서의 규정상 6인 이상의 찬성을 필요로 하는 경우 이외의 사항에 관한 재판에 있어서는 원래의 재판원칙대로 재판관 과반수의 찬성으로 결정되어야 하는 것이고 그에 대하여서는 이론의 여지가 있을 수 없는 것이다(헌법재판소법 제23조 제 2 항 본문 및 법원조직법 제66조 제 1 항 참조). 즉, 본안재판의 전제로서 예컨대, 헌법재판소법 제41조 제 1 항의 '재판의 전제성'이라든가 헌법소원의 적법성의 유무에 관한 재판은 재판관 과반수의 찬성으로 족한 것이다. 따라서 이 사건에 있어서 재판관 5인이 '재판의 전제성'을 인정하였다면 이 사건 헌법소원은 일응 적법하다고 할 것이고 이 사건 헌법소원이 적법한 이상, 재판의 전제성을 부인하는 재판관 4인도 본안결정에 참여하는 것이 마땅하며 만일 본안에 대해 다수와 견해를 같이하는 경우 그 참여는 큰 의미를 갖는 것이라 할 것이다"고 판시하였다. 이에 반해 4인의 소수의견은 "위헌의견은 헌법재판의 합의방법에 관하여 쟁점별 합의를 하여야 한다는 이론을 펴고 있다. 그러나 우리 재판소는 발족 이래 오늘에 이르기까지 예외 없이 주문합의제를 취해 왔다(헌법재판소 1993. 5. 13. 선고, 90헌바22, 91헌바12,13, 92헌바3,4(병합) 결정 및 헌법재판소 1994. 6. 30. 선고, 92헌가18 결정 참조). 우리는 위헌의견이 유독 이 사건에서 주문합의제에서 쟁점별 합의제로 변경하여야 한다는 이유를 이해할 수 없고, 새삼 판례를 변경하여야 할 다른 사정이 생겼다고 판단되지 아니한다"고 하였다.

2 헌재 2006. 5. 25. 2003헌바115. 이 사건에서 재판관 김경일/송인준은 적법요건에서는 일사부재리 원칙에 위배된다는 이유로 부적법 각하의견을 내었고, 본안에서는 반대의견으로 위헌의견을 개진하였다.

II. 평의의 비공개

평의는 공개하지 아니한다. 헌재법 제34조 제1항에 의하면 심판의 변론과 결정의 선고는 공개하도록 하면서 서면심리와 평의는 공개하지 아니한다고 규정하여 평의는 비공개로 하도록 하고 있다.

III. 여러 의견이 대립되는 경우 주문결정

전원재판부의 평의 결과 여러 의견으로 대립되는 경우 주문은 어떤 것이 되어야 하는지가 문제된다. 이 경우 법원조직법 제66조가 준용될 수 있다.[1] 법원조직법 제66조 제2항의 합의방식에 의하면 '수액'이나 '형량'에 관하여 3설 이상 분립하여 어느 견해도 과반수에 이르지 못하는 경우 신청인민사의 경우에는 원고, 형사의 경우에는 검사에게 가장 유리한 견해를 가진 수에 순차로, 그 다음으로 유리한 견해를 가진 수를 더하여 과반수에 이르게 된 때의 견해를 그 합의체의 견해로 하고 있다. 헌법재판에서도 신청인에게 가장 유리한 견해를 가진 수에 순차로 유리한 견해의 수를 더하여 6인에 이르게 된 때의 견해에 따라 주문이 결정된다. 헌법에 위반된다는 의견이 5인이고, 헌법에 합치되지 아니한다는 의견이 2인, 합헌의견이 2인인 경우, 단순위헌 의견에 헌법불합치 의견을 합산하면 법률의 위헌결정에 필요한 심판정족수에 이르게 되므로, 헌법불합치 의견에 따라 주문이 결정된다.[2]

1 법원조직법 제66조(합의의 방법) ① 합의심판은 헌법 및 법률에 다른 규정이 없으면 과반수로 결정한다.
② 합의에 관한 의견이 3설 이상 분립하여 각각 과반수에 달하지 못하는 때에는 다음의 의견에 의한다.
1. 수액에 있어서는 과반수에 달하기까지 최다액의 의견의 수에 순차 소액의 의견의 수를 더하여 그중 최소액의 의견, 2. 형사에 있어서는 과반수에 달하기까지 피고인에게 가장 불리한 의견의 수에 순차 유리한 의견의 수를 더하여 그중 가장 유리한 의견.

2 헌재 2009. 9. 24. 2008헌가25. 이 사건 법률조항들이 헌법에 위반된다는 의견이 5인이고,

제5절 결 정

Ⅰ. 심판과 결정

1. 심판기간

헌법재판소는 심판사건을 접수한 날로부터 180일 이내에 종국결정을 선고하여야 한다. 다만 재판관의 궐위로 7인의 출석이 불가능한 때에는 그 궐위된 기간은 심판기간에 산입하지 아니한다.[1] 헌법재판소는 심판기간을 정하고 있는 헌재법 제38조를 훈시규정으로 보고 있다.[2]

헌재 2009. 7. 30. 2007헌마732

헌법재판이 국가작용 및 사회 전반에 미치는 파급효과 등의 중대성에 비추어 볼 때, 180일의 심판기간은 개별사건의 특수성 및 현실적인 제반여건을 불문하고 모든 사건에 있어서 공정하고 적정한 헌법재판을 하는 데 충분한 기간이라고는 볼 수 없고, 심판기간 경과 시의 제재 등 특별한 법률효과의 부여를 통하여 심판기간의 준수를 강제하는 규정을 두지 아니하므로, 심판대상소항은 헌법재판의 심판기간에 관하여 지침을 제시하는 훈시적 규정이라 할 것이다. 신속한 재판을 구현하는 심판기간은 구체적 사건의 개별적 특수성에 따라 달라질 수밖에 없는 것이므로, 종국결정을 하기까지의 심판기간의 일수를 획일적으로 한정하는 것이 신속한 재판을 받을 권리의 내용을 이룬다거나, 심판기간의 일수를 한정한 다음 이를 반드시 준수하도록 강제하는 것이 신속한 재판을 받

헌법에 합치되지 아니한다는 의견이 2인이므로, 단순위헌 의견에 헌법불합치 의견을 합산하면 헌재법 제23조 제2항 제1호에 규정된 법률의 위헌결정을 함에 필요한 심판정족수에 이르게 된다. 따라서 이 사건 법률조항들에 대하여 주문과 같이 헌법에 합치되지 아니한다고 선언하고, ….

1 헌재법 제38조.

2 헌재 2009. 7. 30. 2007헌마732.

을 권리의 실현을 위해 필수적인 제도라고 볼 수는 없다. 모든 헌법재판에 대하여 일정한 기간 내에 반드시 종국결정을 내리도록 일률적으로 강제하는 것은 공정한 절차에 따라 실체적으로 적정한 결론을 도출하는데 필요한 심리를 과도하게 제한할 수 있어, 오히려 헌법상 재판청구권의 중요한 내용 중 하나인 공정하고 적정한 재판을 받을 권리를 침해할 수 있기 때문이다. 헌법재판의 심판기간을 180일로 하여 종국결정을 선고해야 할 지침을 제시한 것은 구체적 사건의 공정하고 적정한 재판에 필요한 기간을 넘어 부당하게 종국결정의 선고를 지연하는 것을 허용하는 취지는 아니라 할 것이다. 따라서 헌법 제27조 제3항이 보장하는 '신속한 재판'의 의미와 심판대상조항의 취지 및 효과 등을 종합하여 보면, 심판대상조항이 헌법상 '신속한 재판을 받을 권리'를 침해하는 것이라고는 볼 수 없다 할 것이다.

2. 심판의 공개

심판의 변론과 결정의 선고는 공개한다. 다만 서면심리와 평의는 공개하지 아니한다. 법원조직법이 준용되므로 심판의 변론의 경우에도 국가의 안전보장·안녕질서 또는 선량한 풍속을 해할 우려가 있는 때에는 결정으로 이를 공개하지 아니할 수 있다.[1] 비공개결정에서는 이유를 개시하여 선고한다.

3. 개별의견의 표시

(1) 개별의견의 유형

개별의견은 헌법재판소의 법정의견이 되지 못하는 의견이다. 대표적인 것이 헌법재판소의 의견에 반대되는 반대의견이다. 헌법재판소

1 헌재법 제34조 제2항, 법원조직법 제57조 제1항 단서·제2항·제3항.

의 의견과 달리 결론에서는 동일하지만 이유나 논증에서 차이를 가지는 의견이 보충의견이다. 실제에서는 보충의견이라는 표현 외에도 별개의견 또는 별도의견이라는 표현을 사용하기도 한다. 별개의견 또는 별도의견이라는 용어는 재판관 전원의 합치된 의견이나 다수의견 또는 소수의견에 대해 결론에서는 같이 하지만 이유에서 달리하는 경우에 사용한다. 이러한 구분은 편의적인 것이며, 모두 보충의견에 해당한다.

(2) 개별의견표시의무

헌재법 제36조 제3항에서 심판에 관여한 재판관은 결정서에 의견을 표시하여야 한다고 정하고 있다. 헌법재판소에서는 당연히 헌법재판소의 의견법정의견, court opinion이 있어야 하고, 이런 의견은 당연히 표시되므로 여기에서의 의견은 재판관들의 개별의견을 말한다.

종래 헌재법 제36조 제3항에 의하면 법률의 위헌심판, 권한쟁의심판 및 헌법소원심판에 관하여 재판관은 결정서에 의견을 표시하여야 한다고 규정하여, 개별의견의 표시는 위헌법률심판, 권한쟁의심판, 헌법소원심판에 한하여 인정되고, 탄핵심판·정당해산심판 등에는 인정되지 않는다고 이해되었다. 헌법재판소도 탄핵심판에는 개별의견의 표시가 인정되지 않는다고 판시하였다.[1] 그러나 2005. 7. 29. 심판에 관여한 재판관은 결정서에 의견을 표시하여야 하는 것으로 법이 개정되어 모든 개별심판에 있어서 의견을 표시하도록 하고 있다. 여기에 대하여는 찬반 견해가 대립하고 있다. 탄핵심판과 정당해산심판은 고도의 정치적인 성격을 지니고 있으므로 재판의 독립과 공정성을 확보하기 위해서 개별의견을 표시하지 않게 하는 것이 합당하다는 견해[2]와 그것에 반대하는 견해로 대립하고 있다.[3]

1 헌재 2004. 5. 14. 2004헌나1.
2 정종섭, 앞의 책, 171면.
3 허영, 앞의 책, 168면.

(3) 개별의견의 효력

소수의견에는 규범력이 인정되지 않는다. 헌법재판소의 결정이 가지는 규범력은 헌법재판소의 의견으로 선고된 것에 한정된다.

II. 종국결정과 효력

1. 종국결정

헌법재판소는 9인의 재판관으로 구성되는 전원재판부에서 7인 이상의 출석으로 사건을 심리하여 종국심리에 관여한 재판관의 과반수의 찬성으로 사건에 관한 결정을 한다. 다만 법률의 위헌결정·탄핵결정·정당해산결정·헌법소원의 인용결정 그리고 헌법재판소가 판시한 헌법 또는 법률의 해석·적용에 관한 의견을 변경하는 경우에는 재판관 6인 이상의 찬성이 있어야 한다.[1]

종국결정의 형태는 심판절차에 따라 다르다. 각하결정, 심판절차종료선언결정, 합헌결정, 위헌결정, 변형결정, 탄핵결정, 정당해산결정, 권한의무 확인결정 등 다양한 형태가 있다.

2. 결정의 효력

(1) 일사부재리

헌재법 제39조에서는 "이미 심판을 거친 동일한 사건에 대하여는 다시 심판할 수 없다"고 규정하여 일사부재리 규정을 두고 있다.

1 헌법 제113조 제 1 항, 헌재법 제23조 제 2 항.

1) 일사부재리와 기판력

기판력이라 함은 재판에 형식적 확정력이 발생하면 소송당사자는 확정된 당해 소송은 물론이고 후소에서 동일한 사항에 대하여 다시 소를 제기하지 못하고 헌법재판소도 확정재판의 판단내용에 구속되는 것을 의미하며, 이를 실질적 확정력이라고도 한다. 기판력은 확정된 재판내용에 대해 당해 소송보다는 후소에서 소송당사자 및 헌법재판소를 구속한다는 측면에서 재판을 행한 헌법재판소 자신과의 관계에서 논의되는 불가변력이나 당해 소송에서 소송당사자의 관계를 논의하는 불가쟁력형식적 확정력과 구별된다.[1]

기판력과 일사부재리의 효력을 동일한 것으로 볼 것인가에 관해서는 견해가 대립한다.[2] 헌법재판소는 원칙적으로 헌재법 제39조의 일사부재리에 기해 판단하고 있을 뿐, 기판력에 근거하여 판단을 내리지 않는다. 다만 소수의견에서는 기판력에 기한 판단을 하거나,[3] 기

1 김현철, 앞의 책, 110면.

2 정종섭 교수는 헌법재판의 개별심판절차에서는 개개 심판절차가 가지는 특성에 따라 기판력을 일사부재리와 동일하게 볼 수 있는 경우도 있고, 동일하게 볼 수 없는 경우도 있다고 한다. 중복위험금지의 효력이 발생하는 범위에 있어서는 기판력에 의하든 일사부재리에 의하든 마찬가지일 수 있지만, 객관소송으로서의 성격을 갖는 헌법재판에서는 주관소송과는 달리 당사자가 명확하지 않은 경우가 많기 때문에 일사부재리 규정이 반복심판금지의 효력을 확실하게 해 준다고 한다. 현행 헌재법과 같이 일사부재리 규정으로 정해두는 것이 기판력의 인정여부와 범위를 놓고 발생하는 복잡한 문제들에 빠져들지 않고 반복금지의 효력을 명확히 할 수 있다는 것이다. 정종섭, 앞의 책, 178면.

3 헌재 2001. 6. 28. 2000헌바48. 재판관 김영일, 재판관 김경일, 재판관 송인준의 각하의견. 헌재법 제39조(일사부재리)는 "헌법재판소는 이미 심판을 거친 동일한 사건에 대하여는 다시 심판할 수 없다"고 하여 헌법재판소가 결정을 선고한 후 그와 동일한 사건에 대한 심판청구는 부적법한 것으로서 각하되어야 할 것으로 규정하고 있다고 볼 것인바, 이는 헌법재판소의 결정에 반복하여 다툴 수 없다는 기판력의 일단이 인정됨을 명문화한 것이라 볼 것이다. 따라서 여기에서 일사부재리의 원칙이 적용되는 '동일한 사건'의 범위를 어떻게 볼 것인가를 일반적인 기판력이론에 따라 살피기로 한다. … 따라서 이 사건은, 동일한 청구인 ○○건영주식회사가, 동일한 유형의 심판청구를 가지고, 헌법재판소가 이미 심판한 법률조항과 동일한 법률조항의 위헌여부의 심판을 청구하여 온 것이고, 이른바 사정변경 또한 있다고 인정되지도 아니하여, 이 사건 헌법소원은 헌법재판소가 2000. 4. 27. 결정을 선고한 2000헌바21 사건과 동일한 사건이라 볼 것이므로 헌재법 제39조의 일사부재리의 원칙 내지는 헌법재판소결정의 기판력에 따라 부적법 각하하여야 할 것이다.

판력이론이 헌법재판에서는 그대로 원용되지 않는다는 의견이 있다.[1]

2) 일사부재리 적용여부

일사부재리가 적용되는지의 문제는 헌재법 제39조에서 규정하는 '동일한 사건'을 어떻게 해석할 것인가에 달려 있다.

① 심판청구유형

헌법재판소의 심판청구의 유형이 서로 다른 경우에는 일사부재리에 저촉되지 않는다.[2] 헌재법 제68조 제 1 항에 의한 심판청구와 헌재법 제68조 제 2 항에 의한 심판청구는 동일한 것이 아니므로 일사부재리에 저촉되지 않는다.[3]

② 심판대상 및 청구인

헌법재판소는 심판의 대상 또는 청구인이 다른 경우에는 일사부재리에 저촉되지 않는다고 판시하였다.[4]

위헌법률심판의 경우 청구인과 심판대상이 된 조문은 동일하지만

1 헌재 2001. 6. 28. 2000헌바48. 재판관 권성. 규범통제를 목적으로 하는 헌법재판과 일반의 소송은 성질이 다른 측면이 있고 그 다른 범위 내에서 일반소송의 기판력이론은 적용될 수 없을 것이다. … 사실인정과 밀접, 불가분의 관련을 가진 기판력의 이론은 규범통제를 목적으로 하는 헌법재판에서는 그대로 원용하기 어렵다. 그러나 일반소송의 기판력이론이 갖는 효능, 즉 동일사건에 대하여 심리의 반복을 금지하고 모순된 판단을 금지함으로써 법적 안정과 소송경제를 추구하는 작용은 헌법재판에서도 필요하다. 이것은 무엇으로 달성할 것인가. 일사부재리의 규정으로 가능하고 그것으로 또 충분하다. 헌법재판소법 제39조가 바로 이러한 이유에서 등장한 것이라고 이해할 것이다. 그렇다면 헌법재판소법 제39조의 일사부재리규정은 일반소송의 기판력이론과 연계시킬 필요 없이 독자적으로 해석할 수 있는 것이고 오히려 독자적으로 해석하여야만 하는 것이다.

2 헌재 1997. 6. 26. 96헌가8.

3 헌재 1994. 4. 28. 89헌마221. 법 제68조 제 1 항에 의한 헌법소원심판은 주관적 권리구제의 헌법소원으로서, 개별적인 공권력의 행사 또는 불행사로 인하여 헌법상 보장된 기본권을 침해받은 자가 청구할 수 있고 이 경우 법 제75조 제 2 항 및 제 5 항에 의한 부수적 위헌심판청구도 할 수 있음에 대하여 법 제68조 제 2 항에 의한 헌법소원심판은 구체적 규범통제의 헌법소원으로서 법 제41조 제 1 항의 규정에 의한 법률의 위헌여부심판의 제청신청이 법원에 의하여 기각된 때에는 그 신청을 한 당사자는 헌법재판소에 제청신청이 기각된 법률의 위헌 여부를 가리기 위한 헌법소원심판을 청구할 수 있는바, 그렇다면 법 제68조 제 1 항과 같은 조 제 2 항에 규정된 헌법소원심판청구들은 그 심판청구의 요건과 그 대상이 각기 다른 것임이 명백하다.

4 헌재 1997. 8. 21. 96헌마48.

위헌법률심판의 계기가 된 당해 사건이 다른 경우 헌재법 제39조의 동일한 사건으로 보아 일사부재리에 저촉된다고 볼 것인지가 문제된다. 헌법재판소는 헌재법 제39조의 동일한 사건이 되기 위해서는 청구인과 심판대상이 동일해야 할 뿐만 아니라 당해 사건도 동일해야 한다고 판시하고 있다.[1]

③ 각하결정과 일사부재리

헌법소원심판에서 청구가 부적법하여 각하결정을 한 후 각하결정에서 판시한 요건의 흠결을 보완하지 않고 다시 청구하는 것은 일사부재리에 저촉된다.[2]

(2) 기 속 력

1) 기속력의 의의 및 법적 근거

헌재법은 기속력에 관하여 별도로 정하고 있다. 위헌법률심판이나 헌법소원심판에 있어서는 법률에 대한 위헌결정이나 헌법소원의 인용결정에 대하여 기속력을 인정하고 있다.[3] 권한쟁의심판은 헌재법 제67조 제1항에서 "헌법재판소의 권한쟁의심판의 결정은 모든 국가기관과 지방자치단체를 기속한다"고 규정하여 권한쟁의심판의 "모든 결정"에 기속력을 인정하고 있다.

2) 기속력의 내용 및 효과

기속력에 따라 모든 국가기관이 헌법재판소의 구체적인 결정에 따라야 한다. 기속력 때문에 국가기관은 장래에 어떤 처분을 할 때 헌법재판소의 결정을 존중해야 하고, 헌법재판소의 결정에 모순되는 행위가 금지된다. 또한 기속력은 헌법재판소의 결정에 따라 적극적으로 위헌 또는 위법의 상태를 제거해야 하는 실체법적 의무를 부과하는

1 헌재 2006. 5. 25. 2003헌바115등.
2 헌재 2002. 12. 18. 2002헌마279.
3 헌재법 제47조 제1항, 제75조 제6항.

효력이다.

국가기관 또는 지방자치단체가 헌법재판소의 결정에 저촉되는 행위를 한 경우에는 본안판단을 할 필요도 없이 기속력에 의거하여 효력을 가지지 못하는 것으로 된다.

3) 기속력이 미치는 범위

① 주관적 범위

헌법재판에서 인정되는 기속력은 국가영역, 즉 국가기관과 지방자치단체에 한하여 효력이 미친다. 기속력이 인정되는 결정이 선고되면 국가기관과 지방자치단체를 기속한다. 헌재법에서 법률의 위헌결정은 "법원과 그 밖에 국가기관 및 지방자치단체"를 기속하고, 권한쟁의심판의 결정과 헌법소원 인용결정은 "모든 국가기관과 지방자치단체"를 기속한다고 규정하고 있다. 국가기관은 대통령 및 행정부의 행정기관과 각급 법원을 포함하고, 지방자치단체는 지방의회와 지방자치단체의 장, 교육자치기관도 포함한다. 법률에 대한 위헌결정이 국회의 입법행위에도 미치는가와 관련하여 기속설과 비기속설로 대립한다.

② 객관적 범위

기속력은 헌법재판소의 결정주문에 미친다. 결정이유에도 기속력이 미치는가에 관하여는 견해가 대립한다. 헌법재판소는 결정이유의 기속력을 인정할지의 여부에 대하여 신중한 접근이 필요하다고 하면서, 결정주문을 뒷받침하는 결정이유에 기속력을 인정하려면 적어도 위헌결정의 정족수인 6인 이상의 찬성이 있어야 한다고 판시하였다.

헌재 2008. 10. 30. 2006헌마1098

헌법재판소법 제47조 제1항 및 제75조 제1항에 규정된 법률의 위헌결정 및 헌법소원 인용결정의 기속력과 관련하여, 입법자인 국회에게 기속력이 미치는지 여부, 나아가 결정주문뿐 아니라 결정이유에까지 기속력을 인정할지 여부는 헌법재판소의 헌법재판권 내지 사법권의 범위와 한계, 국회의 입법권의 범위와 한계 등을 고려하여 신중하게 접근할 필요가 있다. 설령 결정이유에까지 기속력을 인정한다고 하더라도, 결정주문을 뒷받침하는 결정이유에 대하여 적어도 위헌결정의 정족수인 재판관 6인 이상의 찬성이 있어야 할 것이고, 이에 미달할 경우에는 결정이유에 대하여 기속력을 인정할 여지가 없는데, 헌법재판소가 2006. 5. 25. '안마사에 관한 규칙' 제3조 제1항 제1호와 제2호 중 각 "앞을 보지 못하는" 부분에 대하여 위헌으로 결정한 2003헌마715등 사건의 경우(헌재 2006. 5. 25. 2003헌마715등) 그 결정이유에서 비맹제외 기준이 과잉금지원칙에 위반한다는 점과 관련하여서는 재판관 5인만이 찬성하였을 뿐이므로 위 과잉금지원칙 위반의 점에 대하여 기속력이 인정될 여지가 없다.

(3) 형식적 확정력과 자기기속력

1) 형시적 확정력

헌법재판소의 결정이 선고되면 선고된 결정에 대하여 불복하여 다툴 수 없다. 이를 형식적 확정력이라 한다. 헌법재판은 최종적인 심판이고, 헌재법에서도 불복할 수 있는 방법과 절차에 대하여 아무것도 정하고 있지 않다. 결정이 형식적으로 확정되면 헌법재판은 종국적으로 종료된다.[1] 위헌법률심판에 있어서 법률에 대한 합헌결정이나 헌법소원심판에 있어서의 기각결정도 형식적 확정력을 가진다. 그렇지만 합헌결정이나 기각결정의 형식적 확정력이 합헌으로 결정된 법률 또는 법률조항에 대한 다툼을 방해하는 것은 아니다.

1 헌재 1990. 5. 21. 90헌마78. 헌법소원의 심판에 대한 결정은 형식적 확정력을 갖는 것이므로 취소될 수 없고, 이에 대해서는 헌법소원의 형식에 의하여서도 그 취소나 변경을 구하는 심판청구를 제기할 수 없다.

2) 자기기속력

헌법재판소가 동일한 사건에서 한번 결정을 선고하면 재판은 확정되고, 헌법재판소는 당해 절차에서 그 결정을 취소, 철회, 변경할 수 없다. 이처럼 헌법재판소가 당해 사건에서 스스로 선고한 당해 결정의 법적 효과에 구속되는 효력을 자기기속력이라 한다.[1]

3) 형식적 확정력·자기기속력·재심

재심은 헌법재판소의 확정된 종국결정에 있어 재심사유에 해당하는 중대한 하자가 있는 경우에 그 결정의 취소와 이미 종결된 사건의 재심판을 구하는 비상 불복절차이다. 헌법재판이라고 하더라도 중대한 결함이 있는 경우 재심을 허용할 필요성이 있다. 헌법재판소도 헌법재판의 개별 심판절차의 종류에 따라 재심을 개별적으로 허용하고 있다. 또한 재심은 동일한 절차가 아니므로 재심을 인정하는 것이 자기기속력을 해치는 것은 아니다.

III. 결정의 경정

결정의 경정이란 결정서에 표현상의 오류가 발견된 때에 헌법재판소가 스스로 그 오류를 정정하는 것을 말한다.[2] 경정은 당사자의 신청 또는 직권에 의하여 어느 때라도 할 수 있다. 경정결정은 원결정과 일체가 되어 결정선고 시에 소급하여 그 효력이 발생한다.

1 헌재 1989. 7. 24. 89헌마141. 헌법재판소가 이미 행한 결정에 대해서는 자기기속력 때문에 이를 취소·변경할 수 없다 할 것이며, 이는 법적 안정성을 위하여 불가피한 일이라 할 것이다.
2 헌재법 제40조.

03_ 가처분과 재심

제1절 가처분

Ⅰ. 가처분의 의의

가처분은 본안결정의 실효성을 확보하기 위하여 본안사건과 관련하여 다툼이 있는 법관계를 잠정적이고 임시적으로 규율하는 것을 내용으로 하는 헌법재판소의 결정이다. 헌법재판에서 가처분을 인정하지 않으면 헌법질서나 국가작용 또는 가처분을 신청한 신청인에게 중대하고도 회복할 수 없는 불이익이 발생하는 경우에 헌법재판소는 가처분을 할 필요가 있다.

Ⅱ. 가처분의 종속성과 본안승소가능성

1. 가처분의 종속성

가처분은 본질상 본안사건에서 다투어지는 사안을 전제로 하여서만 존재할 수 있기 때문에 가처분심판대상은 본안심판의 대상과 직접적인 연관성이 있어야 한다. 이를 본안사건에 대한 종속성이라 한다.

2. 본안승소가능성

가처분이 본안사건에 대하여 종속성을 가진다고 하여 가처분결정에서 본안의 심판대상에 대한 인용가능성승소가능성의 여부를 판단하거나 관련 법령이나 사실관계에 대해 조사·검토를 해야 하는 것은 아니다. 가처분에 대한 재판은 본안과 독립되어 있다. 그러나 가처분이 헌법질서에 미치는 영향력이 크기 때문에 실제 가처분결정은 본안의 결정을 미리 고려하지 않을 수 없다. 헌법재판소도 가처분의 신청에 있어 본안사건이 부적법하거나 이유가 없음이 명백한 경우에는 가처분을 명할 수 없다는 태도를 취한다.[1]

III. 가처분에 관한 규정

1. 정당해산심판과 권한쟁의심판

헌재법 제57조 정당해산심판절차[2]와 제65조 권한쟁의심판절차[3]의

1 헌재 1999. 3. 25. 98헌사98. 헌법재판소가 직권 또는 청구인의 신청에 따라 심판대상이 된 피청구기관의 처분의 효력을 정지하는 가처분신청은 본안사건이 부적법하거나 이유 없음이 명백하지 않는 한, 가처분을 인용한 뒤 종국결정에서 청구가 기각되었을 때 발생하게 될 불이익과 가처분을 기각한 뒤 청구가 인용되었을 때 발생하게 될 불이익에 대한 비교형량을 하는 것이 가장 중요한 요건이 될 수밖에 없고 이 비교형량의 결과 후자의 불이익이 전자의 불이익보다 큰 때에 한하여 가처분 결정을 허용할 수 있을 것이다.

2 헌재법 제57조(가처분) 헌법재판소는 정당해산심판의 청구를 받은 때에는 청구인의 신청 또는 직권으로 종국결정의 선고 시까지 피청구인의 활동을 정지하는 결정을 할 수 있다.

3 헌재법 제65조(가처분) 헌법재판소가 권한쟁의심판의 청구를 받은 때에는 직권 또는 청구인의 신청에 의하여 종국결정의 선고 시까지 심판대상이 된 피청구인의 처분의 효력을 정지하는 결정을 할 수 있다.

경우에 가처분을 인정하는 규정을 두고 있다. 헌법재판소는 정당해산 심판의 청구를 받은 때에는 청구인의 신청 또는 직권으로 종국결정의 선고 시까지 피청구인의 활동을 정지하는 결정을 할 수 있으며, 권한쟁의심판의 청구를 받은 때에는 직권 또는 청구인의 신청에 의하여 종국결정의 선고 시까지 심판대상이 된 피청구인의 처분의 효력을 정지하는 결정을 할 수 있다.

헌재법에 명문의 규정을 두고 있지 않은 다른 심판절차에는 가처분이 허용되는지가 문제된다.

2. 헌법소원심판과 가처분

헌법재판소는 헌재법 제68조 제1항의 헌법소원심판에서 가처분을 인정할 수 있다고 판시한 바 있다. 헌법재판소는 "법은 정당해산심판과 권한쟁의심판에 관해서만 가처분에 관한 규정을 두고 있을 뿐, 다른 헌법재판절차에 있어서도 가처분이 허용되는가에 관하여는 명문의 규정을 두고 있지 않다. 그러나 위 두 심판절차 이외에 같은 법 제68조 제1항 헌법소원심판절차에 있어서도 가처분의 필요성은 있을 수 있고, 달리 가처분을 허용하지 아니할 상당한 이유를 찾아볼 수 없으므로 위 헌법소원심판청구사건에서도 가처분이 허용된다"고 판시하였다.[1]

3. 위헌법률심판과 가처분

위헌법률심판에서의 가처분은 법률에 대한 직접적인 가처분이나 당해 법원에 계속 중인 재판의 정지를 명하는 가처분, 재판의 집행을

1 헌재 2000. 12. 8. 2000헌사471.

정지하는 가처분 등을 생각해 볼 수 있지만, 위헌법률심판에서의 가처분을 인정하는 명문규정은 없으며, 헌법재판소 판례에서도 아직 가처분을 인정한 예는 없다. 다만 헌재법 제42조 제 1 항은 법원이 법률의 위헌여부의 심판을 헌법재판소에 제청한 때에는 당해 소송사건의 재판은 헌법재판소의 위헌결정이 있을 때까지 정지된다고 규정하고 있다.

헌법재판소는 헌재법 제68조 제 2 항의 헌법소원심판에서 당해 법원의 민사소송절차의 일시정지를 구하는 가처분신청은 이유가 없다고 하여 기각결정을 한 바가 있다.[1]

4. 탄핵심판과 가처분

헌법 제65조 제 3 항과 헌재법 제50조에 의하여 탄핵소추의 의결이 있으면 탄핵소추의 의결을 받은 자는 헌법재판소의 심판이 있을 때까지 권한행사가 정지된다. 따라서 직무집행을 정지하기 위한 가처분은 인정할 여지가 없고, 헌법과 헌법재판소법에 의하여 해결이 가능하다.

IV. 가처분의 요건

1. 가처분의 신청

헌법재판소는 청구인의 신청 또는 직권으로 가처분을 결정할 수 있다. 본안소송의 청구인적격이 있는 자는 가처분신청을 할 수 있다. 헌법재판소는 심판청구를 받은 때에는 종국결정선고 시까지 직권으로

1 헌재 1993. 12. 20. 93헌사81.

가처분을 결정할 수 있다. 헌재법은 정당해산심판과 권한쟁의심판에서 가처분을 인정하면서 각각의 가처분에서 직권에 의한 가처분을 인정하고 있다.[1] 실정법에 명문의 규정이 없는 경우에는 헌법재판소가 직권으로 가처분을 할 수 있는가 하는 문제가 있으며, 이에 관하여는 견해가 대립한다.

2. 가처분의 신청기간

가처분을 신청하기 위해서는 본안심판 사건이 헌법재판소의 관할에 속하여야 한다. 가처분신청은 본안심판이 헌법재판소에 계속 중일 때 할 수 있음이 원칙이지만, 본안심판이 계속되기 전이라 하더라도 신청할 수 있다. 본안심판 계속 중에만 가처분신청을 할 수 있다고 한다면 가처분제도의 실효성을 감소시킬 우려가 있기 때문이다.[2]

V. 가처분의 결정

1. 가처분결정의 정족수

가처분결정을 하는 경우에는 7인 이상이 출석하여야 하고, 출석재판관 과반수의 찬성이 있어야 한다. 헌재법 제68조 제1항의 헌법소원심판에서 지정재판부는 가처분결정을 할 수 없다고 보는 것이 일반적이다. 그렇지만 헌법재판의 실제에서 지정재판부에서 본안사건을 각하하면서 가처분신청을 각하하는 결정을 하고 있으며, 가처분신청을 기각한 사례도 있다.[3]

1 헌재법 제57조, 제65조.
2 김현철, 앞의 책, 100면.
3 헌재 1997. 12. 16. 97헌사189; 헌재 1997. 12. 23. 97헌사200; 헌재 2005. 10. 25. 2005

2. 가처분결정의 유형

가처분결정은 가처분의 신청을 배척하는 각하결정과 기각결정이 있고, 신청을 받아들이는 가처분결정이 있다. 가처분의 신청이 형식적 요건의 불비로 인하여 부적법한 것이면 각하결정을 한다. 가처분신청의 이유가 없을 경우에는 배척하는 기각결정을 한다. 헌법재판소는 기존의 상태를 그대로 유지하는 경우 당사자 등의 이익, 공공복리, 헌법질서의 유지, 정상적인 국가작용 등에 현저한 손해를 피하거나 급박한 위험을 방지하기 위하여 또는 기타 필요한 이유에서 가처분을 명할 수 있다.

3. 가처분결정의 요건

가처분결정의 요건으로는 ㉠ 기존의 상태를 그대로 유지하는 경우 당사자 등의 이익이나 법질서에 회복하기 어려운 손해를 피하거나 급박한 위험을 방지하거나 또는 기타 필요한 이유가 있고가처분결정의 사유, ㉡ 그 효력을 긴급하게긴급성, ㉢ 정지시켜야 할 필요가필요성 있을 것을 들 수 있다.[1]

헌재 2000. 12. 8. 2000헌사471

헌법재판소법 제40조 제1항에 따라 준용되는 행정소송법 제23조 제2항의 집행정지규정과 민사소송법 제714조의 가처분규정에 비추어 볼 때, 이와 같은 가처분결정은 헌법소원심판에서 다투어지는 공권력의 행사 또는 불행사의 현상을 그대로 유지시킴으로 인하여 생길 회복하기 어려운 손해를 예방할 필요가 있어야 하고 그 효력을 정지시켜야 할 긴급한 필요가 있어야 한다는 것 등이 그 요건이 된다 할 것이므로, 본안심판이 부적법하거나 이유 없음이 명백하지 않는 한 위와 같은 가처분

헌사657.

1 헌재 2000. 12. 8. 2000헌사471.

의 요건은 갖춘 것으로 인정되고, 이에 덧붙여 가처분을 인용한 뒤 종국결정에서 청구가 기각되었을 때 발생하게 될 불이익과 가처분을 기각한 뒤 청구가 인용되었을 때 발생하게 될 불이익에 대한 비교형량을 하여 후자의 불이익이 전자의 불이익보다 크다면 가처분을 인용할 수 있는 것이다. 이 사건 본안판단청구가 부적법하거나 이유 없음이 명백한 경우라고 할 수는 없다. 또한 이 사건 규정의 효력이 그대로 유지되어 신청인들에게 적용되면, 신청인들은 2001년부터 4년간 제1차 시험에 응시할 수 없게 되므로 사법시험의 합격가능성이 원천적으로 봉쇄되는 회복하기 어려운 손해를 입게 될 것임이 명백할 뿐만 아니라, 사법시험 제1차 시험은 매년 초에 시행되어 그 적용의 시기도 매우 근접하였으므로 긴급성도 인정된다고 할 것이다. 이 사건 가처분신청을 기각하였다가 본안심판을 인용하는 경우 2001년도 사법시험 제1차 시험은 그대로 시행되어 버리고 신청인들은 이에 응시하여 합격할 기회를 상실하는 돌이킬 수 없는 손해를 입게 된다. 그러므로 신청인들의 이 사건 가처분신청은 이유 있어 이를 인용하기로 한다.

4. 가처분결정에 대한 이의신청

헌법재판소의 가처분결정에 대하여는 이의신청을 할 수 있다.[1] 이의신청을 할 수 있는 자는 가처분의 대상이 되는 행위를 한 자이며, 헌법소원심판 청구인은 이의신청을 할 수 없다.

가처분결정에 대한 이의신청이 있으면 헌법재판소의 재판부는 이의에 대하여 재판한다. 헌재법 제68조 제1항의 헌법소원심판절차에서 본안사건이 지정재판부에 계속 중이든 재판부로 회부되었든 가처분결정에 대한 이의에 대해서는 재판부가 재판한다. 재판부가 가처분결정을 하였기 때문이다.[2]

1 헌재법 제40조 제1항, 민사집행법 제301조.
2 정종섭, 앞의 책, 227면.

제2절 재 심

Ⅰ. 재심의 의의

재심이란 헌법재판소의 확정된 종국결정에 재심사유에 해당하는 중대한 하자가 있는 경우 그 결정의 취소와 이미 종결된 사건의 재심판을 구하는 비상의 불복신청방법이다. 민사소송절차에서는 재심절차에 관하여 규정을 두고 있으나, 헌재법은 재심의 허용여부에 관하여 별도의 명문규정을 두고 있지 않다.

Ⅱ. 재심에 관한 헌법재판소의 태도

헌법재판소는 재심의 허용여부를 심판절차의 종류에 따라 개별적으로 판단하여야 한다는 입장이다.[1]

1. 재심을 허용하지 않은 판결

헌법재판소는 헌재법 제68조 제2항의 헌법소원심판에서는 원칙적으로 재심이 허용되지 않는다고 보고 있다. 헌재법 제68조 제2항에 의한 헌법소원에 있어서 헌법재판소의 결정에 대한 재심절차의 허용여부에 관하여, 헌법재판소의 인용결정은 위헌법률심판의 경우와 마

1 헌재 1995. 1. 20. 93헌아1. 헌재법은 헌법재판소의 결정에 대한 재심의 허용여부에 관하여 별도의 명문규정을 두고 있지 아니하다. 이리하여 헌법재판소의 결정에 대하여 재심을 허용할 수 있는가 하는 점에 관하여는 논의가 있을 수 있다. 헌법재판은 그 심판의 종류에 따라 그 절차의 내용과 결정의 효과가 한결같지 아니하기 때문에 재심의 허용여부 내지 허용정도 등은 심판절차의 종류에 따라서 개별적으로 판단될 수밖에 없다고 할 것이다.

찬가지로 이른바 일반적 기속력과 대세적·법규적 효력을 가지는 것이고, 이러한 효력은 일반법원의 확정판결이 그 기속력이나 확정력에 있어서 원칙적으로 소송당사자에게만 한정하여 그 효력이 미치는 것과 크게 다르므로, 헌재법 제68조 제2항에 의한 헌법소원사건에 관한 헌법재판소의 결정에 대하여는 원칙적으로 재심을 허용하지 아니함으로써 얻을 수 있는 법적 안정성의 이익이 재심을 허용함으로써 얻을 수 있는 구체적 타당성의 이익보다 높기 때문에 사안의 성질상 재심을 허용할 수 없다고 판시한 바 있다.

2. 재심을 허용한 판결

헌법재판소는 헌재법 제68조 제1항에 의한 헌법소원 중 공권력의 작용을 대상으로 하는 헌법소원절차에 있어서는 민사소송법상의 재심에 관한 규정에 따라 재심을 허용함이 상당하다고 보았다.[1] 헌재법 제68조 제1항의 헌법소원심판에서는 재판부 구성이 위법한 경우 등 절차상 중대·명백한 위법이 있어서 재심을 허용하지 아니하면 현저히 정의에 반하는 경우 재심이 제한적으로 인정된다고 한다.[2] 재심사유와 관련하여 헌재법 제68조 제1항의 헌법소원심판에서 민사소송법상의 재심사유인 판단유탈은 헌법소원심판에서의 재심사유가 되지 않는다고 하는 입장을 취하다가 현재는 판례를 변경하여 판단유탈도 재심사유로 보고 있다.[3]

1 헌재 2007. 2. 22. 2006헌아50.
2 헌재 1995. 1. 20. 93헌아1.
3 헌재 2001. 9. 27. 2001헌아3. 공권력의 작용에 대한 권리구제형 헌법소원심판절차에 있어서 '헌법재판소의 결정에 영향을 미칠 중대한 사항에 관하여 판단을 유탈한 때'를 재심사유로 허용하는 것이 헌법재판의 성질에 반한다고 볼 수는 없으므로, 민사소송법 제422조 제1항 제9호를 준용하여 "판단유탈"도 재심사유로 허용되어야 한다. 따라서 종전에 이와 견해를 달리하여 행정작용에 속하는 공권력 작용을 대상으로 한 권리구제형 헌법소원에 있어서 판단유탈은 재심사유가 되지 아니한다는 취지의 의견(헌재 1995. 1. 20. 93헌아1; 헌재 1998. 3. 26. 98헌아2)은 이를 변경하기로 한다.

헌재법 제68조 제1항에 의한 헌법소원심판절차라고 하더라도 법률에 대한 헌법소원심판에서는 재심이 허용되지 않는다.[1]

1 헌재 2006. 9. 26. 2006헌아37.

04_ 재판관의 제척 · 기피 · 회피

헌법재판의 공정성을 보장하기 위하여 헌법재판에서도 재판관의 제척 · 기피 · 회피제도가 인정된다. 재판관의 제척이라 함은 특정 사건에 관하여 재판관에게 재판의 공정성을 확보하기 어려운 헌재법상의 사유가 있을 때[1] 이 법에 의해 당연히 그 사건에 관한 직무집행에서 재판관을 배제하는 것을 말한다. 재판부는 특정 재판관이 제척사유가 있는 경우 당사자의 신청이나 직권으로 제척의 결정을 한다.[2]

재판관의 기피라 함은 재판관에게 특정 사건에 관하여 제척사유 이외에 재판의 공정을 기대하기 어려운 사정이 있는 경우에 당사자의 신청에 의하여 그 사건에 관한 직무집행에서 해당 재판관을 배제하는 것을 말한다.[3] 당사자는 기피사유가 있는 때에는 기피신청을 할 수 있으나, 동일한 사건에 대하여 2인 이상의 재판관을 기피할 수 없다.[4]

1 헌재법상의 제척사유로는 재판관이 당사자이거나 당자자의 배우자 또는 배우자이었던 경우, 재판관과 당사자 간에 친족관계에 있거나 친족관계였던 경우, 재판관이 이 사건에 관하여 증언이나 감정을 할 경우, 재판관이 사건에 관하여 당사자의 대리인이 되거나 되었던 경우, 기타 재판관이 헌법재판소 외에서 직무상 또는 직업상의 이유로 사건에 관여하였던 경우이다(헌재법 제24조 제 1 항).

2 헌재법 제24조 제 2 항.

3 헌재법 제24조 제 3 항.

4 헌재법 제24조 제 4 항.

재판관의 회피라 함은 재판관이 제척 또는 기피사유가 있는 때에 스스로 해당 사건의 직무집행에서 이를 피하는 것을 말한다. 재판관이 회피를 하고자 하는 경우에는 재판장의 허가를 얻어야 한다.[1]

제척·기피·회피는 기본적으로 재판관에 관하여 규율하는 것이지만, 재판관의 명을 받아 사건의 심리 및 심판에 관한 조사·연구에 종사하는 헌법연구관에게도 법리가 준용된다.[2] 그리고 제척·기피·회피의 법리는 헌법재판소 사무처 공무원에게도 준용된다고 보아야 하며, 헌법재판소도 헌법재판소의 사무관 등은 기피신청의 대상이 된다고 판시하였다.[3]

1 헌재법 제24조 제5항.
2 헌재 2003. 12. 2. 2003헌사535.
3 헌재 2003. 12. 2. 2003헌사536.

05_ 심판비용 및 공탁금

제 1 절 심판비용

헌법재판소의 심판비용은 국가가 부담한다.[1] 심판비용을 국가부담으로 하는 경우에도 당사자의 신청에 의한 증거조사의 비용은 헌법재판소규칙이 정하는 바에 따라 그 신청인에게 부담시킬 수 있다. 심판비용 이외의 비용은 당사자가 부담한다.

제 2 절 공 탁 금

헌법소원심판의 청구는 국민 개개인이 누구나 할 수 있으므로 남소가 예상된다. 이러한 남소의 방지를 위해서 헌법재판소는 헌법소원심판의 청구인에 대하여 헌법재판소규칙이 정하는 공탁금의 사전 납부를 명할 수 있다.[2]

1 헌재법 제37조 제 1 항.
2 헌재법 제37조 제 2 항.

헌법재판론

제1편 헌법재판

제3편 특별심판절차

01_ 위헌법률심판제도

제 1 절 규범통제제도

Ⅰ. 규범통제제도의 유형

규범통제제도는 법률의 시행 여부에 따라 사전적 규범통제제도와 사후적 규범통제제도로 구분된다. 법률의 위헌여부가 일반 법원에 계속된 소송사건의 재판의 전제가 되었는가의 여부에 따라 추상적 규범통제와 구체적 규범통제로 구분된다.

1. 사전적 규범통제

법령의 서명·공포 전에 아직 효력을 발생하지 아니한 법령을 대상으로 미리 위헌여부를 심사하여 법령이 효력을 발생하지 못하도록 예방하는 제도이다. 프랑스는 헌법위원회가 사전예방적 규범통제를 행한다. 2008년 개헌 이전에는 헌법위원회가 법률의 위헌심사권을 갖고 법률의 공포 전[1]에 그에 대한 사전예방적 위헌심사권을 행사하였다.

1 프랑스 사전예방적 규범통제는 제안 후 의결 전단계에서의 위헌심사와 의결 후 공포 전단계에

2008년 개헌으로 사후적인 구체적 규범통제의 권한이 새로이 추가되었다.

2. 사후적 규범통제

법령이 서명·공포되어 효력발생을 앞두고 있거나, 이미 시행 중인 법령의 위헌 여부를 심사해서 위헌적인 법령의 효력의 발생을 상실하게 하는 제도이다.

(1) 추상적 규범통제

추상적 규범통제제도는 법률의 위헌여부가 재판의 전제가 되지 않았어도 법률의 위헌여부에 대한 의문이나 다툼이 생긴 경우 그 법률의 위헌여부를 심사하는 제도이다. 독일의 경우 연방정부와 주정부 또는 연방의회 재적의원 1/3의 신청으로 연방법과 주법의 기본법 위배여부, 주법의 연방법 위배여부를 심판하는 추상적 규범통제제도를 두고 있다.

(2) 구체적 규범통제

구체적 규범통제제도는 구체적인 소송사건이 제기되었을 때 법원의 제청에 의하여 그 사건에 적용될 법령의 위헌여부에 대한 합헌성을 통제하는 제도이다.

서의 위헌심사의 두 가지 유형이 있다.

II. 우리 헌법상의 규범통제제도

1. 구체적 규범통제제도

우리 헌법 제111조 제1항과 헌재법 제2조 제1호에서 법원의 제청에 의한 법률의 위헌여부심판은 헌법재판소가 관장한다고 정하고 있다. 헌법과 헌재법상의 위헌법률심판은 국회가 제정한 법률의 위헌여부가 일반법원에서 재판의 전제가 되는 경우에 법원이 헌법재판소에 위헌심판을 제청하고 헌법재판소가 그 위헌여부를 심사·판단하는 사후적·구체적 규범통제제도이다. 우리 헌재법 제41조에서 "법률이 헌법에 위반되는 여부가 재판의 전제가 된 때에는 당해 사건을 담당하는 법원은 직권 또는 당사자의 신청에 의한 결정으로 헌법재판소에 위헌여부의 심판을 제청한다"고 규정하고 있다. 법률에 대한 위헌제청권은 일반법원이 담당하며, 위헌결정권은 헌법재판소가 담당하는 관할분리제를 그 특징으로 하고 있다.

그 밖에 헌재법 제68조 제2항의 헌법소원심판도 규범통제의 기능을 행한다. 헌재법 제68조 제2항은 헌법소원심판으로 되어 있지만, 그 본질은 위헌법률심판이다.

2. 의결 후 공포 전단계에서의 위헌심사

우리 헌법은 구체적 규범통제제도를 채택하고 있고, 사전예방적 규범통제제도는 두고 있지 않기 때문에 공포되어 시행되고 있는 법률만이 규범통제의 대상이 된다. 일반법원에 계속되고 있는 소송사건에서 재판의 전제가 되고 있는 법률이나 법률조항만이 심판의 대상이 된다. 하지만 법률에 대한 헌법소원심판에서는 반드시 엄격하게 해석되지 않는다. 우리 헌법재판소는 헌법소원심판절차에서 공포 전단계의 법률이라고 하더라도 심판청구 후에 유효하게 공포·시행된 경우에는 심판대상성을 인정한 바 있다.

헌재 2001. 11. 29. 99헌마494

법률안은 대통령이 거부권을 행사하지 않는 한 정부에 이송된 후 15일 이내에 공포하여야 하고 만일 공포하지 않는다면 법률로서 확정되는 바, 법률안이 거부권 행사에 의하여 최종적으로 폐기되었다면 모르되, 그렇지 아니하고 공포되었다면 법률안은 그 동일성을 유지하여 법률로 확정되는 것이라고 보아야 한다. 나아가, 우리 재판소가 위헌제청 당시 존재하지 아니하였던 신법의 경과규정까지 심판대상을 확장하였던 선례(헌재 2000. 8. 31. 97헌가12)에 비추어 보면, 심판청구 후에 유효하게 공포·시행되었고 그 법률로 인하여 평등권 등 기본권을 침해받게 되었다고 주장하는 이상 청구 당시의 공포 여부를 문제삼아 헌법소원의 대상성을 부인할 수는 없다.

제 2 절 위헌법률심판의 요건

Ⅰ. 위헌제청절차

1. 제청권자

(1) 법 원

법원만이 법률의 위헌여부에 대하여 헌법재판소에 위헌제청을 할 수 있다. 법원은 직권 또는 당사자의 신청에 의한 결정으로 위헌제청할 수 있다. 법원은 법원조직법에서 정하는 법원과 군사법원법이 정하는 군사법원이 이에 해당한다. 구체적으로 당해 사건을 담당하는 합의부나 단독판사 모두 법원에 해당한다.

(2) 헌재법 제68조 제2항 헌법소원 청구인

헌재법 제68조 제2항 헌법소원심판에서 청구인제청신청으로 기각결정을 받은 자은 제청권자에 갈음하는 지위를 갖는다.

(3) 위원회

민사조정위원회 가사조정위원회도 법관이 아닌 조정위원이 참여하지만 법관에 의해 주도되기 때문에 제청권이 있다. 법관이 주도하지 않는 행정심판위원회는 제청권을 갖지 않는다.

2. 제청의 요건

법원은 법률의 위헌여부가 당해 소송의 재판의 전제가 되고 합리적 위헌의 의심이 있는 때에 위헌제청할 수 있다.

(1) 합리적 위헌의 의심

헌법 제107조 제1항, 헌재법 제41조·제43조 등이 규정취지는 법원은 문제되는 법률조항이 담당법관 스스로의 법적 견해에 의하여 단순한 의심을 넘어선 합리적인 위헌의 의심이 있으면 위헌여부심판을 제청하라는 취지이고,[1] 헌법재판소로서는 제청법원의 고유판단을 될 수 있는 대로 존중하여 제청신청을 받아들여 헌법판단을 하라는 것이다.

1 헌재 1993. 12. 23. 93헌가2.

(2) 합헌판단권의 인정여부

법원이 위헌법률심판제청신청을 하지 않기로 한 경우 법원은 위헌제청신청기각결정을 하게 되는데 이것이 법원의 합헌판단권을 부여한 것이 아닌지가 문제된다. 법원의 합헌판단권 인정여부는 합헌판단권의 의미를 어떻게 이해하는가에 따라 달라질 수 있다.

헌법재판소는 법원의 합헌판단권이 인정되지 않는다는 전제하에 법원의 위헌제청신청기각결정이 헌법에 위반되는 것은 아니라고 판시하고 있다.[1] 이것과 달리 법원의 합헌판단권의 의미를 1980년 헌법의 불송부결정권과 같은 최종적 의미에서의 합헌결정권으로 이해하지 않고, 일차적인 판단권으로 이해하여 법원의 합헌판단권을 긍정하는 견해도 있다.[2] 법원의 합헌판단권을 긍정적으로 이해하는 입장은 헌재법 제68조 제 2 항에서 "위헌제청신청이 기각된 때"라고 한 것은 법원이 형식적 심사뿐만 아니라 실질적 심사까지 한다는 점 등을 근거로 하고 있다.

1 헌재 1993. 7. 29. 90헌바35. 이 사건 심판청구 중 헌재법조항 부분은 헌재법 제68조 제 1 항에 의한 이른바 법령소원이다. 그런데 여기서는 무엇보다도 청구인이 주장하는 위 헌재법조항들이 과연 법원의 합헌판단권(合憲判斷權)을 인정하는 근거조항이 되는 것인가 하는 것이 문제된다. 먼저 헌재법 제41조 제 4 항은 위헌여부심판의 제청에 관한 결정에 대하여는 항고할 수 없다는 것으로서, 합헌판단권의 인정여부와는 직접 관계가 없는 조항이므로, 그 조항이 바로 법원의 합헌판단권을 인정하는 근거가 된다고 할 수 없다. 또한 헌재법 제68조 제 2 항은 위헌제청신청이 기각된 때에는 그 신청인이 바로 헌법재판소에 법률의 위헌여부에 관한 심사를 구하는 헌법소원을 제기할 수 있다는 것으로서, 그 경우에 "위헌제청신청이 기각된 때"라는 것은 반드시 합헌판단에 의한 기각결정만을 의미하는 것이 아니라 재판의 전제성을 인정할 수 없어 내리는 기각결정도 포함하는 것으로 해석되므로, 그 조항 역시 법원의 합헌판단권을 인정하는 근거가 된다고 볼 수 없다. 그렇다면 청구인이 거론하는 헌재법조항은 바로 법원의 합헌판단권이나 그에 따른 위헌제청기각결정의 근거가 되는 법률조항이 아니므로, 청구인이 그로 말미암아 재판청구권 기타 기본권이 침해되었다고 주장하여 그 헌재법조항에 대한 법령소원을 제기할 수는 없다고 본다.

2 성낙인 외, 『헌법소송법』, 법문사, 2012, 160면 참조.

(3) 제청의 신청 및 직권제청

헌재법은 위헌여부심판의 제청을 두 가지로 정하고 있다. 당사자의 신청에 의한 제청과 법원의 직권에 의한 제청이 그것이다. 일반법원에 계속된 소송사건의 당사자는 당해 법원에 재판의 전제가 된 법률이나 법률조항의 위헌여부심판을 헌법재판소에 제청해 줄 것을 신청할 수 있다. 제청신청은 당사자이면 누구나 할 수 있으므로 소송사건의 원고든 피고든 제청신청인이 될 수 있다. 헌법재판소는 행정소송에서 피고나 그 보조참가인인 행정청은 근거법률의 위헌여부에 대한 심판의 제청을 신청할 수 있고 따라서 헌재법 제68조 제 2 항의 헌법소원심판도 청구할 수 있다고 판시하였다.[1]

헌재 2008. 4. 24. 2004헌바44

행정소송의 피고 또는 그 보조참가인인 행정청이 헌법재판소법 제68조 제 2 항의 헌법소원심판을 청구할 수 있는지 여부에 관하여 본다. 헌법재판소법 제68조 제 1 항의 헌법소원은 기본권의 주체가 될 수 있는 자만이 청구인이 될 수 있고, 국가나 국가기관 또는 지방자치단체나 공법인은 기본권의 주체가 아니라 국민의 기본권을 보호 내지 실현해야 할 책임과 의무를 지니고 있는 지위에 있을 뿐이어서 그 청구인적격이 인정되지 아니한다. 그러나 헌법재판소법 제68조 제 2 항에 의한 헌법소원심판은 구체적 규범통제의 헌법소원으로서, 구체적인 사건에 관하여 법률의 위헌 여부가 재판의 전제로 되었을 경우에 헌법재판소법 제41조 제 1 항의 규정에 의한 법률의 위헌여부심판의 제청을 신청하였다가 기각당한 당사자가 그 법률의 위헌 여부를 심판받기 위하여 청구하는 것이어서 헌법재판소법 제68조 제 1 항에 규정된 헌법소원과는 그 심판청구의 요건과 대상이 다르다. 헌법재판소법 제68조 제 2 항은 기본권의 침해가 있을 것을 그 요건으로 하고 있지 않을 뿐만 아니라 청구인적격

1 헌재 2008. 4. 24. 2004헌바44.

에 관하여도 '법률의 위헌여부심판의 제청신청이 법원에 의하여 기각된 때에는 그 신청을 한 당사자'라고만 규정하고 있는바, 위 '당사자'는 행정소송을 포함한 모든 재판의 당사자를 의미하는 것으로 새겨야 할 것이고, 행정소송의 피고인 행정청만 위 '당사자'에서 제외하여야 할 합리적인 이유도 없다. 행정청이 행정처분 단계에서 당해 처분의 근거가 되는 법률이 위헌이라고 판단하여 그 적용을 거부하는 것은 권력분립의 원칙상 허용될 수 없지만, 행정처분에 대한 소송절차에서는 행정처분의 적법성·정당성뿐만 아니라 그 근거 법률의 헌법적합성까지도 심판대상으로 되는 것이므로, 행정처분에 불복하는 당사자뿐만 아니라 행정처분의 주체인 행정청도 헌법의 최고규범력에 따른 구체적 규범통제를 위하여 근거 법률의 위헌 여부에 대한 심판의 제청을 신청할 수 있고 헌법재판소법 제68조 제2항의 헌법소원을 제기할 수 있다고 봄이 상당하다. 청구인은 당해사건의 당사자가 아니라 보조참가인이지만, 헌법재판소법 제40조에 의하여 준용되는 행정소송법 제17조 및 민사소송법 제76조에 따라 피참가인의 소송행위와 저촉되지 아니하는 한 일체의 소송행위를 할 수 있으므로 헌법재판소법 소정의 위헌법률심판제청신청 및 헌법소원의 '당사자'에 해당된다. 따라서 청구인은 헌법재판소법 제68조 제2항에 의한 이 사건 헌법소원심판을 청구할 수 있다고 할 것이다.

3. 제청의 효과

법원의 제청은 위헌여부의 결정이 있을 때까지 당해 사건의 재판을 정지시키는 효력이 있다. 다만 법원이 긴급하다고 인정하는 경우에는 종국재판 외의 소송절차를 진행할 수 있다.

4. 제청의 철회

(1) 제청의 철회불가

법원의 제청은 원칙적으로 철회할 수 없다. 제청법원의 제청이 있은 후 당사자가 제청신청을 취소한 경우에도 법원은 제청을 철회할 수 없다. 다만 다음의 경우에는 예외적으로 제청을 철회할 수 있다.

(2) 예외적 철회

당해 사건의 전제가 된 법률의 개정 또는 폐지로 인하여 제청요건이 존재하지 않는 경우, 형사재판에서 공소가 취소된 경우, 민사재판이나 행정재판에서 소취하로 인하여 당해 사건이 종료된 경우 제청을 철회하는 것이 가능하다.

(3) 제청철회의 효과

법원이 제청을 철회하거나 헌재법 제68조 제 2 항의 심판청구를 취하한 경우에는 원칙적으로 심판절차가 종료된 것으로 처리된다. 다만 심판의 이익이 있는 경우에는 본안판단을 한다.

(4) 제청을 철회하지 않은 경우

공소취소나 당사자의 소취하와 같은 예외적인 경우 법원이 제청을 철회하지 않거나 청구인이 헌재법 제68조 제 2 항의 심판청구를 취하하지 아니하면 헌법재판소는 제청 또는 심판청구에 대하여 제청법원이나 당해법원에 소송사건의 재판이 존재하지 않는다는 이유로 각하결정을 해야 한다.

(5) 헌법재판소의 위헌결정이 이미 선고된 경우

헌법재판소가 특정 법률이나 법률조항에 대하여 위헌이라고 선고

하는 경우 해당 법률이나 법률조항에 대하여 여러 건의 제청이나 헌재법 제68조 제 2 항의 심판청구가 있는 때에는 이를 병합하여 결정하지만 이 경우 병합하여 결정하지 않고 일부를 누락한 경우 헌법재판소의 선고 이전에 이미 동일한 법률이나 법률조항에 대하여 별도의 위헌여부심판을 제청한 법원은 해당 제청을 철회할 수 있고, 헌재법 제68조 제 2 항에 의한 헌법소원심판을 청구한 청구인은 해당 심판청구를 취하할 수 있다. 당해 사건의 전제가 된 법률의 폐지로 인하여 제청요건이 존재하지 않기 때문이다. 이 경우 청구인이 청구를 취하하지 않으면 헌법재판소는 위헌임을 확인하는 결정을 한다. 헌재법 제68조 제 2 항의 헌법소원심판절차는 헌재법 제75조 제 7 항에 의한 재심청구의 가능성을 보장해 주어야 하기 때문에 인용결정을 해야 한다.[1]

헌재 1999. 6. 24. 96헌바67

청구인들이 헌법재판소법 제68조 제 2 항에 따라 헌법소원심판청구를 한 이 사건 법률조항은 이 사건 심판계속 중 이미 헌법재판소가 1997. 12. 24. 96헌가19등 사건에서 위헌결정을 선고한 바가 있으므로, 이 사건 법률조항에 대하여는 위헌임을 확인하는 결정을 하기로 한다.[2]

5. 제청신청에 대한 결정

(1) 법원의 제청

제청신청이 있는 경우 법원은 제청신청 사건부터 먼저 처리해야 한다. 제청신청을 받아들여 제청을 하게 되면 당해 소송은 정지되므로 본안심리를 할 수 없기 때문이다.

1 정종섭, 앞의 책, 289면.
2 헌재법 제75조(인용결정) ⑦ 제68조 제 2 항의 규정에 의한 헌법소원이 인용된 경우에 당해 헌법소원과 관련된 소송사건이 이미 확정된 때에는 당사자는 재심을 청구할 수 있다.

(2) 위헌제청의 기각결정

법률의 위헌여부심판의 제청신청이 기각된 때에는 그 신청을 한 당사자는 헌법재판소에 헌법소원심판을 청구할 수 있다. 위헌제청신청에 대한 기각결정이 있으면 헌재법 제68조 제 2 항에 의한 헌법소원심판청구만 가능하다. 다만 이 경우 그 당사자는 당해 사건의 소송절차에서 동일한 사유를 이유로 다시 위헌여부심판의 제청을 신청할 수 없다.[1] 이 경우 제청신청을 한 후 당해 법원에 의해 기각을 당한 당사자가 동일한 심급에서는 다시 제청신청을 할 수 없지만, 당해 심급보다 상급 심급에서는 다시 위헌여부심판의 제청을 신청할 수 있는가 하는 문제가 있다. 헌법재판소는 헌재법 제68조 제 2 항에서 정하고 있는 "당해 사건의 소송절차"는 동일한 심급의 소송절차뿐 아니라 상소심의 소송절차를 포함하는 것이라고 한다.[2] 대법원의 판례도 헌법재판소와 같은 견해이다.[3]

헌재 2009. 9. 24. 2007헌바118

헌법재판소법 제68조 제 2 항은 법률의 위헌여부 심판의 제청신청이 기각된 때에는 그 신청을 한 당사자는 헌법재판소에 헌법소원심판을 청구할 수 있으나, 다만 이 경우 그 당사자는 당해 사건의 소송절차에서 동일한 사유를 이유로 다시 위헌여부심판의 제청을 신청할 수 없다고 규정하고 있는데, 이 때 당해 사건의 소송절차란 당해 사건의 상소심 소송절차를 포함한다 할 것이다(헌재 2007. 7. 26. 2006헌바40). 그런데, 청구인은 당해 사건의 항소심에서 이미 민법 제999조 제 2 항에 대하여

1 헌재법 제68조(청구 사유) ② 제41조 제 1 항의 규정에 의한 법률의 위헌여부심판의 제청신청이 기각된 때에는 그 신청을 한 당사자는 헌법재판소에 헌법소원심판을 청구할 수 있다. 이 경우 그 당사자는 당해 사건의 소송절차에서 동일한 사유를 이유로 다시 위헌여부심판의 제청을 신청할 수 없다.

2 헌재 2009. 9. 24. 2007헌바118.

3 대결 1996. 5. 14. 95부13.

제척기간이 지나치게 단기간일 뿐만 아니라 참칭상속인 및 제 3 자의 선악을 불문한 채 범죄행위와 같은 불법적인 방법에 의하여 참칭상속인의 지위를 취득한 경우까지 위 제척기간을 적용하는 것은 진정상속인의 재산권 등을 침해한다는 이유로 위헌법률심판 제청신청을 하였다가 기각되었는데도, 헌법소원심판 청구를 하지 아니한 채 상고를 제기한 후, 소송 계속 중 다시 같은 조항에 대하여 동일한 사유를 이유로 위헌법률심판 제청신청을 하였다가 각하되자, 이 사건 헌법소원 심판청구를 하기에 이르렀으므로, 청구인의 민법 제999조 제 2 항에 대한 심판청구는 헌법재판소법 제68조 제 2 항에 위배되어 부적법하다.

6. 헌재법 제68조 제 2 항의 헌법소원심판

(1) 심판의 청구

헌재법 제68조 제 2 항에 의한 헌법소원심판의 청구는 법원이 당사자의 위헌제청신청을 기각한 때에 당사자로 하여금 헌법재판소에 헌법소원심판을 청구할 수 있도록 한 제도이다. 헌재법 제68조 제 2 항에 의한 헌법소원심판의 청구는 위헌제청신청에 대하여 법원이 신청이 '이유 없다'고 하여 이를 배척하는 결정각하 또는 기각을 한 경우와 재판의 전제성이 인정되지 않는다고 하여 기각결정을 한 경우에만 허용된다.[1]

1) 법률의 위헌여부심판의 제청신청에 대하여 법원이 제청신청을 배척하는 경우 제청신청이 형식적 요건을 갖추지 못한 경우에는 각하결정을 하고, 형식적 요건을 갖추었으나 신청이 이유가 없는 경우에는 기각결정을 한다. 그런데 당해 법원이 실질적으로 헌법문제에 관한 판단을 하였으므로 기각결정을 해야 함에도 불구하고 당사자의 제

1 정종섭, 앞의 책, 274면.

청신청을 각하결정이라는 형식으로 당사자의 신청을 배척한 경우에는 헌재법 제68조 제2항에 의한 헌법소원심판을 청구할 수 있다. 주문 표시가 각하이든 기각이든 관계없이 제청신청의 형식적 요건을 갖추지 못하여 배척된 때에는 헌재법 제68조 제2항에 의한 헌법소원심판 청구를 할 수 없고, 신청이 이유 없다고 하여 배척된 때에는 헌법소원 심판청구를 할 수 있다고 보아야 한다.

2) 법원이 당사자의 제청신청에 대하여 해당 법률 또는 법률조항이 재판의 전제성이 없다는 이유로 이를 배척하는 경우에는 기각결정을 한다. 헌법재판소도 동일한 취지로 판시하고 있다.[1]

3) 종래 헌법재판소는 헌재법 제68조 제2항에 의한 헌법소원의 심판대상은 '법률'에 한정되므로, 그 심판청구는 '법률' 자체의 위헌성을 다투는 것이어야 한다고 하면서,[2] 다만 ① 법률조항 자체의 불명확성을 다투는 것으로 볼 수 있는 경우,[3] ② 심판대상규정에 대한 일정한 해석이 상당기간에 걸쳐 형성·집적되어 법원의 해석에 의하여 구체화된 심판대상규정이 위헌성을 지닌 경우,[4] ③ 위 두 가지 경우에 해당되지는 않지만 법률조항 자체에 대한 위헌의 다툼으로 볼 수 있는 경우[5] 등, 3가지의 경우에는 예외적으로 적법한 청구로 보았다. 하지만 최근에는 판례를 변경하여 한정위헌결정을 구하는 한정위헌청구가 원칙적으로 적법하다고 판시하였다.

1 헌재 1993. 7. 29. 90헌바35. 헌재법 제68조 제2항은 위헌제청신청이 기각된 때에는 그 신청인이 바로 헌법재판소에 법률의 위헌여부에 관한 심사를 구하는 헌법소원을 제기할 수 있다는 것으로서, 그 경우에 "위헌신청이 기각된 때"라는 것은 반드시 합헌판단에 의한 기각결정만을 의미하는 것이 아니라 재판의 전제성을 인정할 수 없어 내리는 기각결정도 포함하는 것으로 해석되므로 ….

2 헌재 2002. 10. 31. 2000헌바76.

3 헌재 2000. 6. 1. 97헌바74.

4 헌재 1995. 5. 25. 91헌바20.

5 헌재 2000. 6. 29. 99헌바66등.

헌재 2012. 12. 27. 2011헌바117

법률의 의미는 결국 개별·구체화된 법률해석에 의해 확인되는 것이므로 법률과 법률의 해석을 구분할 수는 없고, 재판의 전제가 된 법률에 대한 규범통제는 해석에 의해 구체화된 법률의 의미와 내용에 대한 헌법적 통제로서 헌법재판소의 고유권한이며, 헌법합치적 법률해석의 원칙상 법률조항 중 위헌성이 있는 부분에 한정하여 위헌결정을 하는 것은 입법권에 대한 자제와 존중으로서 당연하고 불가피한 결론이므로, 이러한 한정위헌결정을 구하는 한정위헌청구는 원칙적으로 적법하다고 보아야 한다. 다만, 재판소원을 금지하는 헌법재판소법 제68조 제1항의 취지에 비추어, 개별·구체적 사건에서 단순히 법률조항의 포섭이나 적용의 문제를 다투거나, 의미 있는 헌법문제에 대한 주장 없이 단지 재판결과를 다투는 헌법소원 심판청구는 여전히 허용되지 않는다.[1]

(2) 위헌제청신청기각결정

1) 헌재법 제68조 제2항에 의한 헌법소원심판은 위헌제청신청에 대한 법원의 기각결정이 있어야 한다. 당해 법원에서 해당 법률조항의 위헌 여부 심판의 제청신청에 대하여 기각결정을 한 바가 없다면 해당 법률조항에 대한 위헌법률심판제청신청이 기각되었음을 전제로 하는 헌재법 제68조 제2항에 의한 헌법소원심판청구는 부적법하여 각하를 면할 수 없다.[2] 헌법재판소도 당해 법원이 재판의 취소를 구하는 청구인의 위헌법률심판제청신청에 대하여 법률이 아닌 법원의 재판은 위헌법률심판제청신청의 대상이 되지 않는다는 이유로 각하결

1 구체적 규범통제절차에서 법률조항에 대한 특정적 해석이나 적용부분의 위헌성을 다투는 한정위헌청구가 원칙적으로 적법하다고 하더라도, 재판소원을 금지하고 있는 '법' 제68조 제1항의 취지에 비추어 한정위헌청구의 형식을 취하고 있으면서도 실제로는 당해 사건 재판의 기초가 되는 사실관계의 인정이나 평가 또는 개별적·구체적 사건에서의 법률조항의 단순한 포섭·적용에 관한 문제를 다투거나 의미 있는 헌법문제를 주장하지 않으면서 법원의 법률해석이나 재판결과를 다투는 경우 등은 모두 현행의 규범통제제도에 어긋나는 것으로서 허용될 수 없는 것이다.

2 헌재 2009. 6. 9. 2009헌마264.

정을 하였을 뿐 법률조항의 위헌여부를 다투는 위헌법률심판제청신청에 대한 기각결정을 한 바가 없으므로 법률조항에 관한 위헌법률심판제청신청이 기각되었음을 전제로 하는 헌재법 제68조 제 2 항에 의한 헌법소원은 적법하지 않다고 판시하였다.[1]

헌재 2009. 6. 9. 2009헌마264

당해 법원은 재판의 취소를 구하는 청구인의 위헌법률심판제청 신청에 대하여 법률이 아닌 법원의 재판은 위헌법률심판제청의 대상이 되지 아니한다는 이유로 각하결정을 하였을 뿐 이 사건 법률조항의 위헌 여부를 다투는 위헌법률심판제청 신청에 대한 기각결정을 한 바가 없으므로 위 법률조항에 관한 위헌법률심판제청 신청이 기각되었음을 전제로 한 이 사건 심판청구는 부적법하다고 할 것이다.

2) 제청신청이 있은 후 3개월이 되었는데도 법원의 결정이 없자 법원의 결정이 없는 상태에서 바로 헌재법 제68조 제 2 항의 헌법소원심판을 청구한 경우 헌법재판소는 이를 부적합하다고 판시하였다.[2]

(3) 기각결정의 대상에 포함되지 않은 규정

헌재법 제68조 제 2 항의 헌법소원은 법률의 위헌여부심판의 제청신청을 하여 그 신청이 기각된 때에만 청구할 수 있는 것이므로 청구인이 당해 사건의 수소법원에 위헌여부심판의 제청신청을 하지 않았고 따라서 법원의 기각결정도 없었던 부분에 대한 심판청구는 원칙적으로 부적법하다.[3] 기각결정의 대상이 되지 아니한 규정들을 포함시킨 헌법소원심판의 청구에 대하여 전부 부적법하다고 보지 않고 해당부분만 부적법하다는 것이 판례의 태도이다.[4]

1 헌재 2009. 6. 9. 2009헌마264.
2 헌재 1999. 4. 29. 98헌바2.
3 헌재 2006. 7. 27. 2005헌바190; 헌재 2008. 10. 30. 2005헌마723.
4 헌재 1997. 11. 27. 96헌바12.

법원의 기각결정의 대상에 포함되지 않은 규정이라고 하더라도 예외적으로 헌법소원심판청구가 허용되는 경우가 있다. 헌법재판소는 위헌제청신청을 기각 또는 각하한 법원이 당해 조항을 실질적으로 판단하였거나 당해 조항이 명시적으로 위헌제청신청을 한 조항과 필연적 연관관계를 맺고 있어서 법원이 묵시적으로 위헌제청신청으로 판단한 것으로 볼 수 있는 경우에는 이러한 법률조항에 대한 심판청구도 적법하다고 판시하였다.[1]

(4) 사전심사

헌재법 제68조 제 2 항의 심판절차도 헌법소원심판절차로 규정되어 있기 때문에 지정재판부의 사전심사를 하게 할 수 있는가의 문제가 있다. 헌재법 제68조 제 2 항의 심판절차에도 헌재법 제72조의 사전심사절차가 적용된다는 견해[2]와 헌재법 제68조 제 2 항의 심판절차는 위헌법률심판절차에 해당하고 위헌법률심판절차에서는 사전심사가 행해지지 않는다는 이유로 이에 반대하는 견해[3]로 대립한다. 헌법재판소 지정재판부는 헌재법 제68조 제 2 항의 헌법소원심판절차에서 재판의 전제성이 없다는 이유로 각하결정을 한 바 있다.[4]

(5) 당해 사건 재판의 불정지

헌재법 제68조 제 2 항에 따라 법률의 위헌심사를 하는 경우에는 당해 법원에 계속되어 있는 소송사건의 재판은 정지되지 않는다. 그 때문에 헌법재판소의 위헌결정이 선고된 때에 당해 법원의 소송사건이 이미 확정된 상태에 있을 수 있다. 이 경우 당사자는 재심을 청구할 수 있다.[5]

1 헌재 2005. 2. 24. 2004헌바24.
2 허영, 앞의 책, 208면.
3 정종섭, 앞의 책, 283면.
4 헌재 1998. 3. 31. 98헌바22.
5 헌재법 제75조 제 7 항.

(6) 청구기간

헌재법 제68조 제 2 항에 따른 헌법소원심판의 청구는 위헌여부심판의 제청신청을 기각하는 결정을 통지받은 날부터 30일 이내에 청구하여야 한다.[1]

II. 재판의 전제성

헌법 제107조 제 1 항에서는 "법률이 헌법에 위반되는 여부가 재판의 전제가 된 경우에는 법원은 헌법재판소에 제청하여 그 심판에 의하여 재판한다"고 정하고 있다. 헌재법 제41조 제 1 항은 "법률이 헌법에 위반되는 여부가 재판의 전제가 된 때에는 당해 사건을 담당하는 법원군사법원을 포함한다은 직권 또는 당사자의 신청에 의한 결정으로 헌법재판소에 위헌여부의 심판을 제청한다"고 정하고 있으며, 헌재법 제68조 제 2 항에서는 "제41조 제 1 항의 규정에 의한 법률의 위헌여부심판의 제청신청이 기각된 때에는 그 신청을 한 당사자는 헌법재판소에 헌법소원심판을 청구할 수 있다"고 정하고 있다.

헌재법 제41조 제 1 항에 의한 위헌법률심판이나 헌재법 제68조 제 2 항에 의한 헌법소원심판청구가 적법하기 위해서는 법률 또는 법률조항이 헌법에 위반되는 여부가 당해 법원에 계속된 소송사건의 재판의 전제가 되어야 한다는 요건을 갖추어야 한다. 재판의 전제성은 위헌법률심판과 헌재법 제68조 제 2 항에 의한 헌법소원심판의 적법요건이다.

1 헌재법 제69조 제 2 항.

1. 재판의 의미

재판에 해당하는지의 여부는 재판의 형식이나 절차의 형태에 따라 정해지는 것이 아니라 실질적으로 법원의 사법권의 행사에 해당하는가에 따라 결정된다. 체포·구속·압수·수색영장, 구속적부심사청구, 보석허가에 관한 재판도 여기서 말하는 재판에 포함된다. 본안에 대한 재판이거나 소송절차에 관한 것이거나를 불문하며, 판결과 결정 그리고 명령 등이 포함된다. 심급을 종국적으로 종결시키는 종국재판뿐만 아니라 중간재판에서도 위헌제청이 가능하다.

긴급을 요하는 재판절차에서는 법원의 제청은 원칙적으로 허용되지 않는다는 것이 다수설이다. 제청이 있으면 당해 법원의 재판이 정지되기 때문에 가처분이나 가압류 등의 절차와 같이 급박한 이유가 있어 행해지는 경우에는 제청을 인정하는 것이 적합하지 않을 수 있다.

2. 전제성의 의미

위헌법률심판에서 요구되는 재판의 전제성이란 구체적 사건이 소송계속 법원에 계속 중이어야 하고, 위헌여부가 문제되는 법률이 당해 소송사건의 재판과 관련하여 적용되는 것이어야 하며, 법률이 헌법에 위반되는지의 여부에 따라 당해 사건을 담당한 법원이 다른 내용의 재판을 하게 되는 경우를 말한다.[1]

(1) 구체적 사건이 소송계속 중

재판의 전제성이 인정되려면 일반법원에 구체적 소송사건이 계속되어야 한다. 위헌제청 시는 물론이고 헌법재판소의 결정 시까지 구

1 헌재 1993. 12. 23. 93헌가2.

체적 사건이 법원에 계속 중이어야 한다.

1) 소송사건이 일반법원에 계속 중이라는 의미는 당해 사건이 법원에 적법하게 계속 중이어야 한다는 것을 의미한다. 그렇기 때문에 당해 사건이 부적법한 것이어서 법률의 위헌여부를 따져볼 필요조차 없이 각하를 면할 수 없는 것일 때에는 재판의 전제성을 흠결한 것으로서 위헌여부심판제청을 각하하여야 한다.

2) 당해 법원의 소송사건이 현재로서는 부적법한 것이지만 향후 청구취지의 변경을 통하여 당해 사건이 적법하게 되어 본안판단으로 나아갈 여지가 있는 경우에는 재판의 전제성이 인정된다.[1]

3) 당해 법원에서 소각하판결을 선고하고 그 판결이 확정되거나 소각하판결이 확정되지는 않았더라도 당해 소송사건이 부적법하여 각하될 수밖에 없는 경우에는 재판의 전제성이 흠결되어 헌재법 제68조 제 2 항에 의한 헌법소원심판청구가 부적법하다.[2]

헌재 2007. 12. 27. 2006헌바34

1. 사건의 개요

청구인의 조부인 망 곽○석은 1919. 10. 17. 사망하였는데, 1963. 3. 1. 국가로부터 건국공로훈장이 추서되었다. 청구인은 망 곽○석의 장남인 곽○의 아들이다. 곽○의 아들 중 곽□가 '독립유공자예우에 관한 법률'(2005. 12. 29. 법률 제7792호로 개정되기 전의 것, 이하 '독립유공자법'이라 한다)에 의한 연금을 지급받다가, 2000. 5. 15. 사망하였다. 독립유공자 손자녀의 연금수급권은 다른 손자녀에게 이전되지 않는다고 정하고 있는 독립유공자법 제12조 제 2 항의 규정에 따라 망 곽○석의 유족으로서 독립유공자법에 의한 연금을 지급받을 수 있는 자는 없게 되었다. 청구인은 2005. 10. 20.경 진주보훈지청에 연금신청을 하였는데, 위 신청을 이첩받은 부산지방보훈청장은 2005. 10. 27. 청구인에

1 헌재 2009. 5. 28. 2005헌바20.
2 헌재 2009. 10. 29. 2008헌바73.

게, 독립유공자의 손자녀로서 독립유공자법에 의한 연금을 받을 권리를 가지는 자는 1945. 8. 14. 이전에 사망한 독립유공자의 호주승계인인 손자녀에 한하며, 연금수급권은 다른 손자녀에게 이전되지 아니하는데, 이미 망 곽○석의 호주승계 손자인 곽□가 연금을 수령하다가 사망하였으므로 청구인은 독립유공자법에 정한 연금지급대상이 아니라는 이유로, 위 연금지급신청을 반려한다는 통보를 하였다. 청구인은 부산지방법원에 부산지방보훈청장을 상대로 연금지급신청 반려처분 취소의 소(2005구합3463)를 제기하는 한편, 독립유공자법 제12조 제2항에 대하여 위헌제청신청(2005아450)을 하였으나, 위 법원은 2006. 3. 16. 청구인의 청구를 기각하면서 위헌제청신청도 기각하였다. 이에 청구인은 2006. 4. 19. 헌법재판소법 제68조 제2항에 따라 이 사건 헌법소원심판을 청구하였다.

2. 결정요지

헌법재판소법 제68조 제2항에 의한 헌법소원심판의 청구는 같은 법 제41조 제1항의 규정에 의한 적법한 위헌여부심판의 제청신청을 법원이 각하 또는 기각하였을 경우에만 제기할 수 있는 것이고, 위헌여부심판의 제청신청이 적법한 것이 되려면 제청신청된 법률의 위헌 여부가 법원에 제기된 당해 사건의 재판의 전제가 된 때라야 하므로 만약 당해 사건이 부적법한 것이어서 법률의 위헌 여부를 따져 볼 필요조차 없이 각하를 면할 수 없는 것일 때에는 위헌여부심판의 제청신청은 적법요건인 재판의 전제성을 흠결한 것으로서 각하될 수밖에 없고 이러한 경우에는 헌법재판소법 제68조 제2항에 의한 헌법소원심판을 청구할 수 없다. 한편, 국민의 적극적 행위 신청에 대하여 행정청이 그 신청에 따른 행위를 하지 않겠다고 거부한 행위가 항고소송의 대상이 되는 행정처분에 해당하는 것이라고 하려면, 그 신청한 행위가 공권력의 행사 또는 이에 준하는 행정작용이어야 하고, 그 거부행위가 신청인의 법률관계에 어떤 변동을 일으키는 것이어야 할 것이다. 살피건대, 청구인이 진주보훈지청에 연금지급을 신청하였으나, 이는 그 실질에 있어서 구체적인 권리행사로서의 성질을 가지는 것이 아니라 법률내용의 여하를 불문하고 연금을 지급하여 달라는 단순한 호소 내지 요청에 불과하며, 위 신청을 이첩받은 부산지방보훈청장의 반려통보 또한 독립유공자법의 내용을 확인해 주면서 청구인이 독립유공자법에서 정한 연금지급대상이 아니어서 청구인의 요망에 따른 보상금지급을 할 수 없음을 알리는 '안내'에 불과하다. 따라서 부산지방보훈청장이 청구인의 신청에 대하여 한 위 반려통보 행위는 청구인의 법률관계나 법적 지위에 아무런 영향을 미치지 않는 단순한 행정안내에 불과하므로 항고소송의 대상이 되는 행정처분이라 할 수 없다. 그리고 위 통보가 행정처분이 될 수 없어 항고소송의 대상이 되지 않는다는 것은 위 법률조항의 적용 이전의 문제이므로 이 사건 법률조항의 위헌 여부에 따라서 그 법적 성질이 달라질 수 있는 것이 아니다. 그렇다면, 항고소송의 대상이 되지 아니하는 반려통보에 대하여 취소를 구하는 당해 사건은 부적법하여 각하되어야 할 것이므로, 이 사건 법률조항은 당해 사건에 적용될 여지가 없어 재판의 전제성이 인정되지 아니한다.

4) 헌법재판소는 당해 소송사건이 각하될 것이 불분명한 경우에는 우선 재판의 전제성을 갖춘 것으로 보고 본안에 대한 판단을 하고 있다.[1]

5) 당해 소송사건이 종료한 경우

위헌법률심판의 경우에는 당해 소송사건이 정지되기 때문에 원칙적으로 당해 소송사건이 종료될 수 없다. 예외적으로 소취하나 공소취소 등으로 당해 소송사건이 종료되었음에도 불구하고 제청법원이 제청을 철회하지 않는 경우 재판의 전제성은 인정되지 않는다. 이 경우 재판의 전제성이 인정되지 않는다고 하더라도 심판의 필요성이 인정되어 심판을 하는 경우가 있다.[2]

6) 헌재법 제68조 제2항의 헌법소원과 재판의 전제성

헌재법 제68조 제2항의 헌법소원심판에서도 헌재법 제41조 제1항에서 정하고 있는 재판의 전제성과 동일한 개념의 재판의 전제성이 요구된다. 헌재법 제68조 제2항의 헌법소원심판에서는 당해 법원의

1 헌재 2004. 10. 28. 99헌바91.
2 정종섭, 앞의 책, 295면.

소송사건의 재판은 정지되지 않고 진행되므로 당해 법원에서 소송을 종결한 경우에는 언제나 재판의 전제성이 인정되지 않아 부적법 각하결정을 해야 한다는 결론에 이른다. 헌법재판소는 헌재법 제68조 제 2 항의 헌법소원심판절차에서 법원에 계속 중인 당해 재판이 소멸한 경우에 권리보호이익이 존재하지 않는다는 이유로 부적법 각하결정을 한 바 있다.[1] 헌재법 제68조 제 2 항의 헌법소원심판에서 위헌법률심판에서와 동일한 개념의 재판의 전제성을 요구한다면 당해 법원이 소송을 종결한 경우에는 재판의 전제성이 인정되지 않는다고 보게 된다. 이 경우 재판의 전제성은 인정되지 않지만 심판의 필요성이 인정되어 헌법재판소는 본안판단을 하는 것이 타당하다는 견해[2]가 있다. 헌재법 제68조 제 2 항의 헌법소원심판절차에서는 심판청구가 인용된 경우 청구인에게 헌재법 제75조 제 7 항에서 정하고 있는 재심청구의 가능성이 보장되어야 하므로 이러한 재심청구의 가능성 때문에 심판의 필요성이 인정된다는 것이다.

(2) 당해 소송사건의 재판에 적용되는 것일 것

1) 직접 적용되는 법률

위헌여부가 문제되는 법률이나 법률조항의 위헌여부에 대하여 의심이 있더라도 당해 사건에 적용될 것이 아니면 재판의 전제가 된다고 할 수 없다. 그러므로 공소가 제기되지 아니한 법률조항의 위헌여부는 당해 형사사건의 재판의 전제가 될 수 없다.[3] 공소장에 적시된 법률조항이라고 하더라도 구체적 소송사건에서 법원이 적용하지 아니한 법률조항은 재판의 전제성이 인정되지 않는다.

1 헌재 1997. 6. 25. 97헌바4.
2 정종섭, 앞의 책, 305면.
3 헌재 1989. 9. 29. 89헌마53. 공소가 제기되지 아니한 법률조항의 위헌여부는 당해 형사사건의 재판의 전제가 될 수 없으므로 헌법소원심판청구는 청구의 이익이 없어 부적법하다.

헌재 1997. 1. 16. 89헌마240

공소장의 "적용법조"란에 적시된 법률조항과 법원의 판결에서 적용된 법률조항이 일치하지 않는 경우인데, 이 경우에는 비록 공소장에 적시된 법률조항이라 하더라도 구체적 소송사건에서 법원이 적용하지 아니한 법률조항은 결국 재판의 전제성이 인정되지 않는다고 보아야 할 것이다. 왜냐하면 헌법재판소에서 그러한 법률조항에 대하여 위헌결정을 한다고 하더라도 다른 특별한 사정이 없는 한 그로 인하여 당해 소송사건의 재판의 주문이 달라지지 않을 뿐만 아니라 재판의 내용과 효력에 관한 법률적 의미가 달라지지도 않기 때문이다.

헌재 2002. 4. 25. 2001헌가27

형사사건에 있어서는, 원칙적으로 공소가 제기되지 아니한 법률조항의 위헌 여부는 당해 형사사건의 재판의 전제가 될 수 없으나, 공소장에 적용법조로 기재되었다는 이유만으로 재판의 전제성을 인정할 수도 없다. 즉, 공소장의 변경 없이 법원이 직권으로 공소장 기재와는 다른 법조를 적용할 수 있는 경우가 있으므로 공소장에 적시되지 않은 법률조항이라 하더라도 법원이 공소장변경 없이 실제 적용한 법률조항은 재판의 전제성이 인정되는 반면, 비록 공소장에 적시된 법률조항이라 하더라도 법원이 적용하지 않은 법률조항은 재판의 전제성이 부인되는 것이다.

이 사건 법률 제2조 제3호 및 제8조 제1항이 당해사건의 공소장에 적용법조로 기재되어 있으나, 위 각 규정의 '청소년이용음란물'이란 실제인물인 청소년이 등장하는 음란물을 의미하므로 단지 만화로 청소년을 음란하게 묘사한 당해사건의 공소사실을 규율할 수 없는 것이어서 재판의 전제성이 없다고 청소년보호위원회위원장은 주장하는바, 그렇다면 위 규정이 당해사건에 적용될 수 없고 그 위헌여부에 따라 재판의 주문이 달라지거나 재판의 내용과 효력에 관한 법률적 의미가 달라질 수 없으므로 일응 재판의 전제성을 부인하여야 할 것으로 보인다. 그러나 청소년보호위원장의 주장과 같은 해석이 확립되어 있으면 몰라도 이 사건 법률의 위 각 규정에 대하여는 아직 법원에 의하여 그 해석이 확립된 바 없고, 따라서 당해 형사사건에의 적용 여부가 결정되지 않고 불명인 상태로 있다는 점에서 쉽게 전제성을 부인할 수는 없다 할 것이다. 법원이 일단 판단을 하여 해석을 하거나 당해사건에의 적용 여부를 결정한 바 있다면 헌법재판소로서는 그 판단에서 이루어진 해석 및 당해사건에의 적용 여부를 기준으로 재판의 전제성을 인정 또는 부인할 수도 있지만, 이 사건에서와 같이 그에 관한 법원의 판단이 아직 이루어진 바 없이 검사가 그 적용을 주장하며 공소장에 적용법조를 적시하였고, 법원도 재판에 임하면서 그 적용가능성을 전제로 재판의 전제성을 긍정하여 법령 해석의 불명을 이유로 헌법상 죄형법정주의 등에 위반된다는 문제점을 지적하면서 헌법재판소에 위헌법률심판제청을 하여 온 이상, 헌법재판소로서는 그 법령을 해석하여 죄형법정주의 위반 여부에 대한 판단을 하여야 하고 법원은 그 판단을 전제로 당해사건을 재판하게 되는 것이므로 이 사건 법률의 위 각 규정은 그 해석에 의하여 당해 형사사건에의 적용 여부가 결정된다는 측면에서 재판의 전제성을 인정하여야 한다고 본다.

2) 간접 적용되는 법률

당해 소송사건의 재판에 직접 적용되지 않더라도 재판의 전제성이 인정되는 경우가 있다. 즉, 법원의 당해 소송사건의 재판에 직접 적용되는 규범과 내적 관련이 있는 경우에는 간접 적용되는 법률규정에 대해서도 재판의 전제성을 인정할 수 있다.

헌재 2001. 10. 25. 2000헌바5

어떤 법률규정이 위헌의 의심이 있다고 하더라도 그것이 당해사건에 적용될 것이 아니라면 재판의 전제성 요건은 충족되지 않으므로, 공소가 제기되지 아니한 법률조항의 위헌여부는 당해 형사사건의 재판의 전제가 될 수 없다. 그러나 제청 또는 청구된 법률조항이 법원의 당해사건의 재판에 직접 적용되지는 않더라도 그 위헌여부에 따라 당해사건의 재판에 직접 적용되는 법률조항의 위헌여부가 결정되거나, 당해재판의 결과가 좌우되는 경우 등과 같이 양 규범 사이에 내적 관련이 있는 경우에는 간접 적용되는 법률규정에 대하여도 재판의 전제성을 인정할 수 있다.

법 제3조 제8호는 비록 위 당해사건에서 공소가 제기된 법률조항은 아니지만, '후원회에 관한 정의규정'으로서 정치자금을 주거나 받을 수 있는 주체를 정하고 있는 규정이므로 이 조항의 위헌여부에 따라 당해 사건의 재판에 직접 적용되는 규범의 의미가 달라짐으로써 재판에 영향을 미치는 경우에 해당한다. 따라서 법 제3조 제8호는 재판의 전제성이 있다.

3) 재심사건과 재판의 전제성

헌법재판소는 당해 사건이 재심사건인 경우 심판대상 조항이 '재심청구 자체의 적법여부에 대한 재판'에 적용되는 법률조항이 아니라 '본안사건에 대한 재판'에 적용되는 법률조항이라면 재심청구가 적법하고, 재심의 사유가 인정되는 경우에 한하여 재판의 전제성이 인정될 수 있다고 판시하였다. 한편 당해 사건이 유죄의 확정판결에 대한 재심청구사건에서 헌법재판소는 형사사건에서는 재심의 절차를 '재심의 청구에 대한 심판'과 '본안사건에 대한 심판'이라는 두 단계 절차로 구별하고 있기 때문에 법률조항의 위헌 여부가 '본안사건에 대한 심판'에 앞서 '재심의 청구에 대한 심판'의 전제가 되어야 한다고 판시하였다. 심판대상 법률조항이 원판결에 적용된 법률조항일 뿐 그 원판결에 대한 재심절차 중 '재심의 청구에 대한 심판'에 적용되는 법률조항이라고 할 수는 없는 경우에는 당해 재심사건에 적용되는 법률조항이 아니므로 재판의 전제성이 인정되지 아니한다고 판시하였다.

① 민사재심사건과 재판의 전제성(헌재 2007. 12. 27. 2006헌바73)

(i) 사건의 개요　　A전자주식회사의 주주인 갑은 사업부문 일부를 양도하는 내용의 영업양도 승인결의에 관하여 법원에 주주총회 결의의 부존재 또는 무효 및 취소를 구하는 소를 제기하였다. 법원이 상법 제379조[1]에 의하여 재량기각의 판결을 선고하자 갑이 항소하였

1 상법 제379조(법원의 재량에 의한 청구기각)　결의취소의 소가 제기된 경우에 결의의 내용,

다. 항소심에서는 갑의 주장을 배척하여 항소기각판결을 선고하였고, 항소심 판결문은 2005. 7. 8. 갑에게 송달되었다. 갑은 2005. 7. 21. 상고장을 제출하였으나 인지를 첨부하지 않았고, 그 후 법원의 인지보정명령에 응하지 않아 2005. 8. 8. 상고장이 각하되었으며, 상고장각하명령은 2005. 8. 11. 갑에게 송달되었다. 갑은 2005. 9. 16. 항소심 판결에는 민사소송법 제451조 제1항 제9호에 해당하는 판단유탈이 있다고 주장하며 재심의 소를 제기하였고, 재심 계속 중 상법 제379조에 대하여 위헌법률제청신청을 하였으나 법원이 위헌제청신청을 기각하자, 2006. 8. 9. 헌법소원심판을 청구하였다.

(ii) 재심사건과 재판의 전제성

i) 재판의 전제성 인정을 위한 전제 　　당해 사건이 재심사건인 경우, 심판대상조항이 '재심청구 자체의 적법 여부에 대한 재판'에 적용되는 법률조항이 아니라 '본안사건에 대한 재판'에 적용될 법률조항이라면 '재심청구가 적법하고', '재심의 사유가 인정되는 경우에' 한하여 재판의 전제성이 인정될 수 있다.[1] 심판대상조항이 '본안사건에 대한 재판'에 적용될 법률조항인 경우 당해 사건의 재심청구가 부적법하거나 재심사유가 인정되지 않으면 본안판단에 나아갈 수가 없고, 이 경우 심판대상조항은 본안재판에 적용될 수 없으므로 그 위헌 여부가 당해 사건 재판의 주문을 달라지게 하거나 재판의 내용이나 효력에 관한 법률적 의미가 달라지게 하는 데 아무런 영향을 미치지 못하기 때문이다.

이 사건에 있어 심판대상조항인 상법 제379조는 당해 사건에서 '본안사건에 대한 재판'에 적용될 조항이므로, 재판의 전제성이 인정되기 위해서는 먼저 당해 사건의 '재심청구가 적법하고', '재심의 사유가 있어' 본안판단에 나아갈 수 있는 경우라야 한다.

회사의 현황과 제반사정을 참작하여 그 취소가 부적당하다고 인정한 때에는 법원은 그 청구를 기각할 수 있다.

1 헌재 2000. 2. 24. 98헌바73.

ii) 재심청구가 적법한지 여부　　청구인은 2005. 9. 16. 재심대상판결에 대하여 민사소송법 제451조 제1항 제9호판결에 영향을 미칠 중요한 사항에 관하여 판단을 누락한 때에 해당하는 판단유탈이 있다고 주장하며 재심의 소를 제기하였다. 재심의 소는 당사자가 판결이 확정된 뒤 재심의 사유를 안 날부터 30일 이내에 제기하여야 하고,[1] 판단유탈을 이유로 하는 재심의 소에 있어서 판단유탈이라는 재심사유의 존재는 특단의 사유가 없는 한 재심대상판결을 읽어 봄으로써 알 수 있는 것이므로, 이를 알지 못하였다는 특단의 사유에 대한 주장·입증이 없는 한 당사자는 재심대상판결의 정본을 송달받은 때에 재심사유의 존재를 알았다고 봄이 상당하다.[2] 당해 사건에서, 청구인은 2005. 7. 8. 재심대상판결문을 송달받았으므로 재심대상판결에 판단유탈의 재심사유가 있었다면 그때 판결문을 읽어 봄으로써 알았다고 할 것이고, 위 재심대상판결은 2005. 8. 8. 상고장각하명령으로 확정되었다. 그런데 청구인은 그때로부터 30일이 도과하였음이 계산상 명백한 2005. 9. 16.에 재심청구를 제기하였으므로, 위 재심청구는 재심기간을 도과한 후에 제기된 부적법한 청구라고 할 것이다.

(iii) 결 론　　결국 당해 사건의 재심청구는 민사소송법 제456조 제1항이 정한 30일의 재심기간을 준수하지 않아 본안판단에 나아가지도 못한 채 부적법하여 각하될 것임이 명백하다. 따라서 이 사건 심판청구는 당해 사건이 본안판단에 나아갈 경우에 해당하지 않아 심판대상조항의 위헌 여부가 재판의 주문이나 그 내용과 효력에 관한 법률적 의미를 달라지게 하지 않으므로 재판의 전제성을 인정하기 어렵다.

② 형사재심사건과 재판의 전제성(헌재 2011. 2. 24. 2010헌바98)

(i) 사건의 개요　　청구인은 의정부지방변호사회 소속 변호사로서, 2005. 3. 10. 의정부지방법원에서 아래와 같은 내용의 변호사법위반죄

1　민사소송법 제456조 제1항.
2　대판 2007. 3. 30. 2006재후29.

로 벌금 3천만 원을 선고받고 그 무렵 위 판결이 확정되었다. 청구인은 2009. 2. 4. 위와 같이 확정된 판결에 형사소송법 제420조 제2호, 제5호의 재심사유가 있음을 이유로 재심을 청구하였다. 청구인은 재심 계속 중 유죄확정판결의 근거법률조항인 구 변호사법 제109조 제2호 및 구 변호사법 제34조 제2항에 대하여 위헌제청신청을 하였으나 기각되자 2010. 2. 26. 헌법소원심판을 청구하였다.

(ii) 재심청구와 재판의 전제성 당해 사건은 유죄의 확정판결에 대한 재심청구사건이다. 재심의 청구를 받은 법원은 재심의 심판에 들어가기 전에 먼저 재심의 청구가 이유 있는지 여부를 가려 형사소송법 제434조에 의하여 이를 기각하거나, 같은 법 제435조에 의하여 재심개시의 결정을 하여야 한다. 그리고 재심개시의 결정이 확정된 뒤에 비로소 법원은 같은 법 제438조에 의하여 재심대상인 사건에 대하여 그 심급에 따라 다시 심판을 하게 된다. 즉 형사소송법은 재심의 절차를 '재심의 청구에 대한 심판'과 '본안사건에 대한 심판'이라는 두 단계 절차로 구별하고 있다. 따라서 당해 재심사건에서 재심개시결정이 확정된 바 없는 이 사건 심판청구가 적법하기 위해서는, 이 사건 법률조항의 위헌 여부가 '본안사건에 대한 심판'에 앞서 '재심의 청구에 대한 심판'의 전제가 되어야 한다.[1] 그리고 재판의 전제성이 인정되기 위해서는, 구체적인 사건이 법원에 계속 중일 것, 그 법률이 헌법에 위반되는지 여부에 따라 당해 사건을 담당하는 법원이 다른 내용의 재판을 하게 될 것 외에도 그 법률이 당해 사건의 재판에 적용될 것이 요구된다. '재심의 청구에 대한 심판'은 원판결에 재심사유가 있는지 여부만을 우선 결정하는 재판이다. 재심사유는 형사소송법 제420조 각 호에서 규정하고 있으며, 헌재법 제47조 제3항은 위헌으로 결정된 법률 또는 법률조항에 근거한 유죄의 확정판결에 대하여 재심

1 헌재 1993. 11. 25. 92헌바39; 헌재 2010. 11. 25. 2010헌가22.

을 청구할 수 있다고 하여 형사소송법이 정한 재심사유 이외의 재심사유를 규정하고 있다. 법원의 '재심의 청구에 대한 심판'은 형사소송법 제420조 각 호에서 규정한 재심사유가 있는지, 헌재법 제47조 제3항 소정의 재심사유, 즉 유죄확정판결의 근거가 된 법률조항이 위헌으로 결정된 바 있는지 여부만을 우선 심리하여 재판할 뿐이다. 그러므로 이 사건 법률조항은 원판결에 적용된 법률조항일 뿐 그 원판결에 대한 재심절차 중 '재심의 청구에 대한 심판'에 적용되는 법률조항이라고 할 수는 없다. 결국 이 사건 법률조항은 당해 재심사건에 적용되는 법률조항이 아니므로 재판의 전제성이 인정되지 아니한다.

③ 형사재심사건과 민사재심사건에서 재판의 전제성의 차이

형사소송법에 의하면 재심의 청구가 이유 있는 경우 재심개시결정을 하도록 하고 있다. 재심개시결정으로 형의 집행을 정지할 수 있기 때문에 재심개시결정은 본안판단과 분리되어서 하도록 규정하고 있다.[1] 따라서 형사소송법에서 재심청구의 적법성, 재심사유와 본안은 분리되어서 심리된다. 반면에 민사소송법에 의하면 재심의 소, 재심사유여부에 관한 심리 및 재판, 본안에 관한 심리 및 재판은 함께 시행되는 것이 원칙이지만, 재심의 적법여부와 재심사유여부에 관한 심리와 재판을 분리해서 시행할 수 있다.[2] 헌법재판소가 당해 사건이 재심사건인 경우 형사사건인지 아니면 민사사건인지에 따라 재판의 전제성 인정여부에 차이를 보이는 것은 이러한 재심절차의 차이에서 기인한 것으로 판단된다.

1 형사소송법 제435조(재심개시의 결정) ① 재심의 청구가 이유 있다고 인정한 때에는 재심개시의 결정을 하여야 한다.
② 재심개시의 결정을 할 때에는 결정으로 형의 집행을 정지할 수 있다.

2 민사소송법 제454조(재심사유에 관한 중간판결) ① 법원은 재심의 소가 적법한지 여부와 재심사유가 있는지 여부에 관한 심리 및 재판을 본안에 관한 심리 및 재판과 분리하여 먼저 시행할 수 있다.
② 제1항의 경우에 법원은 재심사유가 있다고 인정한 때에는 그 취지의 중간판결을 한 뒤 본안에 관하여 심리·재판한다.

④ 형사재심사건에서 예외적으로 재판의 전제성을 인정한 경우

헌법재판소는 긴급조치 위반에 대한 재심사건에서는 예외적으로 형사재판 재심 개시 여부에 관한 재판과 본안에 관한 재판 전체를 당해 사건으로 보아 재판의 전제성을 인정한 바 있다.

헌재 2013. 3. 21. 2010헌바132

긴급조치 제 9 호를 심판대상으로 하는 사건들(2010헌바132, 170)의 당해사건 법원들은 재심사유가 없다는 이유로 청구인들의 재심청구를 기각하였다. 원칙적으로는, 확정된 유죄판결에서 처벌의 근거가 된 법률조항은 '재심의 청구에 대한 심판', 즉 재심의 개시 여부를 결정하는 재판에서는 재판의 전제성이 인정되지 않는다. 그러나 만약 피고인이 재심대상사건의 재판절차에서 그 처벌조항의 위헌성을 다툴 수 없는 규범적 장애가 있는 특수한 상황이었다면, 그에게 그 재판절차에서 처벌의 근거 조항에 대한 위헌 여부를 다투라고 요구하는 것은 규범상 불가능한 것을 요구하는 노릇이므로 이러한 경우에는 예외적으로 유죄판결이 확정된 후에도 재판의 전제성을 인정하여 위헌성을 다툴 수 있는 길을 열어줄 필요가 있다. 유신헌법 제53조 제 4 항은 긴급조치의 위헌 여부에 대한 판단을 원천적으로 봉쇄하였고, 이에 따라 유신체제 하에서 대법원도 긴급조치는 사법적 심사의 대상이 되지 않는다고 반복적으로 판시하면서 긴급조치에 대한 위헌법률심판제청신청을 기각하여 왔다. 이와 같이 유신헌법 당시 긴급조치 위반으로 처벌을 받게 된 사람은 재심대상사건 재판절차에서 긴급조치의 위헌성을 다툴 수조차 없는 규범적 장애가 있었고, 그 재심청구에 대한 재판절차에서 긴급조치의 위헌성을 비로소 다툴 수밖에 없으므로 긴급조치 위반에 대한 재심사건에서는 예외적으로 형사재판 재심 개시 여부에 관한 재판과 본안에 관한 재판 전체를 당해사건으로 보아 재판의 전제성을 인정함이 타당하다.

4) 법률의 개정과 재판의 전제성

위헌법률심판절차 중 심판대상조항이 개정된 결과 개정된 법률이

당해 사건에 적용되는 경우에는 구법 조항은 재판의 전제성이 인정되지 않는다.

헌재 2000. 8. 31. 97헌가12

법원이 이 사건 위헌여부심판을 제청할 당시, 제청대상 법률조항(구법조항)이 위헌이라면 대한민국 국민을 모로 하여 출생한 제청신청인은 대한민국 국적을 취득할 수 있기 때문에 제청신청인이 외국인임을 전제로 한 강제퇴거명령은 이를 집행할 수 없게 되므로, 구법조항의 위헌 여부는 당해사건의 재판에 전제성이 있었다. 그러나 신법에서는 부모양계혈통주의로 개정되었고(제 2 조 제 1 항 제 1 호), 당해사건에서도 1998. 6. 14.부터는 신법을 적용하여야 하므로(부칙 제 1 조), 구법조항은 이 심판 계속 중 재판의 전제성을 상실하여 부적법하다.

5) 양벌규정과 재판의 전제성

양벌규정을 개정하면서 면책조항을 추가하는 경우 구법의 재판의 전제성의 인정여부가 문제된다. 헌법재판소는 양벌규정에 면책조항이 추가되는 형식으로 법률이 개정되었으나 개정법 시행 전의 범죄행위에 대하여 종전 규정에 따른다는 취지의 경과규정이 없는 경우에는 신법이 적용되기 때문에 구법은 재판의 전제성을 상실한다고 본다. 그러나 개정법 시행 전의 범죄행위에 대해서는 종전의 규정에 따른다는 경과규정을 두는 경우에는 구법의 재판의 전제성이 인정된다고 한다.[1]

① 예시 사례

(i) 사실관계 의료법인 A재단은 사용인인 갑이 시·도지사의 허가를 받지 아니하고 의료법인재단 소유의 토지와 건물에 관하여 근저당설정등기를 마침으로써 의료법인의 재산을 처분하였다는 이유로 기

1 헌재 2010. 12. 28. 2010헌가73.

소되었는데, 법원은 구 의료법 제91조 제1항이 위헌이라고 인정할 만한 상당한 이유가 있다며 직권으로 위헌법률심판제청을 하였다.

개정 전 법률

구 의료법 제91조(양벌규정)　① 법인의 대표자, 대리인, 사용인, 그 밖의 종업원이 제87조부터 제90조까지의 규정에 따른 위반행위를 하면 그 행위자를 벌할 뿐만 아니라 그 법인에도 해당 조문의 벌금형을 과한다.
구 의료법 제90조(벌칙)　의료법 제48조 제3항을 위반한 자는 300만 원 이하의 벌금에 처한다.
구 제48조(설립 허가 등)　③ 의료법인이 재산을 처분하거나 정관을 변경하려면 시·도지사의 허가를 받아야 한다.

개정 후 법률

의료법 제91조(양벌규정)　① 법인의 대표자, 대리인, 사용인, 그 밖의 종업원이 제87조부터 제90조까지의 규정에 따른 위반행위를 하면 그 행위자를 벌할 뿐만 아니라 그 법인에도 해당 조문의 벌금형을 과한다. 다만, 법인 또는 개인이 그 위반행위를 방지하기 위하여 해당 업무에 관하여 상당한 주의와 감독을 게을리 하지 아니한 경우에는 그러하지 아니하다.

(ii) 사례해설　예시 사례에서 위헌제청 후 법률의 개정이 있었다. 법률이 개정되면서 법률 개정 전의 행위에 대하여 종전의 규정을 따른다는 경과규정을 두지 않은 경우에는 구법은 재판의 전제성을 상실하고, 신법이 적용된다. 그렇지만 개정법 시행 전의 범죄행위에 대해서는 종전규정에 따른다는 취지의 경과규정을 둔 경우에는 구법은 재판의 전제성이 인정될 수 있다.

② 부칙규정을 두지 않은 경우(헌재 2010. 12. 28. 2010헌가73)

양벌규정에 면책조항이 추가되는 형식으로 법률이 개정되었으나 개정법 시행 전의 범죄행위에 대하여 종전 규정에 따른다는 취지의 경과규정이 없는 경우, 당해 사건에 신법이 적용되는지, 신법이 적용된다면 구법은 재판의 전제성을 상실하게 되는지 여부가 문제된다. 형법 제1조 제2항은 "범죄 후 법률의 변경에 의하여 그 행위가 범죄를 구성하지 아니하거나 형이 구법보다 경한 때에는 신법에 의한다"라고 규정하고 있는데, 이는 전체적으로 보아 신법이 구법보다 피고인에게 유리하게 변경된 것이라면 신법을 적용하여야 한다는 취지이다. 그렇다면 양벌규정에 면책조항이 추가되는 형식으로 법률이 개정된 경우, 행위자에 대한 선임감독상의 과실이 없는 영업주인 법인은 처벌의 대상에서 제외되게 되었으므로 이 점에 있어서 신법이 구법상의 구성요건 일부를 폐지한 것으로 볼 수 있고, 과실책임 규정인 신법은 무과실책임 규정인 구법에 비하여 전체적으로 보아 피고인에게 유리한 법 개정이라 할 것이므로, 당해 사건에는 형법 제1조 제2항에 의하여 신법이 적용된다고 보아야 한다. 더욱이, 양벌규정에 대하여 헌법재판소가 헌법에 위반된다는 결정[1]을 한 취지는 아무런 면책사유도 규정하지 아니한 점이 책임주의원칙에 위배된다는 것이었는바, 그 후 입법자가 구 의료법 조항을 개정한 것은 위 헌법재판소 결정의 취지에 따른 것으로 보이고, 나아가 구 의료법을 개정하면서 경과규정을 두지 아니한 것은 영업주의 귀책사유를 불문하고 처벌하였던 종전의 조치가 부당하다는 반성적 고려에서 면책조항이 신설된 신법을 적용하도록 하기 위한 것으로 보아야 한다. 이와 같이 당해 사건에 신

1 헌재 2009. 7. 30. 2008헌가14. 사건 법률조항은 법인이 고용한 종업원 등이 업무에 관하여 같은 법 제30조 제2항 제1호를 위반한 범죄행위를 저지른 사실이 인정되면, 법인이 그와 같은 종업원 등의 범죄에 대해 어떠한 잘못이 있는지를 전혀 묻지 않고 곧바로 그 종업원 등을 고용한 법인에게도 종업원 등에 대한 처벌조항에 규정된 벌금형을 과하도록 규정하고 있는바, 오늘날 법인의 반사회적 법익침해활동에 대하여 법인 자체에 직접적인 제재를 가할 필요성이 강하다 하더라도, 입법자가 일단 "형벌"을 선택한 이상, 형벌에 관한 헌법상 원칙, 즉 법치주의와 죄형법정주의로부터 도출되는 책임주의원칙이 준수되어야 한다. 그런데 이 사건 법률조항에 의할 경우 법인이 종업원 등의 위반행위와 관련하여 선임·감독상의 주의의무를 다하여 아무런 잘못이 없는 경우까지도 법인에게 형벌이 부과될 수밖에 없게 되어 법치국가의 원리 및 죄형법정주의로부터 도출되는 책임주의원칙에 반하므로 헌법에 위반된다.

법이 적용되는 이상, 당해 사건에 적용되지 않는 구법은 재판의 전제성을 상실하게 되었다.

③ 부칙으로 경과규정을 둔 경우

2010헌가73 사건의 일부 심판대상 법률인 구 자동차손해배상보장법은 양벌규정이 법인의 선임감독상의 과실을 요구하는 형식으로 개정되어 시행되고 있으나, 그 부칙에서 "이 법 시행 전의 행위에 대하여 벌칙이나 과태료 규정을 적용할 때에는 종전 규정에 따른다"는 경과규정을 두고 있다. 이처럼 면책조항이 추가되었으나 종전 규정에 따른다는 경과규정을 둔 경우에는 당해 사건의 피고인에게 구 자동차손해배상보장법 조항이 적용되고, 그 조항이 헌법에 위반된다고 선언되면 피고인에 대한 처벌의 근거규정이 없어지게 되어 공소사실에 대하여 무죄판결이 선고될 것이다. 그렇다면 구 자동차손해배상보장법 조항이 헌법에 위반되는지 여부에 따라 당해 사건 재판의 주문이 달라질 것이므로, 구 자동차손해배상보장법 조항은 당해 사건과 관련하여 재판의 전제성이 있다.

(3) 다른 내용의 재판을 하게 되는 경우

1) 법원이 다른 내용의 재판을 하게 되는 경우라 함은 원칙적으로 제청법원이 심리 중인 당해 사건의 재판의 결론이나 주문에 어떠한 영향을 줄 뿐만 아니라 문제된 법률의 위헌여부가 비록 재판의 주문 자체에는 아무런 영향을 주지 않는다고 하더라도 재판의 결론을 이끌어내는 이유를 달리하는 데 관련되어 있거나 또는 재판의 내용과 효력에 관한 법률적 의미가 달라지는 경우도 포함된다.[1]

2) 무죄확정판결과 재판의 전제성

헌재법 제68조 제 2 항의 헌법소원심판 청구인이 당해 사건에서 무

1 헌재 1992. 12. 24. 92헌가8; 헌재 2007. 4. 26. 2006헌바10.

죄의 확정판결을 받은 경우에는 헌법소원이 인용되더라도 재심을 청구할 수 없고, 무죄판결은 종국적으로 다툴 수 없게 되므로 법률의 위헌여부에 따라 당해 사건 재판의 주문이 달라지거나 재판의 내용과 효력에 관한 법률적 의미가 달라지는 경우에 해당하지 않기 때문에 재판의 전제성이 인정되지 않는다는 것이 판례의 태도[1]이다. 하지만 2010헌바132에서는 객관적인 헌법질서의 수호·유지 및 관련 당사자의 권리구제를 위하여 심판의 필요성을 인정하여 재판의 전제성을 예외적으로 인정한 바 있다.[2]

헌재 2009. 5. 28. 2006헌바109

헌법재판소법 제68조 제2항의 헌법소원 심판청구가 적법하기 위해서는 당해 사건에 적용될 법률이 헌법에 위반되는지 여부가 재판의 전제가 되어야 하는바, 재판의 전제가 된다는 것은 그 법률이 당해 사건에 적용될 법률이어야 하고 그 위헌 여부에 따라 재판의 주문이 달라지거나 재판의 내용과 효력에 관한 법률적 의미가 달라지는 것을 말한다. 그런데 당해 사건이 형사사건이고, 청구인의 유·무죄가 확정되지 아니한 상태에서는 처벌의 근거가 되는 형벌조항의 위헌확인을 구하는 청구에 대하여 위와 같은 의미에서의 재판의 전제성을 인정할 수 있을 것이나, 청구인에 대한 무죄판결이 확정된 경우에도 재판의 전제성을 계속하여 인정할 것인지를 살펴본다. 헌법재판소법 제75조 제7항은 '제68조 제2항의 규정에 의한 헌법소원이 인용된 경우에 당해 헌법소원과 관련된 소송사건이 이미 확정된 때에는 당사자는 재심을 청구할 수 있다'고 규정하면서 같은 조 제8항에서 위 조항에 의한 재심에 있어 형사사건에 대하여는 형사소송법의 규정을 준용하도록 하고 있다. 그런데 형사소송법 제420조, 제421조는 '유죄의 확정판결에 대하여 그 선고를 받은 자의 이익을 위하여', '항소 또는 상고기각판결에 대하여는 그 선고를 받은 자의 이익을 위하여' 재심을 청구할 수 있다고 각 규정하고 있다. 따

1 헌재 2009. 5. 28. 2006헌바109.
2 헌재 2013. 3. 21. 2010헌바132.

라서 헌법재판소법 제68조 제2항에 의한 헌법소원심판 청구인이 당해 사건인 형사사건에서 무죄의 확정판결을 받은 때에는 처벌조항의 위헌 확인을 구하는 헌법소원이 인용되더라도 재심을 청구할 수 없고, 청구인에 대한 무죄판결은 종국적으로 다툴 수 없게 되므로 법률의 위헌 여부에 따라 당해 사건 재판의 주문이 달라지거나 재판의 내용과 효력에 관한 법률적 의미가 달라지는 경우에 해당한다고 볼 수 없으므로 더 이상 재판의 전제성이 인정되지 아니하는 것으로 보아야 할 것이다.

헌재 2013. 3. 21. 2010헌바132

2010헌바70 사건의 당해사건에서 대법원이 긴급조치 제1호 위반의 점에 대하여 무죄판결을 선고하였다. 원칙적으로는 헌법재판소법 제68조 제2항에 의한 헌법소원심판 청구인이 당해 사건인 형사사건에서 무죄판결을 받고 이것이 확정되면, 더 이상 재판의 전제성이 인정되지 아니한다. 그러나 법률과 같은 효력이 있는 긴급조치의 위헌 여부를 심사할 권한은 본래 헌법재판소의 전속적 관할 사항인 점, 법률과 같은 효력이 있는 규범인 긴급조치의 위헌 여부에 대한 헌법적 해명의 필요성이 있는 점, 당해사건의 대법원판결은 대세적 효력이 없는데 비하여 형벌조항에 대한 헌법재판소의 위헌결정은 대세적 기속력을 가지고 유죄 확정판결에 대한 재심사유가 되는 점(헌법재판소법 제47조 제1항, 제3항) 등에 비추어 볼 때, 이 사건에서는 긴급조치 제1호, 제2호에 대하여 예외적으로 객관적인 헌법질서의 수호·유지 및 관련 당사자의 권리구제를 위하여 심판의 필요성을 인정하여 적극적으로 그 위헌 여부를 판단하는 것이 헌법재판소의 존재 이유에도 부합하고 그 임무를 다하는 것이 된다.

3) 무효확인소송의 청구와 재판의 전제성

행정처분에 대한 쟁송기간이 경과한 후에 행정처분의 근거법률이 위헌임을 이유로 한 무효확인소송의 제기와 근거법률에 대한 위헌법률심판이 제청된 경우 그 근거법률의 위헌선언으로 인하여 행정처분을 당연무효로 볼 여지가 있는 경우라면 재판의 전제성이 인정될 수 있지만, 단순한 취소사유에 지나지 않는다면 그 행정처분에 대한 무효확인소송에서 해당 근거법률은 재판의 전제성을 가지지 않는다. 다만 헌법재판소는 행정처분 자체의 효력이 쟁송기간 경과 후에도 존속 중인 경우, 그 처분이 위헌법률에 근거하여 내려진 것이고 그 행정처분의 목적달성을 위하여는 후행 행정처분이 필요한데 후행행정처분은 아직 이루어지지 않은 경우, 그 행정처분을 무효로 하더라도 법적 안정성을 크게 해치지 않는 반면에 그 하자가 중대하여 그 구제가 필요한 경우에 대하여서는 예외를 인정하여 이를 당연무효사유로 보아서 쟁송기간 경과 후에라도 무효확인을 구할 수 있다고 한다.

헌재 1999. 9. 16. 92헌바9

행정처분의 근거가 된 법률이 헌법재판소에서 위헌으로 선고된다고 하더라도 그 전에 이미 집행이 종료된 행정처분이 당연무효가 되지는 않으므로 행정처분에 대한 쟁송기간 내에 그 취소를 구하는 소를 제기한 경우는 별론으로 하고 쟁송기간이 경과한 후에는 행정처분의 근거법률이 위헌임을 이유로 무효확인소송 등을 제기하더라도 행정처분의 효력에는 영향이 없다. 그러므로 행정처분에 대한 쟁송기간이 경과된 후에 그 행정처분의 근거가 된 법률에 대한 위헌 여부에 대한 심판청구를 한 경우에는 당해사건을 담당하는 법원이 그 법률에 대한 위헌결정이 있는 경우 다른 내용의 재판을 할 예외적인 사정이 있는지 여부에 따라 재판의 전제성 유무가 달라지게 된다고 할 것인데, 그 법률에 대한 위헌결정이 행정처분의 효력에 영향을 미칠 여지가 없는 경우에는 그 법률의 위헌 여부에 따라 당해사건에 대한 재판의 주문이 달라지거나 재판의 내용과 효력에 관한 법률적 의미가 달라질 수 없는 것이므로 재판의 전제성을 인정할 수 없게 된다.

헌재 1994. 6. 30. 92헌바23

행정처분의 근거가 된 법규가 헌법재판소에서 위헌이라고 선고되더라도 원칙적으로 비형벌법규에 대한 위헌결정의 장래효원칙에 따라 소급하여 무효가 되는 것은 아니라 할 것이다. 따라서 그러한 법규에 근거하여 내려진 행정처분이 당연무효라고 할 수는 없고 단순한 취소사유에 지나지 않는다면, 위 법원의 위헌제청신청기각 이유에서 볼 수 있는 바와 같이 청구인이 제기한 무효확인소송은 (대법원까지 가더라도) 기각될 이치이므로 이 사건 심판대상규정의 위헌 여부는 재판의 전제가 되지 않는다고 할 수 있겠으나 다만 행정처분의 근거법규가 추후 헌법재판소에 의하여 위헌으로 선고된 경우 그 행정처분도 무효로 볼 여지가 있는 경우라면 재판의 전제성이 인정될 수 있을 것이다. 그러므로 행정처분의 근거법규가 위헌인 경우 그 하자가 행정처분의 당연무효사유인가 취소사유임에 불과한 것인가에 대하여서는 별도로 살펴보아야 할 것이다. 일반적으로 행정처분의 집행이 이미 종료되었고 그것이 번복될 경우 법적 안정성을 크게 해치게 되는 경우에는 후에 행정처분의 근거가 된 법규가 헌법재판소에서 위헌으로 선고된다고 하더라도 (처분의 근거법규가 위헌이었다는 하자는 중대하기는 하나 명백한 것이라고는 할 수 없다는 의미에서) 그 행정처분이 당연무효가 되지는 않는다고 할 수 있을 것이다. 따라서 행정처분에 대한 쟁송기간 내에 그 취소를 구하는 소를 제기한 경우는 별론으로 하고 쟁송기간이 경과한 후에는 처분의 근거법규가 위헌임을 이유로 무효확인소송 등을 제기하더라도 행정처분의 효력에 영향이 없음이 원칙이라고 할 것이다. 판례나 통설은 행정처분이 당연무효인가의 여부는 그 행정처분의 하자가 중대하고 명백한가의 여부에 따라 결정된다고 보고 있지만 행정처분의 근거가 되는 법규범이 상위법 규범에 위반되어 무효인가 하는 점은 그것이 헌법재판소 또는 대법원에 의하여 유권적으로 확정되기 전에는 어느 누구에게도 명백한 것이라고 할 수 없기 때문에 원칙적으로 당연무효사유에는 해당할 수 없게 되는 것이다. 그러나 행정처분 자체의 효력이 쟁송기간 경과 후에도 존속 중인 경우, 특히 그 처분이 위헌법률에 근거하여 내려진 것이고 그 행정처분의 목적달성을 위하여서는 후행(後行) 행정처분이 필요한데 후행행정처분은 아직 이루어지지 않은 경우, 그 행정처분을 무효로 하더라도 법적 안정성을 크게 해치지 않는 반면에 그 하자가 중대하여 그 구제가 필요한 경우에 대하여서는 그 예외를 인정하여 이를 당연무효사유로 보아서 쟁송기간 경과 후에라도 무효확인을 구할 수 있는 것이라고 봐야 할 것이다. 학설상으로도 중대명백설 외에 중대한 하자가 있기만 하면 그것이 명백하지 않더라도 무효라고 하는 중대설도 주장되고 있고, 대법원의 판례로도 반드시 하자가 중대명백한 경우에만 행정처분의 무효가 인정된다고는 속단할 수 없기 때문이다. 위와 같은 예외를 인정한다면 행정처분이 근거 법규의 위헌의 정도가 심각하여 그 하자가 중대하다고 보여지는 경우, 그리고 그 때문에 국민의 기본권 구제의 필요성이 큰 반면에 법적 안정성의 요구는 비교적 적은 경우에까지 그 구제를 외면하게 되는 불합리를 제거할 수 있게 될 것이다. 위헌법률에 근거한 행정처분이라 할지라도 그것이 당연무효는 아니라고 보는 가장 기본적인 논리는 그 하자가 명백한가의 여부를 제쳐놓더라도 이 경우를 무효라고 본다면 법적 안정성을 해칠 우려가 크다는 데 있는 것이므로 그 우려가 적은 경우에까지 확장하는 것은 온당하지 못하다고 할 것이며 그 경우에는 마땅히 그 예외가 인정되어야 할 것이다.

3. 재판의 전제성 판단의 주체

(1) 위헌법률심판

위헌법률심판의 경우에는 법원이 일차적으로 재판의 전제성을 판단한다. 법원이 재판의 전제성이 있다고 판단하는 경우에는 헌법재판소에 해당 법조항을 위헌제청하게 되지만, 재판의 전제성이 없다고 판단하는 경우에는 기각결정을 한다.

제청법원이 당해 소송사건에서 재판의 전제가 된다고 하여 법률이나 법률조항의 위헌여부심판을 제청한 경우 이를 배척할 만한 특별한 사정이 없으면 헌법재판소는 재판의 전제성을 인정하게 된다. 법원으로부터 법률의 위헌여부심판의 제청을 받은 헌법재판소로서는 법률이 재판의 전제가 되는 요건을 갖추고 있는지의 여부를 심판함에 있어서 제청법원의 견해를 존중하는 것이 원칙이며, 재판의 전제와 관련된 제청법원의 법률적 견해가 유지될 수 없는 것으로 보이면 헌법재판소가 직권으로 조사할 수도 있는 것이다. 이 경우 헌법재판소는 제청법원에서 제청한 법률조항이 당해 사건에 적용될 수 없는 것이라고 인정되는 경우에는 직권으로 재판의 전제성이 인정되지 않는다고 판단하고 제청에 대하여 각하결정을 하게 된다.[1]

헌재 1996. 10. 4. 96헌가6

법원의 위헌여부심판제청에 있어서 위헌여부가 문제되는 법률 또는 법률조항이 재판의 전제성 요건을 갖추고 있는지 여부는, 되도록 제청법원의 이에 관한 법률적 견해를 존중해야 할 것이며, 다만 그 전제성에 관한 법률적 견해가 명백히 유지될 수 없을 때에만 헌법재판소가 그 제청을 부적법하다 하여 각하할 수 있다. 그런데 이 사건 심판대상이 된 법률조항의 위헌여부와 관계없이 이 사건의 당해 소송사건에서 원고들(제청신청인들)의 청구가 인용될 수 없음이 명백한지의 여부는 헌법재판소가 함부로 판단할 사항이 아니므로, 이 사건 법률조항들이 재판의 전제성 요건을 갖추고 있다는 전제하에 그 위헌여부심판제청을 한 제청법원의 법률적 견해는 존중되어야 한다.

(2) 헌재법 제68조 제 2 항에 의한 헌법소원

법원이 해당 법률이나 법률조항이 재판의 전제성이 인정되지 않는다고 하여 제청하지 않는 경우에는 헌법재판소가 재판의 전제성의 유무에 대하여 판단할 여지가 없다. 그러나 당해 법원이 재판의 전제성이 인정되지 않는다는 이유로 당사자의 제청신청을 기각하여 제청신청인이 헌재법 제68조 제 2 항의 헌법소원심판을 청구한 때에는 헌법재판소가 재판의 전제성을 판단해야 하는 경우가 발생할 수 있다. 헌법재판소도 법원이 전제성을 부인한 경우에 전제성이 인정된다고 결정한 예가 있다.

1 헌재 2009. 9. 24. 2007헌가15.

헌재 1999. 12. 23. 98헌바33

법률이 재판의 전제가 되는 요건을 갖추고 있는지의 여부는 법원의 견해를 존중하는 것이 원칙이나, 재판의 전제와 관련된 법률적 견해가 유지될 수 없는 것으로 보이면 헌법재판소가 직권으로 조사할 수도 있는 것이다. 법원은 위헌제청신청 기각결정이유에서 고용촉진법 제34조 제 2 항이 위헌이 된다 하여 그 고용비율을 높여야 하는 것은 아니므로 재판의 전제성이 없다고 하였다. 그러나 만일 위 법률조항이 평등의 원칙 등에 위배된다면 그에 관하여 헌법불합치결정이 선고될 가능성이 있고, 이에 따라 청구인에게 유리한 내용으로 법률이 개정되어 적용됨으로써 이 사건 당해사건의 결론이 달라질 수 있다. 따라서 위 법률조항의 위헌여부에 따라 이 사건 당해사건의 결과에 영향을 미칠 수 있으므로 위 법률조항은 이 사건 당해사건 재판의 전제가 된다고 할 것이다.

4. 재판의 전제성에 대한 결정

(1) 재판의 전제성여부 판단

1) 재판의 전제성이 인정되지 않는 경우

위헌법률심판에서 심판의 대상이 된 법률이나 법률조항이 재판의 전제성을 갖지 못하는 경우 헌법재판소는 부적법 각하결정을 한다. 제청법원의 제청이나 헌재법 제68조 제 2 항의 헌법소원심판의 청구에서 재판의 전제가 된다고 한 법률이나 법률조항이 재판의 전제성을 가지지 못하고, 헌법재판소가 다른 법률조항이 재판의 전제가 된다고 인정하는 경우 원칙적으로 재판의 전제성이 없음을 이유로 부적법 각하결정을 한다. 다만 이 경우에도 심판대상을 확장하여 판단하기도 한다.

헌재 1998. 3. 26. 93헌바12

청구인들이 이 사건 청구취지로서 위헌확인을 구하는 것은 하천법 제2조 제1항 제2호 다목이나, 헌법재판소는 심판청구서에 기재된 청구취지에 구애됨이 없이 청구인의 주장요지를 종합적으로 판단하여야 하며, 청구인이 주장하는 침해된 기본권과 침해의 원인이 되는 공권력을 직권으로 조사하여 피청구인과 심판대상을 확정하여 판단하여야 하는데, 당해사건에서의 청구인들의 청구취지는 이 사건 토지들이 국유가 아니라 청구인들의 사유토지임을 전제로 그 소유권확인을 구하는 것이므로 당해사건의 재판에 보다 직접적으로 관련을 맺고 있는 법률조항은 제외지를 하천구역에 편입시키고 있는 위 하천법 제2조 제1항 제2호 다목이라기보다 오히려 하천구역을 포함하여 하천을 국유로 한다고 규정함으로써 직접 제외지의 소유권귀속을 정하고 있는 동법 제3조라 할 것이므로 직권으로 이 사건 심판의 대상을 위 하천법 제2조 제1항 제2호 다목에서 동법 제3조로 변경한다.

2) 재판의 전제성이 소멸한 경우

헌법재판소에 심판절차가 개시될 때에는 재판의 전제성이 인정되었으나, 심리 중에 재판의 전제성이 소멸한 경우 법원이 제청을 철회하거나 헌재법 제68조 제2항의 헌법소원심판청구에서는 심판청구를 취하할 수 있다. 이 경우 철회나 취하가 없는 경우 헌법재판소는 재판의 전제성 소멸을 이유로 각하결정을 한다.[1] 다만 이 경우에도 위헌법률심판이 가지는 객관소송으로서의 성질과 헌법질서의 수호·유지라는 제도적 본질에 비추어 위헌여부에 대하여 판단해야 할 필요성이 있는 경우 예외적으로 헌법재판소는 본안판단을 한다.

1 헌재 1989. 4. 17. 88헌가4.

헌재 1993. 12. 23. 93헌가2

일찌기 당재판소는 법률에 대한 헌법소원심판에 있어서 "침해행위가 이미 종료되어서 이를 취소할 여지가 없기 때문에 헌법소원이 주관적 권리구제에 별 도움이 안되는 경우라도 그러한 침해행위가 앞으로도 반복될 위험이 있거나 당해 분쟁의 해결이 헌법질서의 수호·유지를 위하여 긴요한 사항이어서 그 해명이 헌법적으로 중대한 의미를 지니고 있는 경우에는 헌법소원의 이익을 인정하여야 할 것이다"라고 판시한 바 있다. 이러한 법리는 구체적 규범통제로서의 법원의 제청에 의한 법률의 위헌여부심판절차에서도 존중되어야 할 것이다. 따라서 위헌여부심판이 제청된 법률조항에 의하여 침해된다는 기본권이 중요하여 동 법률조항의 위헌 여부의 해명이 헌법적으로 중요성이 있는데도 그 해명이 없거나, 동 법률조항으로 인한 기본권의 침해가 반복될 위험성이 있는데도 좀처럼 그 법률조항에 대한 위헌여부심판의 기회를 갖기 어려운 경우에는 설사 그 심리기간 중 그 후의 사태진행으로 당해 소송이 종료되었더라도 헌법재판소로서는 제청 당시 전제성이 인정되는 한 예외적으로 객관적인 헌법질서의 수호·유지를 위하여 심판의 필요성을 인정하여 적극적으로 그 위헌 여부에 대한 판단을 하는 것이 헌법재판소의 존재이유에도 부합하고 그 임무를 다하는 것이 될 것이다.

(2) 재판의 전제성에 대한 결정의 효력

헌법재판소의 재판의 전제성에 대한 판단은 법원을 기속하지 않는다. 헌법재판소가 재판의 전제성이 인정된다고 판단해도 법원에 계속된 소송사건에서 어떤 법률을 적용할 것인가는 법원이 결정할 문제이기 때문이다.

제 3 절 위헌법률심판의 대상

Ⅰ. 법 률

1. 형식적 의미의 법률

위헌법률심판의 대상은 형식적 의미의 법률이다. 현재 공포·시행되어 통용되고 있는 유효한 법률이 심판의 대상이 된다. 우리 현행 헌법은 구체적 규범통제제도를 채택하고 있기 때문에 일반법원에 계속되어 있는 재판의 전제가 되고 있는 법률이 심판의 대상이 된다. 공포되었으나 시행되지 않고 있는 법률은 심판의 대상이 되지 못한다. 그리고 헌법재판소가 위헌이라고 선고하여 효력을 상실한 법률도 심판의 대상이 되지 못한다.[1]

(1) 관 습 법

위헌법률심판의 대상은 형식적 의미의 법률에 한정되기 때문에 관습법은 심판의 대상이 되지 못한다. 그러나 헌법재판소는 관습법도 위헌법률심판의 대상이 된다고 판시한 바 있다.[2]

헌재 2013. 2. 28. 2009헌바129

관습법은 사회의 거듭된 관행으로 생성된 사회생활규범이 사회의 법적 확신과 인식에 따라 법적 규범으로 승인되고 강행되기에 이르러 법원으로 기능하게 된 것이다. 법원은 여러 차례 위와 같은 분재청구권에 관한 관습이 우리 사회에서 관습법으로 성립하여 존재하고 있음을 확인하고 상속 등에 관한 재판규범으로 적용하여 왔다. 그런데 이 사건

1 헌재 1994. 8. 31. 91헌가1.
2 헌재 2013. 2. 28. 2009헌바129.

관습법은 민법 시행 이전에 상속을 규율하는 법률이 없는 상황에서 재산상속에 관하여 적용된 규범으로서 비록 형식적 의미의 법률은 아니지만 실질적으로는 법률과 같은 효력을 갖는다. 헌법 제111조 제1항 제1호, 제5호 및 헌법재판소법 제41조 제1항, 제68조 제2항에 의하면 위헌심판의 대상을 '법률'이라고 규정하고 있는데, 여기서 '법률'이라고 함은 국회의 의결을 거친 이른바 형식적 의미의 법률뿐만 아니라 법률과 동일한 효력을 갖는 조약 등도 포함된다. 이처럼 법률과 동일한 효력을 갖는 조약 등을 위헌심판의 대상으로 삼음으로써 헌법을 최고규범으로 하는 법질서의 통일성과 법적 안정성을 확보할 수 있을 뿐만 아니라, 합헌적인 법률에 의한 재판을 가능하게 하여 궁극적으로는 국민의 기본권 보장에 기여할 수 있게 된다. 그렇다면 법률과 같은 효력을 가지는 이 사건 관습법도 당연히 헌법소원심판의 대상이 되고, 단지 형식적인 의미의 법률이 아니라는 이유로 그 예외가 될 수는 없다.

(2) 법률의 해석·적용

종래 헌법재판소는 헌재법 제68조 제2항에 의한 헌법소원의 심판대상은 '법률'에 한정되므로, 그 심판청구는 '법률' 자체의 위헌성을 다투는 것이어야 한다고 하면서,[1] 법률의 해석·적용이 부당하다고 다투는 것은 위헌법률의 심판의 대상이 되지 못한다고 판시하였다. 하지만 최근에는 판례를 변경하여 한정위헌결정을 구하는 한정위헌청구가 원칙적으로 적법하다고 판시하였다.[2]

(3) 행정입법

법규명령이나 행정규칙은 심판의 대상이 될 수 없다. 법규명령이나 행정규칙이 헌법에 위반되는지 여부가 재판의 전제가 된 경우에는 대

1 헌재 2002. 10. 31. 2000헌바76.
2 헌재 2012. 12. 27. 2011헌바117.

법원이 이를 최종적으로 심사할 권한을 가진다.[1] 그렇기 때문에 법규명령에 대한 법원의 제청이나 헌재법 제68조 제 2 항에 의한 헌법소원심판은 부적법하다.[2]

(4) 자율규칙

국회규칙, 대법원규칙, 헌법재판소규칙 등은 법률의 효력을 갖는 규범이 아니어서 위헌법률심판이나 헌재법 제68조 제 2 항에 의한 심판의 대상이 되지 않는다.

(5) 조 례

지방자치단체는 법령의 범위 안에서 자치에 관한 규정을 제정할 수 있다.[3] 조례는 법률과 동위의 효력을 갖지 않으므로 위헌법률심판이나 헌재법 제68조 제 2 항의 헌법소원심판의 대상이 될 수 없다.[4]

(6) 시행령에 대한 규범통제의 문제

1) 시행령의 위헌법률심판 대상여부

위헌법률심판의 대상은 형식적 의미의 법률이다. 법원은 "법률"이 헌법에 위반되는지 여부가 재판의 전제가 된 경우에 위헌제청을 할 수 있으며, 명령이나 규칙이 헌법에 위반되는지 여부는 법원 스스로 이를 판단할 수 있기 때문에 명령이나 규칙 등에 대한 위헌법률심판 제청은 부적법하다. 헌재법 제68조 제 2 항에 의한 헌법소원심판청구도 법률이 헌법에 위반되는지 여부가 재판의 전제가 된 때에 소송사건의 당사자가 같은 법 제41조 제 1 항에 의한 위헌법률심판의 제청신청을 하였음에도 불구하고 법원이 이를 배척한 경우 법원의 제청에

1 헌법 제107조 제 2 항.
2 헌재 2008. 5. 29. 2007헌바143.
3 헌법 제117조.
4 헌재 2007. 7. 26. 2005헌바100.

갈음하여 당사자가 직접 헌법재판소에 헌법소원의 형태로 그 법률의 위헌여부의 심판을 구하는 것이므로 그 심판의 대상은 재판의 전제가 되는 법률이지 대통령령이나 규칙은 그 대상이 될 수 없다. 따라서 위헌법률심판이나 헌재법 제68조 제2항의 헌법소원심판에 있어서 법률이 아닌 시행령에 대한 심판청구는 부적법하다.

헌재 2010. 2. 25. 2009헌바92

1. 사건의 개요

청구인은 부동산 임대사업자로서, 2002. 9. 19. 주식회사 우리은행으로부터 일본 엔화 283,000,000엔을 대출받아 사업용 부동산을 매수하였는데, 2005년도에 엔화환율 하락에 따라 발생한 평가차익 금 430,244,900원을 부동산 임대소득에 산입하지 않고 종합소득세를 신고·납부하자, 서초세무서장은 2007. 12. 10. 위 외화부채 평가차익도 부동산 임대소득의 총수입금액에 포함되어야 한다는 이유로 2005년 귀속 종합소득세 금 181,009,090원을 추가 경정하여 고지하였다. 이에 청구인은 조세심판원의 전심절차를 거쳐 서울행정법원에 위 경정처분의 취소를 구하는 소를 제기하고 위 법원에 ① 소득세법 제39조 제4항은 헌법상 포괄위임금지원칙과 조세법률주의에 위배되며, ② 구 소득세법 시행령 제97조 제1항은 모법의 위임 범위를 일탈하였고, 실질과세원칙, 재산권보장의 원칙 및 평등의 원칙에 위배된다고 주장하면서 위헌법률심판제청신청을 하였으나 2009. 5. 28. 기각되자 2009. 7. 2. 이 사건 헌법소원심판청구를 하였다.

2. 심판의 대상

이 사건 심판대상은 소득세법 제39조 제4항 및 구 소득세법 시행령 제97조 제1항이 위헌인지 여부인바, 심판대상조항 및 관련조항의 내용은 다음과 같다.

[심판대상조항]

소득세법(2004. 12. 31. 법률 제7319호로 일부 개정된 것) 제39조(총수입금액과 필요경비의 귀속연도 등) ④ 제1항의 총수입금액과 필요경비의 귀속연도, 제2항의 취득가액의 계산이나 기타 자산·부채등의 평가에 관하여 필요한 사항은 대통령령으로 정한다.

구 소득세법 시행령 제97조(외화자산 및 부채의 평가) ① 법 제39조의 규정을 적용함에 있어서 재정경제부령이 정하는 화폐성 외화자산·부채(이하 이 조에서 "화폐성 외화자산·부채"라 한다)의 원화기장액과 당해연도 종료일 현재의 환율(외국환거래법에 의한 기준환율 또는 재정환율을 말한다)에 의하여 평가한 원화금액과의 차손익은 이를 당해 연도의 필요경비 또는 총수입금액에 산입한다.

3. 이 사건 시행령조항의 적법 여부

헌법재판소법 제68조 제2항의 규정에 의한 헌법소원심판청구는 법률이 헌법에 위반되는지 여부가 재판의 전제가 된 때에 소송사건의 당사자가 같은 법 제41조 제1항에 의한 위헌여부심판의 제청신청을 하였음에도 불구하고 법원이 이를 배척한 경우 법원의 제청에 갈음하여 당사자가 직접 헌법재판소에 헌법소원의 형태로 그 법률의 위헌 여부의 심판을 구하는 것이므로 그 심판의 대상은 재판의 전제가 되는 법률이지 대통령령이나 규칙은 그 대상이 될 수 없다. 그런데 이 사건 시행령조항은 대통령령으로서 헌법재판소법 제68조 제2항의 규정에 의한 헌법소원심판청구의 심판대상이 될 수 없으므로, 이에 대한 심판청구는 더 나아가 살펴볼 필요없이 부적법하다.

2) 위헌적인 시행령에 대한 규범통제

심판대상조항인 법률의 위임에 따라 대통령령으로 규정한 내용이 헌법에 위반될 경우 곧바로 수권법률이 위헌으로 선언되지는 않는다. 수권법률은 위임입법의 한계를 벗어난 것이 아닌 한 정당하고 적법하게 입법권을 위임한 수권법률까지도 위헌으로 되는 것은 아니다. 따라서 수권법률은 포괄위임입법금지원칙에 반하는지 여부가 검토되어야 하며, 시행령이나 시행규칙의 위헌성은 별도로 그것을 대상으로 직접 위헌성을 다투어야 한다.

헌재 2011. 4. 28. 2009헌바37

청구인은, 이 사건 제3항이 충당금의 요율에 관한 사항을 구체적인 기준의 설정 없이 시행령에 포괄적으로 위임하고 있고, 위임을 받은 구 임대주택법 시행령 제15조의3 제3항 제3호는 건축비(주택건설촉진법 제33조의 규정에 의한 최초의 사업계획승인 당시 건설교통부장관이 정하는 표준건축비)의 1만분의 1.5의 적립요율을 적용하여 충당금을 적립하여야 한다고 정하고 있을 뿐, 이 사건 제3항이나 위 시행령 조항 어디에도 대상면적에 대한 규정이 없어 명확성의 원칙에 위반된다고 주장한다. 그러나 심판대상조항의 위임에 따라 대통령령으로 규정한 내용이 헌법에 위반될 경우라도 그 대통령령의 규정이 위헌으로 되는 것은 별론으로 하고 그로 인하여 정당하고 적법하게 입법권을 위임한 수권법률까지도 위헌으로 되는 것은 아니고 이는 기본적으로 시행령이나 시행규칙의 위헌문제에 해당하는 것으로서 당해 시행령 또는 시행규칙을 대상으로 직접 그 위헌성을 다투어야 한다(헌재 2001. 9. 27. 2001헌바11). 살피건대, 이 사건 제3항은 충당금의 요율 등에 관하여 필요한 사항을 대통령령에 위임하고 있는데 이러한 위임사항에는 충당금을 계산하는 대상면적을 어떻게 정할 것인기도 포함되어 있다고 보인다. 그런데 구 임대주택법 시행령 제15조의3 제3항은 충당금의 적립요율을 '표준건축비의 1만분의 X'라고 정하고 있고, 건설교통부고시에서 표준건축비를 정하면서 이러한 건축비의 상한가격은 공급면적에 적용된다고 정하고 있다. 따라서 이 사건 제3항이 위임입법의 한계를 벗어난 것이 아닌 한, 가사 위 위임에 따른 시행령이 표준건축비라고 정하고 있을 뿐 그 표준건축비가 적용되는 대상면적에 대하여 명확히 규정하지 않고 있다 하더라도, 이는 위 시행령 조항 자체의 명확성이 문제될 수는 있을지언정 그로 인해 수권법률인 이 사건 제3항까지도 명확성원칙에 위반된다고 볼 수는 없다. 그러므로 이하에서는 이 사건 제3항이 충당금의 요율에 관하여 필요한 사항을 대통령령으로 정하도록 위임한 것이 포괄위임입법금지원칙에 반하는지 여부에 관하여 살펴보기로 한다.

헌재 2001. 9. 27, 2001헌바11

구 법인세법 제18조의3 제1항 제1호 위헌소원

청구인은 이 사건 법률조항에서 위임받은 하위법령이 그 보유에 정당한 사유가 있는 비업무용 부동산까지 모두 손금불산입 대상 부동산으로 규정하고 있어 그로 인해 이 사건 법률조항이 헌법의 과잉금지원칙에 반한다는 취지로 주장한다. 살피건대, 위에서 본 바와 같이 이 사건 법률조항 자체는 그 규정의 형식이나 내용에 있어서 위임입법의 한계를 준수하고 있을 뿐만 아니라 조세법률주의에 반하지 아니한다. 즉 이 사건 법률조항이 손금불산입 대상에 해당되는 법인 보유 비업무용 부동산의 개별적·구체적 기준을 대통령령으로 정하도록 위임한 것이 위임입법의 한계를 벗어난 것이 아닌 한, 가사 하위법령의 규정에서 비업무용 부동산의 해당기준을 개별적·구체적으로 규정하면서 청구인이 주장하는 바와 같은 정당한 사유 등의 존재로 이 법률조항이 규정한 부동산에 해당한다고 볼 수 없는 부동산까지 규율하고 있다 하더라도, 이는 그 하위규범이 위임임법의 한계를 일탈한 흠으로 될 수는 있을지언정 그로 인해 이 사건 법률조항이 위헌으로 되는 것은 아니다. 이는 기본적으로 시행령이나 시행규칙의 위헌문제에 해당하는 것으로 당해 시행령 또는 시행규칙을 대상으로 직접 그 위헌성을 다투어야 할 것이다.

3) 법률의 위헌성 판단자료로서 시행령

시행령이나 시행규칙 등의 위헌성은 별도로 그것을 직접 대상으로 하여 다투어야 하며 위헌법률심판의 대상이 될 수는 없다. 하지만 헌법재판소가 수권법률의 위헌성여부를 판단함에 있어서 시행령도 판단을 위한 근거자료로서는 기능한다.

헌재 2012. 2. 23. 2011헌가13

방송통신위원회의 설치 및 운영에 관한 법률 제21조 제4호 위헌제청

이 사건 법률조항에 따른 시정요구는 시행령에서 구체화되어 단계적으로 '해당정보의 접속차단', '해당정보의 삭제', '이용자에 대한 이용정

지', '이용자에 대한 이용해지'로 구분되어 있는바(방송통신위원회법 시행령 제8조 제2항), 이는 심의대상 정보의 불법성 내지 시정필요성의 경중에 따라 시정요구의 상대방에게 단계적으로 적절한 시정요구를 함으로써 해당 정보게시자의 표현의 자유에 대한 제한을 최소화하고자 한 것이다. 또한 시정요구에 대하여 정보통신서비스제공자 등과 이용자는 그 시정요구를 받은 날부터 15일 이내에 심의위원회에 이의신청을 할 수 있고(방송통신위원회법 시행령 제8조 제5항), 심의위원회는 이의신청이 있은 날부터 15일 이내에 이를 심의하도록 함으로써(같은 조 제6항), 이용자의 신속한 권리구제를 가능하게 하고 있다. 한편 시정요구의 상대방인 정보통신서비스제공자 등에게 조치결과의 통지의무를 부과하고 있지만(방송통신위원회법 시행령 제8조 제3항), 그 불이행에 대한 제재수단은 설정하지 아니하였다. 나아가 정보통신서비스제공자 등에게 시정요구를 따라야 할 의무를 부과하는 규정이나 그 불이행에 대한 제재규정도 없다. 다만, 시정요구 대상정보가 정보통신망법 제44조의7 제1항의 불법정보에 해당하고, 정보통신서비스제공자 등이 시정요구에 따르지 아니하는 경우 방송통신위원회가 해당 정보의 취급거부·정지 또는 제한명령을 발령할 수도 있으나, 이 경우 심의위원회의 요청 및 방송통신위원회의 발령 자체가 재량행위로 규정되어 있거나(방송통신위원회법 시행령 제8조 제4항, 정보통신망법 제44조의7 제2항), 관계중앙행정기관의 장의 요청이라는 추가적 요건이 규정되어 있어(정보통신망법 제44조의7 제3항), 시정요구의 불이행만으로 곧바로 위와 같은 명령을 받게 되는 것은 아니다. 결국 이 사건 법률조항에 따른 시정요구는 정보게시자의 표현의 자유에 대한 제한을 최소화하고자 불법성 내지 불건전성의 경중에 따라 단계적 조치를 마련하고 있고, 시정요구의 불이행 자체에 대한 제재조치를 규정하고 있지 아니하며, 달리 불건전정보의 규제수단으로 표현의 자유를 덜 침해할 방법을 발견하기 어려우므로, 피해의 최소성 원칙에 반하지 않는다.

2. 긴급명령·조약

(1) 긴급명령·긴급재정경제명령

헌법 제76조 제1항에서 규정하는 긴급재정경제명령이나 제76조 제2항에서 규정하는 긴급명령은 법률의 효력을 가지는 명령이므로 위헌법률심판의 대상이 된다.

(2) 조 약

헌법 제6조에서 헌법에 의하여 체결·공포된 조약과 일반적으로 승인된 국제법규는 국내법과 같은 효력을 가진다고 정하고 있다. 조약은 법적 성질에 따라 법률 또는 명령과 같은 효력을 가진다. 우리 헌법재판소는 법률과 동일한 효력을 가지는 조약은 위헌법률심판이나 헌재법 제68조 제2항의 헌법소원심판의 대상이 된다고 한다.[1]

헌법재판소가 국내법으로 효력을 가지는 조약이나 국제법규에 대하여 위헌이라고 선고한 경우에 해당 조약이나 국제법규는 어디까지나 국제법규범이기 때문에 국제법적으로 무효화되지는 않는다. 조약의 무효화는 국제법에 의하여 규율된다. 따라서 위헌으로 선고된 조약은 국내법으로만 효력을 갖지 못한다.[2]

3. 폐지된 법률

폐지된 법률은 대부분 재판의 전제가 되지 않기 때문에 위헌법률심판의 대상이 되지 않는다. 다만 예외적으로 폐지된 법률이 심판의 대상이 되는 경우가 있다. 폐지된 법률에 대하여 위헌법률심판의 대상 내지 헌재법 제68조 제2항에 의한 헌법소원심판이 적법하다고 인정

1 헌재 1995. 12. 28. 95헌바3.
2 정종섭, 앞의 책, 257면.

한 사례를 보면 구법에 의한 법익침해상태가 계속되는 경우, 폐지법률 부칙에 의하여 구법이 적용되는 경우 등이다.

(1) 구법에 의한 법익침해상태의 계속(헌재 1989. 12. 18. 89헌마32)

1) 사건개요

이 사건 청구인들은 국가보위입법회의법이 제정되기 이전 국회사무처와 국회도서관에 소속된 공무원으로 근무하여 왔는데 1980. 10. 28. 위 법률이 제정되면서 각각 국가보위입법회의의 사무처와 도서관에 소속된 공무원으로 되었으며, 청구인들 중 청구인 장○상, 이○서, 이○춘, 이○철, 장○종, 정○식, 이○영, 김○기, 최○억, 유○성, 안○영, 정○수, 양○화, 홍○련, 최○필, 양○희, 권○헌, 김○윤, 양○관, 박○배, 조○기, 권○하, 김○욱, 윤○택, 임○호, 이○수, 강○익, 신○자, 이○탁, 민○식, 조○수, 최○순, 안○덕, 김○락, 김○식은 1980. 11. 16. 국가보위입법회의 의장의 인사명령에 의해, 청구인 양○휘는 1980. 11. 30. 국가보위입법회의 사무처장의 인사명령에 의해, 청구인 김○모, 오○자, 구○수는 같은 날 국가보위입법회의 도서관장의 인사명령에 의해 각각 면직되었다. 이에 청구인들은 국회의장을 상대로 서울고등법원에 같은 법원 88구9352 및 9369로 면직처분무효확인청구의 소를 제기하여 소송계속 중 같은 법원 88부157 및 158로 위 법률에 대하여 위헌여부심판제청신청을 하고 1989. 2. 14. 같은 법원에서 위 신청이 각 각하되자 헌재법 제68조 제2항의 규정에 의하여 같은 달 27. 헌법재판소에 이 사건 헌법소원심판청구를 하였는데 위 각 신청 또는 청구는 국가보위입법회의법 전부 또는 같은 법률 부칙 제4항전체가 위헌이 아닌 경우과 1980. 10. 27. 공포된 대한민국 헌법 부칙 제6조 제3항의 위헌여부를 심판하여 달라는 내용이다.

2) 판 단

국가보위입법회의법은 1980. 10. 27. 의결되어 같은 달 28. 법률 제3260호로 공포·시행되었고, 같은 법 부칙 제2항에 의거 1981. 4. 10. 폐지된 한시법이다. 그리하여 법률의 시적 효력범위 문제와 관련하여 폐지된 법률이 위헌여부심판의 대상이 될 수 있느냐가 문제된다. 그것은 법률의 위헌결정에 의하여 일반적으로 그 효력이 상실되는 우리나라의 법제하에서 이미 효력이 상실된 법률에 대하여서는 새삼스럽게 효력을 상실시킬 실익이 없다고 할 수도 있기 때문이다. 그러나 폐지된 법률에 의한 권리침해가 있고 그것이 비록 과거의 것이라 할지라도 그 결과로 인하여 발생한 국민의 법익침해와 그로 인한 법률상태는 재판 시까지 계속되고 있는 경우가 있을 수 있는 것이며, 그 경우에는 헌법소원의 권리보호이익은 존속한다고 하여야 할 것이다. 법률은 원칙적으로 발효 시부터 실효 시까지 효력이 있고, 그 시행 중에 발생한 사건에 적용되기 마련이므로 법률이 폐지된 경우라 할지라도 그 법률의 시행 당시에 발생한 구체적 사건에 대하여서는 법률의 성질상 더 이상 적용될 수 없거나 특별한 규정이 없는 한, 폐지된 법률이 적용되어 재판이 행하여질 수밖에 없는 것이고, 이때 폐지된 법률의 위헌여부가 문제로 제기되는 경우에는 그 위헌여부심판은 헌법재판소가 할 수밖에 없는 것이다. 만일 헌법재판소가 폐지된 법률이라는 이유로 위헌심사를 거부하거나 회피하면 구체적 사건에 대한 법적 분쟁을 해결하여야 하는 법원으로서는 법률에 대한 위헌여부결정권이 없다는 것을 이유로 하여 위헌문제가 제기된 법률을 그대로 적용할 수밖에 없는 불합리한 결과가 생겨나게 되기 때문이다. 위헌법률심판에 있어서 문제된 법률이 재판의 전제가 된다 함은 우선 그 법률이 당해 본안사건에 적용될 법률이어야 하고 또 그 법률이 위헌일 때는 합헌일 때와 다른 판단을 할 수밖에 없는 경우, 즉 판결주문이 달라질 경우를 뜻한다고 할 것이고 그 법률이 현재 시행 중인가 또는 이미 폐지된 것인가를 의미하는 것은 아니라 할 것이므로 폐지된 법률이라는 이유로 위헌여부심판의 대상이 될 수 없다는 주장은 허용될 수 없는 것이다. 따라서 이미 폐지된 법률이라 할지라도 헌법소원심판청구인들의 침해된 법익을 보호하기 위하여 그 위헌여부가 가려져야 할 필요가 있는 경우, 즉 법률상 이익이 현존하는 경우에는 심판을 하여야 한다고 할 것이다.

(2) 폐지법률 부칙에 의하여 구법이 적용되는 경우(헌재 1996. 8. 29. 94헌바15)

1) 사건의 개요

청구인은 문화체육부장관에게 구 영화법 제 4 조 제 1 항 소정의 영화제작업자 등록을 하지 아니하고 「파업전야」라는 제목의 극영화를 제작하였다는 이유로 영화법위반죄로 기소되어 재판을 받았다. 청구인은 제 1 심서울형사지방법원 1992. 3. 30. 90고단8020에서 유죄 선고를 받았으나, 항소심서울형사지방법원 1992. 9. 9. 92노2413에서 "영화법 제 4 조 제 1 항에 의하여 등록을 필요로 하는 '영화의 제작을 업으로 하고자 하는 자'라 함은 이익을 얻을 목적으로 반복·계속하여 영화의 제작을 하고자 하는 자를 말한다"고 하여 무죄를 선고받았다. 그런데 대법원대판 1993. 3. 9. 92도3204은 "영화법 제 4 조 제 1 항에 의하여 등록을 필요로 하는 영화제작업을 반드시 영리를 목적으로 하는 경우에 한정한다고 볼 수 없다"고 판시하여 파기환송하였다. 청구인은 환송심에 이르러 영화법 제 4 조 제 1 항에 대하여 위헌법률심판제청을 신청하였으나 1994. 2. 18. 기각되었다. 청구인은 그해 2. 28. 기각결정 정본을 송달받고 3. 11. 이 사건 헌법소원심판을 청구하였다. 한편 구 영화법은 이 사건 심판이 계속 중이던 1995. 12. 30. 법률 제5130호로 제정되어 1996. 7. 1.부터 시행된 영화진흥법에 의해 폐지되었다. 다만, 영화진흥법 부칙 제6조에 의하면, 위 법 시행 전에 종전의 영화법에 위반한 행위에 대한 벌칙의 적용에 있어서는 종전의 영화법의 규정에 의하도록 규정하고 있다.

2) 적법요건

구 영화법은 1995. 12. 30. 법률 제5130호로 제정되어 1996. 7. 1.부터 시행된 영화진흥법에 의하여 폐지되었으나, 영화진흥법 부칙 제6조에 의하면 위 법 시행 전에 종전의 영화법에 위반한 행위에 대한 벌칙의 적용에 있어서는 종전의 영화법의 규정에 의하도록 규정하고 있다. 한편 청구인은 영화진흥법의 시행으로 영화법이 폐지되기 전에 영화법위반죄로 형사재판을 받았으므로 비록 지금은 영화법이 폐지되었다 하더라도 이 사건 심판 대상인 구 영화법 제4조 제1항의 위헌 여부가 청구인에 대한 형사재판의 전제가 되므로 위 법률조항은 당연히 헌법소원심판의 대상이 될 수 있다.

(3) 형벌과 형벌유사규정이 피고인에게 유리하게 개정된 경우

1) 구법의 재판의 전제성을 인정한 경우(헌재 1989. 7. 14. 88헌가5)

헌법이 제12조 제1항 후문에서 "… 법률과 적법한 절차에 의하지 아니하고는 처벌·보안처분 또는 강제노역을 받지 아니한다"라고 규정하여 처벌과 보안처분을 나란히 열거하고 있는 점을 생각해 보면, 상습범 등에 대한 보안처분의 하나로서 신체에 대한 자유의 박탈을 그 내용으로 하는 보호감호처분은 형벌과 같은 차원에서의 적법한 절차와 헌법 제13조 제1항에서 정한 죄형법정주의의 원칙에 따라 비로소 과해질 수 있는 것이라 할 수 있고, 따라서 그 요건이 되는 범죄에 관한 한 소급입법에 의한 보호감호처분은 허용될 수 없다고 할 것이다. 그렇다면 비록 신법이 그 부칙 제4조에서 신법시행 당시 이미 재판이 계속 중인 감호사건에 대하여는 신법을 적용하여 처리하도록 규정하고 있지만, 이와 같이 신법이 구법 당시 재판이 계속 중이었던 사건에까지 소급하여 적용될 수 있는 것은 실체적인 규정에 관한 한 오로지 구법이 합헌적이어서 유효하였다는 것을 전제로 하고 다시 그 위에 신법이 보다 더 피감호청구인에게 유리하게 변경되었을 경우에 한하는 것이다.

2) 구법의 재판의 전제성을 인정하지 않은 경우

① 헌재 2006. 4. 27. 2005헌가2

형벌법규가 개정되어 그 형이 구법보다 경하게 된 때에는 신법이 적용되므로 구법은 당해 형사사건에 적용되는 법률이 아니라고 할 것이어서, 구법의 위헌여부는 당해 형사사건에 관한 재판의 전제가 된다고 할 수 없다.

② 헌재 2010. 9. 2. 2009헌가9

형법 제1조 제2항은 "전체적으로 보아 신법이 구법보다 피고인에게 유리하게 변경된 것이라면 신법을 적용하여야 한다"는 취지인바, 이 사건과 같이 양벌규정에 면책조항이 추가되어 무과실책임규정이 과실책임규정으로 유리하게 변경된 경우에는 형법 제1조 제2항에 의하여 신법이 적용된다고 보아야 할 것이므로, 당해 사건에 적용되지 않는 구법은 재판의 전제성을 상실하게 된다.

II. 개별 헌법규정

헌법 제111조 제1항 제1호 및 헌재법 제41조 제1항은 위헌법률심판의 대상에 관하여, 헌법 제111조 제1항 제5호 및 헌재법 제68조 제2항, 제41조 제1항은 헌법소원심판의 대상에 관하여 그것이 법률임을 명문으로 규정하고 있으며, 여기서 위헌심사의 대상이 되는 법률이 국회의 의결을 거친 이른바 형식적 의미의 법률을 의미하는 것에 아무런 의문이 있을 수 없으므로, 헌법의 개별규정 자체는 헌법소원에 의한 위헌심사의 대상이 아니다.

우리 헌법재판소도 동일한 취지의 판시를 하고 있다. 헌법은 전문과 각 개별조항이 서로 밀접한 관련을 맺으면서 하나의 통일된 가치체계를 이루고 있는 것으로서, 헌법의 제규정 가운데는 헌법의 근본가치를 보다 추상적으로 선언한 것도 있고, 이를 보다 구체적으로 표현한 것도 있으므로 이념적·논리적으로는 규범상호 간의 우열을 인정할 수 있는 것이 사실이다. 그러나 이때 인정되는 규범상호 간의 우열은 추상적 가치규범의 구체화에 따른 것으로 헌법의 통일적 해석에 있어서는 유용할 것이지만, 그것이 헌법의 어느 특정규정이 다른 규정의 효력을 전면적으로 부인할 수 있을 정도의 개별적 헌법규정 상호 간에 효력상의 차등을 의미하는 것이라고는 볼 수 없으므로 헌법의 개별규정에 대한 위헌심사는 허용될 수 없다고 판시하고 있다.[1]

III. 입법부작위

입법부작위는 입법을 해야 할 의무가 있음에도 불구하고 아무런 입법을 하지 않는 진정입법부작위와 입법의무를 이행하였지만 입법의무를 불완전·불충분하게 이행하여 일정한 부분에 입법의무를 다하지 못한 부진정입법부작위로 구분할 수 있다. 진정입법부작위는 위헌제청의 대상이 될 여지가 없다. 부진정입법부작위의 경우에는 입법부작위로 다툴 것이 아니라 불완전한 법률조항 자체를 위헌제청하여야 한다.

1 헌재 1995. 12. 28. 95헌바3; 헌재 2001. 2. 22. 2000헌바38.

IV. 심판대상의 확장·축소

위헌법률심판은 객관소송이고 직권주의가 지배하므로 위헌법률심판절차에서 심판의 대상을 축소하거나 확장할 수 있다. 우리 헌법재판소도 규범통제의 기능과 직권주의를 들어 심판대상을 축소하거나 확장할 수 있다고 판시한다.[1]

1. 심판대상의 확장

헌법재판소는 법원이 제청하거나 헌재법 제68조 제2항에 의한 심판청구에서 주장한 심판대상의 범위를 넘어 이를 확장할 수 있다. 심판대상이 확장되는 경우로는 동일한 심사척도가 적용되는 경우, 체계적으로 밀접 불가분한 경우, 법질서의 정합성과 소송경제를 도모하기 위한 경우 등이다.

헌재 2005. 2. 3. 2001헌가9

헌법재판은 단순히 제청신청인이나 헌법소원 청구인의 주관적 권리구제만을 위한 제도가 아니고, 객관적 헌법질서를 수호·유지하기 위한 제도이기도 하다. 그렇기 때문에 헌법재판소는 심판대상을 직권으로 확정하기도 하고, 위헌제청 되지 않은 법률조항이라 하더라도 체계적으로 밀접불가분의 관계에 있거나 동일한 심사척도가 적용되는 등의 경우에는 그 법률조항도 심판대상에 포함시켜 위헌제청된 법률조항과 함께 그 위헌 여부를 판단하기도 하였다. 이는 모두 헌법재판의 객관적 기능을 충실히 구현하고자 하는 취지에서 비롯된 것이다.

1 헌재 2000. 8. 31. 97헌가12.

(1) 동일한 심사척도가 적용되는 경우

법률조항 중 관련사건에 적용되지 않는 내용이 들어 있는 경우에도 그 조문 전체가 같은 심사척도가 적용될 경우 그 조문 전체가 심판대상이 된다.

헌재 1995. 11. 30. 94헌가2

재판의 전제성과 관련하여 법률조항 중 관련사건의 재판에서 적용되지 않는 내용이 들어 있는 경우에도 그 조항 전체가 위헌심사의 대상이 될 수 있는지 여부에 관하여 제청법원이 단일 조문 전체를 위헌제청하고 그 조문 전체가 같은 심사척도가 적용될 위헌 심사대상인 경우 그 조문 전체가 심판대상이 된다고 할 것이며, 관세법 제182조 제2항과 같이 병렬적으로 적용대상이 규정되어 있는 경우라도 그 내용이 서로 밀접한 관련이 있어 같은 심사척도가 적용될 위헌심사대상인 경우 그 내용을 분리하여 따로 판단하는 것이 적절하지 아니하다고 할 것이다. 제청법원이 단일 조항 전체에 대하여 위헌제청을 한 취지도 위와 같다고 보이므로, 제청법원의 이와 같은 의견을 존중하고 헌법재판소가 규범통제의 역할을 수행하고 있는 점 등에 비추어 보면, 이 사건 단일조항을 함께 판단하는 것은 구체적 규범통제 제도의 취지에 벗어나지 않는다고 할 것이다.

헌재 1996. 11. 28. 96헌가13

재판의 전제성과 관련하여 법률조항 중 관련사건의 재판에서 적용되지 않는 내용이 들어 있는 경우에도 그 조항 전체가 위헌심사의 대상이 될 수 있는지 여부에 관하여 제청법원이 단일 조문 전체를 위헌제청하고 그 조문 전체가 같은 심사척도가 적용될 위헌 심사대상인 경우 그 조문 전체가 심판대상이 된다고 할 것이며, 관세법 제182조 제2항과 같이 병렬적으로 적용대상이 규정되어 있는 경우라도 그 내용이 서로 밀접한 관련이 있어 같은 심사척도가 적용될 위헌심사대상인 경우 그 내용을 분리하여 따로 판단하는 것이 적절하지 아니하다고 할 것이다.

헌재 1999. 1. 28. 98헌가17

전단 중 "고급주택" 부분과 후단에 포함되어 있는 고급주택 부분의 위헌 여부를 판단함에 있어서는 완전히 동일한 심사척도와 법리가 적용된다. 그렇다면 후단 중 고급주택에 관한 부분도 함께 심판대상으로 삼아 한꺼번에 그 위헌여부를 판단하는 것이 법질서의 통일성과 소송경제의 측면에서 바람직하므로 이를 이 사건 심판의 대상에 포함시키기로 한다.

(2) 체계적으로 밀접불가분인 경우

헌법재판소는 재판의 전제성이 있는 부분과 체계적으로 밀접불가분한 관계에 있는 경우 심판대상을 확장하고 있다.

헌재 2003. 1. 30. 2001헌가4

법 제84조는 당해사건에 적용될 법률조항이고, 그 위헌 여부에 따라 당해사건을 담당하는 법원은 다른 내용의 재판을 하게 될 것이므로, 위 조항에 관하여는 재판의 전제성이 인정된다. 그러나 법 제47조 제1항은 당해사건에 적용될 법률조항이 아니므로 원칙적으로 재판의 전제성을 인정할 수 없다. 나아가, 법 제84조는 후보자에 대해 정당으로부터의 지지 또는 추천 받음을 표방할 수 없게 한 조항인 데 반하여, 법 제47조 제1항은 정당에 대해 후보자를 공천하지 못하도록 한 조항으로서, 각 그 수범자와 규율내용을 서로 달리하고, 또한 법 제47조 제1항은 그 문언상 정당이 비공식적으로 후보자를 추천하거나 특정 후보자에 대해 지지 또는 반대의 의사를 표명하는 것을 명시적으로 금지하고 있지는 아니하므로, 제47조 제1항의 위헌 여부가 제84조의 위헌 여부와 체계적으로 밀접불가분한 관계에 있다고 보기도 어렵다. 따라서 제47조 제1항에까지 심판의 대상을 확장할 것은 아니다. 그렇다면, 제47조 제1항에 관한 부분은 재판의 전제성이 없어 부적법하다고 할 것이다. 그러므로 이하에서는 제84조에 관한 부분에 대해서만 본안판단을 하기로 한다.

(3) 법질서 정합성 내지는 소송경제적 필요성

헌법재판소는 심판청구된 구법과 개정된 신법의 내용이 동일한 내용인 경우 법질서의 정합성과 소송경제를 도모하기 위하여 심판대상을 확장하여 신법도 심판대상에 포함시키고 있다.

헌재 2008. 7. 31. 2007헌가4

영진법이 영비법으로 전환되어 입법되면서 제한상영가 등급의 내용을 종전과 같이 '상영 및 광고·선전에 있어서 일정한 제한이 필요한 영화'라고 동일하게 규정하고 있어, 영진법상의 제한상영가 등급규정이 명확성 원칙을 충족하는지 여부는 영비법상의 제한상영가 등급규정에 대하여도 똑같이 발생한다고 할 것인데도, 만약 영비법의 규정을 그대로 둔다면 내용이 불명확한 법 규정을 존치시켜 위헌적인 상태를 방치하는 결과가 될 것이므로, 위헌결정의 실효성을 담보하고, 법질서의 정합성과 소송경제를 도모하기 위하여 새로 제정된 영비법 규정에 대하여도 확장하여 위헌임을 선언할 필요가 있다 할 것이다.

2. 심판대상의 축소

제청법원이나 헌법소원심판청구인이 당해 법률조항이나 법률 전부에 대하여 위헌제청을 한 경우 헌법재판소는 불필요한 제청부분에 대해서는 심판대상에서 제외하여, 심판의 대상을 축소하고 축소한 대상에 대해서만 판단하는 경우가 있다.

헌재 1998. 12. 24. 98헌가1

제청법원은 법 제28조 제1항 전부에 대하여 위헌제청을 하였으나, 이 조항은 먹는샘물제조업자와 먹는샘물수입판매업자에 관한 부분으로 나뉘는데, 제청신청인들은 모두 먹는샘물제조업자들이다. 따라서 이 사건 심판의 대상은 법 제28조 제1항 중 먹는샘물제조업자에 관한 부분의 위헌여부이고, 이 사건 법률조항 및 관련 법 규정의 내용은 다음과 같다.

3. 심판대상의 변경

헌법재판소는 청구인들의 헌법소원심판청구의 이유, 위헌여부심판제청신청 및 그 기각결정의 이유, 당해 사건 재판과의 관련성 정도 등 여러 사정을 종합하여 심판대상을 직권으로 변경하기도 한다.[1] 특히 헌재법 제68조 제2항의 헌법소원심판절차에서 심판의 대상을 적극적으로 변경하여 판단한 예가 있다. 예컨대 헌법재판소는 청구인이 위헌여부제청신청을 하지 않았고, 법원의 기각결정도 없었던 부분에 대한 헌법소원심판청구는 원칙적으로 부적법[2]하다고 하지만 당초 위헌제청신청과 그에 대한 법원의 기각결정에서 다루어지지 않는 법률조항을 심판대상조문에 포함시켜 판단한 예가 있다.

헌재 2001. 1. 18. 2000헌바29

청구인이 수표법 제28조 제2항, 제29조 제1항에 대하여만 위헌제청신청을 하였고, 법원의 기각결정 역시 위 조항들에 한정되었으나, 청구인이 다투는 취지로 보건대 수표법 제29조 제1항에 같은 조 제4항을 보태어 보아야만 비로소 의미를 가지므로 묵시적으로나마 수표법 제29조 제4항에 대하여도 청구인의 위헌제청신청이 있었고 그에 대한 법원의 기각결정까지 있었다고 보아 이 사건 심판대상에 포함시켜 함께 판단한다.

1 헌재 1998. 3. 26. 93헌바12; 헌재 1999. 10. 21. 97헌바26.
2 헌재 1997. 11. 27. 96헌바12.

헌재 2008. 7. 31. 2004헌바9

청구인들이 위헌제청신청을 한 구 청원경찰법 제10조 제2항은 항소심에서 검사의 공소장 변경에 따라 청원경찰법 제11조로 변경되어 적용되었는데, 그 규율대상이 구 청원경찰법 조항과 사실상 같으면서 다만 양형의 범위만이 축소된 것이고, 구 청원경찰법 제10조 제2항에 대한 위헌제청신청 기각결정 또한 사실상 청원경찰법 제11조에 대한 내용을 포함하고 있으므로, 직권으로 이 부분 심판대상을 청원경찰법 제11조로 변경하기로 한다.

헌재 1999. 10. 21. 97헌바26

청구인들은 법 제6조에 대하여 심판청구를 하였으나, …청구인들이 다투고자 하는 것은, 도시계획시설결정으로 말미암아 발생하는 토지재산권의 제한에 대하여 법이 아무런 보상규정을 두고 있지 않다는 것이다. 따라서 청구인들의 재산권을 제한하는 규정이자 청구취지에 부합하는 심판대상은, 도시계획이 시행되는 구역 내의 토지소유자들에게 시장이나 군수의 허가를 받지 아니하고는 원칙적으로 토지의 형질변경이나 건축 등을 금지하면서도 이러한 재산권 행사의 제한에 대하여 아무런 보상규정을 두고 있지 않은 법 제4조의 규정이라고 할 것이다. 한편, 청구인들은 위헌제청신청시 "청구인들과 같이 소유토지가 학교용지로 지정되어 재산권 행사에 제한을 받는 경우 보상규정을 두지 아니하고 일정기간 내에 도시계획을 실시하지 않는 경우에도 학교용지의 지정을 해제하도록 규정하지 아니한 '도시계획법'은 위헌"이라고 주장하여 조문을 특정하지 아니하였고, 이에 대한 법원의 기각결정도 심사대상조문을 특정하지 아니하였으나, 위헌제청신청 이유와 기각결정 이유 역시 그 내용상 모두 법 제4조의 규정에 관한 것이라고 볼 수 있다. 따라서 청구인들의 헌법소원심판청구의 이유, 위헌여부심판제청신청 및 그 기각결정의 이유, 당해사건재판과의 관련성 정도 등 여러 사정을 종합하여 볼 때, 직권으로 이 사건 심판의 대상을 법 제4조로 변경하는 것이 타당하다고 판단된다.

제 4 절 위헌법률심판의 결정

Ⅰ. 심판의 기준

1. 심사기준으로서 헌법

(1) 현행 헌법

위헌법률심판은 법률이 헌법에 위반되는지의 여부가 문제되는 소송이므로 심판의 기준은 모든 헌법규정이다. 현행 헌법 이전의 법률조항에 대한 위헌심사의 기준은 당해 법률이 시행되던 당시의 헌법인지, 아니면 현행 헌법인지가 문제될 수 있다.

대법원은 유신헌법 제53조에 기초한 대통령의 긴급조치 제 1 호의 위헌성을 심사하면서 긴급조치 제 1 호가 유신헌법뿐만 아니라 현행 헌법에도 위반된다고 판시하고 있다.[1] 또한 헌법재판소는 긴급조치의 위헌성을 판단하는 준거규범은 현행헌법이라고 판시하고 있다.

헌재 2013. 3. 21. 2010헌바132

1. 현행헌법은 전문에서 '1948. 7. 12.에 제정되고 8차에 걸쳐 개정된 헌법을 이제 국회의 의결을 거쳐 국민투표에 의하여 개정한다'라고 하여, 제헌헌법 이래 현행헌법에 이르기까지 헌법의 동일성과 연속성을 선언하고 있으므로 헌법으로서의 규범적 효력을 가지고 있는 것은 오로지 현행헌법이다. 이미 폐기된 유신헌법에 따라 이 사건 긴급조치들의 위헌 여부를 판단하는 것은, 유신헌법 일부 조항과 긴급조치 등이 기본권을 과도하게 침해하고 자유민주적 기본질서를 훼손한다는 반성에 기초하여 헌법 개정을 결단한 주권자인 국민의 의사와 기본권 강화와 확대라는 헌법의 역사성에 반하는 것으로 허용할 수 없다. 그러므로 이 사건

1 대판 2010. 12. 16. 2010도5986.

긴급조치들의 위헌성을 심사하는 준거규범은 유신헌법이 아니라 현행 헌법이라고 봄이 타당하다.

2. 유신헌법 제53조 제 4 항은 '긴급조치는 사법적 심사의 대상이 되지 아니한다'라고 규정하고 있었다. 그러나, 비록 고도의 정치적 결단에 의하여 행해지는 국가긴급권의 행사라고 할지라도 그것이 국민의 기본권 침해와 직접 관련되는 경우에는 헌법재판소의 심판대상이 될 수 있고, 이러한 사법심사 배제조항은 근대입헌주의에 대한 중대한 예외로 기본권보장 규정이나 위헌법률심판제도에 관한 규정 등 다른 헌법 조항들과 정면으로 모순·충돌되며, 현행헌법이 반성적 견지에서 긴급재정경제명령·긴급명령에 관한 규정(제76조)에서 사법심사 배제 규정을 삭제하여 제소금지조항을 승계하지 아니하였으므로, 이 사건에서 유신헌법 제53조 제 4 항의 적용은 배제되고, 현행헌법에 따라 이 사건 긴급조치들의 위헌성을 다툴 수 있다.

(2) 헌법원리

헌법위반여부를 판단함에 있어서 개별 헌법규정뿐만 아니라 법치국가원리 등 헌법의 기본원리도 그 심사기준이 된다.[1] 헌재법 제68조 제 2 항에 의한 헌법소원심판의 경우에도 마찬가지이다.

헌재 1996. 4. 25. 92헌바47

헌법의 기본원리는 헌법의 이념적 기초인 동시에 헌법을 지배하는 지도원리로서 입법이나 정책결정의 방향을 제시하며 공무원을 비롯한 모든 국민·국가기관이 헌법을 존중하고 수호하도록 하는 지침이 되며, 구체적 기본권을 도출하는 근거로 될 수는 없으나 기본권의 해석 및 기본권제한입법의 합헌성 심사에 있어 해석기준의 하나로서 작용한다. 그러므로 이 사건 심판대상조항의 위헌 여부를 심사함에 있어서도 우리 헌법의 기본원리를 그 기준으로 삼아야 할 것이다.

1 헌재 1999. 5. 27. 98헌바70.

헌재 2003. 12. 18. 2002헌마593

일반적으로 헌법상 명문규정뿐만 아니라 각 명문규정들에 대한 종합적 검토 및 구체적인 논증 등을 통하여 도출될 수 있는 헌법원칙의 경우도 위헌법률심판의 심사기준이 될 수 있다.

2. 관습헌법

헌법재판소는 관습헌법도 성문헌법과 동등한 효력을 가진다고 보고 있으므로 이러한 헌법재판소의 판단에 따른다면 관습헌법도 심판의 기준이 될 수 있다.[1]

헌재 2004. 10. 21. 2004헌마554

헌법 제1조 제2항은 '대한민국의 주권은 국민에게 있고, 모든 권력은 국민으로부터 나온다'고 규정한다. 이와 같이 국민이 대한민국의 주권자이며, 국민은 최고의 헌법제정권력이기 때문에 성문헌법의 제·개정에 참여할 뿐만 아니라 헌법전에 포함되지 아니한 헌법사항을 필요에 따라 관습의 형태로 직접 형성할 수 있는 것이다. 그렇다면 관습헌법도 성문헌법과 마찬가지로 주권자인 국민의 헌법적 결단의 의사의 표현이며 성문헌법과 동등한 효력을 가진다고 보아야 한다. 이와 같이 관습에 의한 헌법적 규범의 생성은 국민주권이 행사되는 한 측면인 것이다. 국민주권주의 또는 민주주의는 성문이든 관습이든 실정법 전체의 정립에의 국민의 참여를 요구한다고 할 것이며, 국민에 의하여 정립된 관습헌법은 입법권자를 구속하며 헌법으로서의 효력을 가진다.

1 정종섭, 앞의 책, 324면.

3. 위헌법률심판과 헌법소원심판의 심판기준 비교

(1) 위헌법률심판의 제청과 헌법소원심판의 청구

위헌법률심판을 제청하는 경우에는 제청서에 위헌이라고 해석되는 법률 및 법률조항, 위헌이라고 해석되는 이유를 기재해야 한다.[1] 헌법소원심판의 경우에는 청구서의 기재사항으로 침해된 권리를 기재해야 한다.[2] 위헌이라고 해석되는 이유를 설시함에 있어서 당사자가 신청하거나 또는 직권으로 법률 또는 법률조항의 헌법규정, 헌법원리 위반여부에 관하여 기재하게 된다. 반면에 헌법소원심판의 청구는 침해된 기본권을 반드시 기재해야 하며, 기본권침해의 가능성이 없이 단순히 일반 헌법규정이나 헌법원칙에 위반된다는 주장은 기본권침해에 대한 구제라는 헌법소원의 적법요건을 충족시키지 못하게 된다.

헌재 2006. 2. 23. 2005헌마268

청구인들은 이 사건 조약들이 일반 헌법규정(제 5 조, 제60조)에 위반된다는 주장을 하였으나, 기본권 침해의 가능성이 없이 단순히 일반 헌법규정이나 헌법원칙에 위반된다는 주장은 기본권침해에 대한 구제라는 헌법소원의 적법요건을 충족시키지 못하는 것이다.

헌재 1998. 10. 29. 96헌마186

공권력의 행사 또는 불행사로 헌법의 기본원리 혹은 헌법상 보장된 제도의 본질이 훼손되었다고 하여 그 점만으로 바로 국민의 기본권이 직접 현실적으로 침해된 것이라고 할 수는 없다. 따라서 청구인들 주장과 같은 피청구인의 행위로 국민주권주의라든지 복수 정당제도가 훼손될 수 있는지의 여부는 별론으로 하고 그로 인하여 바로 헌법상 보장된 청

1 헌재법 제43조.
2 헌재법 제71조 제 1 항 제 2 호.

구인들의 구체적 기본권이 침해당하는 것은 아닐 뿐만 아니라, 국민주권주의, 복수정당제도의 훼손만 주장할 뿐 이로 인한 구체적 기본권의 침해 또는 침해의 가능성을 전혀 주장조차 하지 않고 있는 청구인들은 주장 자체로 이미 청구인적격이 없다.

(2) 위헌법률심판과 헌법소원심판의 심판기준

1) 위헌법률심판의 심판기준

위헌법률심판은 법률이 헌법에 위반되는지의 여부가 문제되는 소송이므로 심판의 기준은 모든 헌법규정이다. 헌법위반여부를 판단함에 있어서 개별 헌법규정뿐만 아니라 법치국가원리 등 헌법의 기본원리도 그 심사기준이 된다.[1] 헌재법 제68조 제2항에 의한 헌법소원심판의 경우에도 마찬가지이다.

헌재 2003. 12. 18. 2002헌마593

일반적으로 헌법상 명문규정뿐만 아니라 각 명문규정들에 대한 종합적 검토 및 구체적인 논증 등을 통하여 도출될 수 있는 헌법원칙의 경우도 위헌법률심판의 심사기준이 될 수 있다.

2) 헌법소원심판의 심판기준

헌법소원심판은 공권력의 행사가 기본권을 보장하는 헌법조항에 위반되는지 여부를 심사한다. 그런데 헌법소원심판의 심판대상인 공권력의 행사가 기본권 보장규정이 아닌 헌법조항이나 헌법상의 원리에 위반되느냐의 여부도 심사할 수 있는지가 문제된다. 헌법재판소는 헌법소원심판 과정에서 공권력의 행사 또는 불행사가 위헌인지 여부를 판단함에 있어서 국민주권주의, 법치주의, 적법절차의 원리 등 헌

1 헌재 1999. 5. 27. 98헌바70.

법의 기본원리 위배여부를 그 기준으로 적용할 수는 있다고 판시한다. 그뿐만 아니라 헌법재판소는 헌법소원이 갖는 주관적 권리구제의 측면뿐만 아니라 객관적 헌법질서의 수호·유지라는 이중적 성격을 지니고 있으므로, 헌법재판소는 본안판단에 있어서 모든 헌법규범을 심사기준으로 삼음으로써 청구인이 주장한 기본권의 침해여부에 관한 심사에 한정하지 아니하고 모든 헌법적 관점에서 심판대상의 위헌성을 심사한다고 판시하고 있다.

헌재 1995. 2. 23. 90헌마125

헌법소원심판 과정에서 공권력의 행사 또는 불행사가 위헌인지 여부를 판단함에 있어서 국민주권주의, 법치주의, 적법절차의 원리 등 헌법의 기본원리 위배 여부를 그 기준으로 적용할 수는 있으나, 공권력의 행사 또는 불행사로 헌법의 기본원리가 훼손되었다고 하여 그 점만으로 국민의 기본권이 직접 현실적으로 침해된 것이라고 할 수는 없고 또한 공권력행사가 헌법의 기본원리에 위반된다는 주장만으로 헌법상 보장된 기본권의 주체가 아닌 자가 헌법소원을 청구할 수도 없는 것이므로, 설사 피청구인의 불법적인 의안처리행위로 헌법의 기본원리가 훼손되었다고 하더라도 그로 인하여 헌법상 보장된 구체적 기본권을 침해당한 바 없는 국회의원인 청구인들에게 헌법소원심판청구가 허용된다고 할 수는 없다.

헌재 1997. 12. 24. 96헌마172등

헌법소원이 단지 주관적인 권리구제절차일 뿐이 아니라 객관적 헌법질서의 수호와 유지에 기여한다는 이중적 성격을 지니고 있으므로, 헌법재판소는 본안판단에 있어서 모든 헌법규범을 심사기준으로 삼음으로써 청구인이 주장한 기본권의 침해여부에 관한 심사에 한정하지 아니하고 모든 헌법적 관점에서 심판대상의 위헌성을 심사한다. 따라서 헌법재판소법 제68조 제1항이 비록 청구인이 주장하는 기본권을 침해하지는 않지만, 헌법 제107조 및 제111조에 규정된 헌법재판소의 권한규범에 부분적으로 위반되는 위헌적인 규정이므로, 이 사건 헌법소원은 위에서 밝힌 이유에 따라 한정적으로 인용될 수 있는 것이다.[1]

II. 위헌법률심판에 대한 결정

헌법재판소는 심판절차에서 결정의 형식으로 심판한다. 심리에서 구두변론을 거치든 거치지 않든 모두 결정이라는 형식으로 심판한다.

1. 각하결정

각하결정은 법원의 제청이 부적법하거나 헌재법 제68조 제2항의 심판청구가 부적법한 경우 내리는 결정이다. 재판의 전제성이 없는 법률이나 법률조항에 대하여 심판을 구하는 경우, 심판의 대상성이 결여된 경우, 헌법재판소가 위헌으로 선고한 법률이나 법률조항에 대하여 심판을 구하는 경우 각하결정을 한다.

2. 합헌결정

(1) 합헌결정의 의의

본안심리 결과 심판의 대상이 되는 법률 또는 법률조항이 헌법에 위반되는지 여부가 발견되지 않은 경우에는 합헌결정을 한다. 주문은 『… 은 헌법에 위반되지 아니한다』로 표시한다.

1 이 판례는 침해된 기본권이 무엇인지를 밝히지 않고 있다는 점에서 문제가 있다고 지적되고 있다. 정종섭, 앞의 책, 670면.

(2) 위헌불선언결정

종래 헌법재판소는 위헌불선언결정유형을 채택한 바 있다. 위헌불선언결정은 종국심리에 관여한 재판관 중 위헌의견인 재판관의 수가 과반수이지만 위헌결정의 정족수인 6인에 미달하는 경우에 주문에서 『… 은 헌법에 위반된다고 선언할 수 없다』고 표시하였다. 그러나 헌법재판소는 96헌가2 사건[1]부터 합헌결정의 주문을 채택하고 있다.

(3) 합헌결정의 효력

합헌결정에 기속력이 인정되는가가 문제된다. 우리 헌재법 제47조 제1항은 "법률의 위헌결정은 법원 기타 국가기관 및 지방자치단체를 기속한다"고 정하고 있기 때문에 합헌결정이 있는 법률이나 법률조항에 대해서는 언제나 위헌여부를 다툴 수 있다고 보아 기속력이 인정되지 않는다는 견해,[2] 헌법재판소의 합헌결정은 합헌성의 추정이 유권적으로 확인되어 위헌의 의심이 해소되는 효력을 갖기 때문에 제청법원은 합헌결정에 따라 당해 소송사건에 적용하여 재판하게 되고, 상급심법원이나 다른 법원에도 합헌결정의 기속력이 미친다고 보는 견해[3]로 대립하고 있다. 기속력을 인정하는 입장도 헌법재판소의 합헌결정이 입법기관을 구속하는 효력은 없다고 보고 있다.

우리 헌법재판소는 이미 합헌으로 선언된 법률에 대한 위헌제청을 적법한 것으로 봄으로써 합헌결정에 대한 기속력을 인정하지 않는다. 예컨대 형법 제241조의 간통죄에 관하여 이미 합헌선언을 하였음에도 불구하고 이후 다시 합헌결정을 한 예가 있다.[4] 합헌결정에 기속력이 인정되지 않는다면 어떤 법률에 대한 헌법재판소의 합헌결정이

1 헌재 1996. 2. 16. 96헌가2.
2 정종섭, 앞의 책, 332면.
3 허영, 앞의 책, 234면.
4 헌재 1993. 3. 11. 90헌가70; 헌재 2008. 10. 30. 2007헌가1.

있어도 법원은 다시 위헌여부를 제청할 수 있고, 국회는 합헌으로 결정된 법률을 폐지하거나 개정할 수 있다. 국가기관이나 지방자치단체도 해당 법률의 위헌여부심판제청을 신청할 수 있다.

그러나 제청법원은 합헌으로 결정된 법률에 대해 동일 심급에서 다시 위헌제청할 수 없다. 헌법재판소의 합헌결정이 있었음에도 불구하고 당해 소송사건의 재판절차에서 제청법원에게 다시 제청을 허용하게 되면 이미 심판을 거친 동일한 사건에 대하여 다시 심판하게 하는 것이 되어 헌재법 제39조의 일사부재리에 저촉된다.[1]

3. 위헌결정

(1) 위헌결정의 의의

헌법재판소가 법률의 위헌여부를 심리한 결과 6인 이상의 재판관이 위헌이라고 판단하는 경우에 『… 은 헌법에 위반된다』로 표시한다. 헌법재판소가 위헌결정을 하게 되면 위헌결정된 법률은 효력을 상실한다.

(2) 위헌결정의 범위

1) 부분위헌결정

위헌심판의 대상이 된 법률조항을 그대로 둔 채 그 법률조항 중 일부 문구나 표현만을 위헌이라고 선언하는 결정유형이다. 부분위헌결정은 양적 일부위헌결정이라는 점에서 질적 일부위헌결정인 한정위헌결정과 구별되며, 이는 성질상 단순위헌의 결정이라고 할 수 있으며 변형결정이라고 할 수는 없다.

1 정종섭 교수는 헌재법 제39조에서 정하는 동일한 사건은 동일한 심급의 사건에 한정되기 때문에 심급을 달리하는 경우에는 일사부재리가 적용되지 않는다고 한다. 따라서 상소심법원은 동일한 법률이나 법률조항에 대하여 위헌여부심판제청을 할 수 있다고 본다. 정종섭, 앞의 책, 334면.

2) 법률전부위헌결정

헌재법 제45조 단서에 따라 심판대상이 법률조항의 위헌결정으로 인하여 당해 법률 전부를 시행할 수 없다고 인정할 때에는 그 전부에 대하여 위헌이라고 선언하는 결정유형이다. 헌재법 제45조 단서에서는 법률조항의 위헌결정으로 인하여 당해 법률 전부를 시행할 수 없다고 인정될 때에는 그 전부에 대하여 위헌의 결정을 할 수 있다고 규정하고 있다.

헌재 1996. 1. 25. 95헌가5

헌법재판소법은 위헌법률심판의 대상에 관하여 원칙적으로 제청법원으로부터 제청된 법률조항에 대하여서만 결정하도록 하되, 예외적으로 제청된 법률조항의 위헌결정으로 인하여 당해 법률 전부를 시행할 수 없다고 인정될 때에는 그 법률 전부에 대하여도 위헌결정을 할 수 있도록 동법 제45조 단서에 규정하고 있다. …특조법 제 8 조가 위헌으로 선언되면 특조법 특유의 처벌규정이 없어지게 되고, 이 경우 반국가행위범죄를 특별히 규정한 취지, 즉 제 2 조 제 1 항에 규정된 범죄행위에 부과하여 새로운 구성요건을 부과한 취지도 형해화되는 것이 되므로, 특조법 특유의 과형은 그 시행이 불가능해진다. 그렇다면 특조법 특유의 소송절차나 처벌규정인 위 제 7 조 제 5 항·제 6 항·제 7 항 본문, 제 8 조가 모두 위헌으로 실효된다 할 것이고, 이들 법률조항들이 이미 실효된 제11조와 함께 특조법의 핵심적 규정들이라고 할 것인데, 그 핵심적인 규정들의 시행이 불가능하므로 특조법 전체가 그 존재의미를 상실하게 되고 그 전체가 시행할 수 없는 경우라고 할 것이다. 그러므로 나머지 점에 관한 판단을 생략하고도 헌법재판소법 제45조 단서규정에 의하여 특조법 전체에 대하여 위헌의 결정을 함이 타당하다.

3) 부수적 위헌결정

헌법심판의 대상이 된 법률조항 중 일정한 법률조항이 위헌선언된 경우 같은 법률의 그렇지 아니한 다른 법률조항들은 효력을 그대로 유지하는 것이 원칙이다. 그러나 예외적으로 위헌으로 선언된 법률조항을 넘어서 다른 법률조항 내지 법률 전체를 위헌선언하여야 할 경우가 있다. 합헌으로 남아 있는 나머지 법률조항만으로는 법적으로 독립된 의미를 가지지 못하거나, 위헌인 법률조항이 나머지 법률조항과 극히 밀접한 관계에 있어서 전체적·종합적으로 양자가 분리될 수 없는 일체를 형성하고 있는 경우, 위헌인 법률조항만을 위헌선언하게 되면 전체규정의 의미와 정당성이 상실되는 때 헌법재판소는 심판대상 법률조항과 함께 다른 조항에 대해서도 위헌선언을 하고 있다.[1] 이러한 부수적 위헌결정은 헌재법 제45조 단서의 법리가 적용되는 것으로 이해하거나,[2] 부수적 위헌결정은 헌재법 제45조 단서를 유추적용하는 결정유형으로 이해하는 견해[3]가 있다. 헌재법 제45조 단서의 규정을 특정한 법률조항이 심판의 대상으로 된 경우 그 조항에 대하여 위헌결정을 할 때 법리상 논리필연적으로 위헌이 되거나 상호 관계상 법적으로 독립된 의미를 가지지 못하는 개별조항에 대해서도 적용되는 것으로 이해[4]한다면, 부수적 위헌선언은 헌재법 제45조 단서의 법리가 적용된 유형으로 이해할 수 있다. 우리 헌법재판소도 헌재법 제45조 단서에 의하여 부수적으로 위헌선언을 하고 있다.[5] 헌법재판소는 이러한 법리를 헌재법 제68조 제 2 항에 의한 헌법소원심판에서뿐만 아니라 법률에 대한 헌법소원심판에서도 적용하고 있다.[6]

1 헌재 1996. 12. 26. 94헌바1.
2 정종섭, 앞의 책, 336면.
3 허영, 앞의 책, 237면.
4 정종섭, 앞의 책, 336면.
5 헌재 2003. 9. 25. 2001헌가22.
6 헌법재판소는 헌법소원심판에서 헌재법 제75조 제 5 항의 근거법률의 위헌결정을 부수적 규범통제라고 하고 있다. 헌재 2003. 2. 27. 2002헌마106. 헌재법 제75조 제 5 항은 '위 법 제68조 제 1 항에 의한 헌법소원을 인용하는 경우 헌법재판소는 공권력의 행사가 위헌인 법률조항에 기인한 것이라고 인정될 때에는 인용결정에서 당해 법률조항이 위헌임을 선고할 수 있다'고 하여, 소위 '부수적 규범통제'를 규정하고 있다. 따라서 행정청 행위의 위헌성이 위헌적인

헌재 2002. 8. 29. 2001헌바82(부수적 위헌선언)

헌법심판의 대상이 된 법률조항 중 일정한 법률조항이 위헌선언 된 경우 같은 법률의 그렇지 아니한 다른 법률조항들은 효력을 그대로 유지하는 것이 원칙이나, 다음과 같은 예외적인 경우에는 위헌인 법률조항 이외의 나머지 법률조항들도 함께 위헌선언 할 수가 있다. 즉, 합헌으로 남아 있는 나머지 법률조항만으로는 법적으로 독립된 의미를 가지지 못하거나, 위헌인 법률조항이 나머지 법률조항과 극히 밀접한 관계에 있어서 전체적·종합적으로 양자가 분리될 수 없는 일체를 형성하고 있는 경우, 위헌인 법률조항만을 위헌선언하게 되면 전체규정의 의미와 정당성이 상실되는 때가 이에 해당된다고 할 것이다.

헌재 2001. 7. 19. 2000헌마91(부수적 위헌선언)

헌법심판의 대상이 된 법률조항 중 일정한 법률조항이 위헌선언 되는 경우 같은 법률의 그렇지 아니한 다른 법률조항들은 효력을 그대로 유지하는 것이 원칙이나, 합헌으로 남아 있는 어떤 법률조항이 위헌선언 되는 법률조항과 밀접한 관계에 있어 그 조항만으로는 법적으로 독립된 의미를 가지지 못하는 경우에는 예외적으로 그 법률조항에 대하여 위헌선언을 할 수 있다.[1]

헌재 2003. 9. 25. 2001헌가22

법 제21조 제5항 제2호가 포괄위임금지의 원칙에 위반된다는 이유로 위헌으로 인정되는 이상 법 제21조 제5항 제3호, 제4호 및 제5호도 같은 이유로 위헌이라고 보아야 할 것이고 그럼에도 불구하고 이들을 따로 분리하여 존속시켜야 할 이유가 없으므로 헌법재판소법 제45조 단서 및 제75조 제6항에 의하여 이들 조항에 대하여도 아울러 위헌을 선고하기로 한다.

법률에 기인한다고 판단된다면, 헌법재판소는 행정청 행위의 근거가 되는 법률조항의 위헌성을 확인함으로써 그를 적용한 행정청 행위의 위헌성을 확인할 수 있는 것이다.

1 헌재 1989. 11. 20. 89헌가102; 헌재 1991. 11. 25. 91헌가6; 헌재 1996. 12. 26. 94헌바1.

(3) 위헌결정의 효력

우리 헌재법은 제47조 제1항에서는 법률에 대한 위헌결정의 효력으로 기속력에 관하여 정하고 있으며, 제2항에서는 위헌으로 결정된 법률의 효력상실시기를 정하고 있다.[1]

1) 기속력

① 기속력의 의미

기속력이란 국가기관과 지방자치단체 등이 헌법재판소의 결정의 취지를 존중하고 이에 위배되는 행위를 해서는 안 된다는 것을 말한다. 헌재법은 법률에 대한 위헌결정에 대해서만 기속력을 규정하고 있다. 그 때문에 합헌결정과 한정합헌결정, 한정위헌결정, 헌법불합치결정 등의 변형결정의 기속력에 관하여 논란이 있다.

② 기속력의 주관적 범위

헌재법은 기속력이 미지는 대상으로 법원 기타 국가기관 및 지방자치단체라고 규정하여, 기속력이 미치는 대상으로 법원, 국가기관, 지방자치단체 등을 들고 있다.

위헌결정의 기속력은 법원을 기속한다. 헌법재판소가 위헌으로 결정하여 그 효력을 상실한 법률을 적용하여 한 법원의 재판은 헌법재판소의 기속력에 반하는 것이다. 법원이 위헌으로 선고된 법률을 적용하여 한 재판의 효력을 없애는 방법이 문제될 수 있다. 헌법재판소는 예외적인 경우 재판소원을 인정하고 있다. 즉, 법원이 헌법재판소가 위헌으로 결정하여 그 효력을 전부 또는 일부 상실하거나 위헌으로 확인된 법률을 적용함으로써 국민의 기본권을 침해한 경우에는 재

1 헌재법 제47조(위헌결정의 효력) ① 법률의 위헌결정은 법원 기타 국가기관 및 지방자치단체를 기속한다.
② 위헌으로 결정된 법률 또는 법률의 조항은 그 결정이 있는 날로부터 효력을 상실한다. 다만, 형벌에 관한 법률 또는 법률조항은 소급하여 그 효력을 상실한다.

판에 대한 헌법소원심판을 청구할 수 있다고 판시하고 있다.[1]

행정기관도 헌법재판소의 위헌결정에 기속된다. 위헌으로 선고된 법률을 행정기관이 적용하여 행정입법이나 처분 등을 하면 그 행위는 외형상으로 존재하지만 처음부터 법적 효과를 발생하지 아니하여 무효가 된다. 기타 국가기관뿐만 아니라 지방자치단체도 헌법재판소의 위헌결정에 기속된다. 헌법재판소는 여기서 말하는 국가기관에 포함되지 않는다. 헌법재판소는 판례를 변경하는 권한을 가지므로 기속력의 효력을 받지 않는다.

헌법재판소의 위헌결정이 국회를 기속하는가와 관련해서는 기속설과 비기속설로 대립한다.

(i) 기속설 위헌결정은 모든 국가기관을 구속하므로 국회도 당연히 위헌결정의 기속력의 적용을 받는다고 하여 국회는 헌법재판소에 의하여 위헌으로 결정된 것과 동일한 내용의 법률을 다시 제정할 수 없다고 한다.[2]

(ii) 비기속설 헌법재판소가 위헌결정을 하더라도 국회의 입법권을 기속하지 못한다고 한다. 따라서 헌법재판소가 어떤 법률이나 법률조항에 대해 위헌으로 결정한 경우에도 국회는 다시 동일한 내용이나 유사한 내용의 법률을 제정할 수 있다. 헌법재판소는 위헌여부결정에 있어서 독점적인 권한을 가지지만 헌법해석에 대해서는 배타적이고 독점적인 권한을 가지지 못하고, 국회도 헌법재판소의 최종적인 헌법해석을 배제할 수 있는 헌법해석권을 가질 수 있다[3]는 것이 그 이유이다.

③ 기속력의 객관적 범위

기속력이 결정주문에 미치는 것은 당연하다. 기속력이 결정이유에도 미치는가에 관하여 헌법재판소는 신중한 접근을 해야 한다고 판시하고 있다.

1 헌재 1997. 12. 24. 96헌마172.
2 허영, 앞의 책, 235면.
3 정종섭, 앞의 책, 362면 참조.

④ 위헌결정 기속력에 관한 판례와 입법

(i) 2006년 헌법재판소는 「안마사에 관한 규칙」 제3조 제1항 제1호 등 위헌확인사건에서, 시각장애인에 한해 안마사의 자격을 인정하는 「안마사에 관한 규칙」이 법률유보원칙 및 과잉금지원칙에 위배하여 비시각장애인의 직업선택의 자유를 침해한다고 재판관 7 : 1의 의견으로 위헌결정을 선고하였다. 다만 위헌결정의 이유에 대하여는 위헌의견을 낸 재판관 7인 사이에서도 다음과 같이 견해가 나뉘었는데, 그 의견분포를 보면 ㉠ 기본권제한에 관한 사항을 법률에 규정하지 않고 하위법규인 「안마사에 관한 규칙」으로 정한 것이 법률유보원칙에 위배되는지 여부에 대하여 재판관 2인이, ㉡ 시각장애인에 대하여만 안마사자격을 인정하는 것이 과잉금지원칙에 위반하여 비시각장애인의 직업선택의 자유를 침해하는 것인지 여부에 대하여 재판관 2인이, ㉢ 위 ㉠·㉡ 모두에 대하여 재판관 3인이 각각 위헌의견을 제시하였다.[1]

(ii) 헌법재판소의 2003헌마715등 사건에 대한 위헌결정 이후 국회에서는 2006. 9. 27. 법률 제8007호로 종래 "안마사가 되고자 하는 사는 시·도지사의 자격인정을 받아야 한다"라는 구 의료법 제61조 제1항을 "안마사는 장애인복지법에 따른 시각장애인 중 다음 각 호의 어느 하나에 해당하는 자로서 시·도지사의 자격인정을 받아야 한다"로 개정함으로써 종전의 시각장애인 안마사제도를 그대로 유지하면서 그 자격인정의 범위를 다소 확대하였고, 그 후 2007. 4. 11. 법률 제8366호로 전부 개정되어 같은 내용이 의료법 제82조 제1항에 규정되었다. 국회에서 2003헌마715등 사건에 대한 위헌결정 이후 의료법을 개정한 이유를 보면, "비시각장애인의 직업선택의 자유보다는 신체장애인에 대한 국가의 보호의무를 규정하고 있는 헌법 제34조 제5항의 정신을 좀 더 고려하여 안마사의 자격을 장애인복지법에 따른 시각장

1 헌재 2006. 5. 25. 2003헌마715등.

애인 중에서 일정한 교육을 마친 자로 하여 이를 법률에 직접 규정하려는 것"에 있다고 한다.

(iii) 과거의 헌법재판소의 결정과는 반대되는 내용의 입법에 대하여 다시 헌법소원심판이 제기되었으나, 2008년 헌법재판소는 시각장애인에 한하여 안마사자격을 부여하도록 하는 의료법에 대하여 합헌으로 결정하였다. 종래 헌법재판소가 2003헌마715등 사건에서 시각장애인에게만 안마사자격을 인정하는 이른바 비맹제외기준이 과잉금지원칙에 위반하여 비시각장애인의 직업선택의 자유를 침해한다는 이유로 위헌결정을 하였음에도 불구하고 국회가 다시 비맹제외기준과 본질적으로 동일한 내용의 법률조항을 개정한 것은 비맹제외기준이 과잉금지원칙에 위반한다고 한 위헌결정의 기속력에 저촉된다는 취지의 주장에 대하여 헌법재판소는 "결정주문을 뒷받침하는 결정이유에 대하여 적어도 위헌결정의 정족수인 재판관 6인 이상의 찬성이 있어야 할 것"이라고 하여 위헌결정의 기속력에 위반되지 않는다고 판시하였다.

헌재 2008. 10. 30. 2006헌마1098

1. 과잉금지원칙위배 여부

이 사건 법률조항은 시각장애인에게 삶의 보람을 얻게 하고 인간다운 생활을 할 권리를 실현시키려는 데에 그 목적이 있으므로 입법목적이 정당하고, 다른 직종에 비해 공간이동과 기동성을 거의 요구하지 않을 뿐더러 촉각이 발달한 시각장애인이 영위하기에 용이한 안마업의 특성 등에 비추어 시각장애인에게 안마업을 독점시킴으로써 그들의 생계를 지원하고 직업활동에 참여할 수 있는 기회를 제공하는 이 사건 법률조항의 경우 이러한 입법목적을 달성하는 데 적절한 수단임을 인정할 수 있다. 나아가 시각장애인에 대한 복지정책이 미흡한 현실에서 안마사가 시각장애인이 선택할 수 있는 거의 유일한 직업이라는 점, 안마사 직역을 비시각장애인에게 허용할 경우 시각장애인의 생계를 보장하기 위한 다른 대안이 충분하지 않다는 점, 시각장애인은 역사적으로 교육, 고용 등 일상생활에서 차별을 받아온 소수자로서 실질적인 평등을 구현하기 위해서 이들을 우대하는 조치를 취할 필요가 있는 점 등에 비추어 최소침해성원칙에 반하지 아니하고, 이 사건 법률조항으로 인해 얻게 되는 시각장애인의 생존권 등 공익과 그로 인해 잃게 되는 일반국민의 직업선택의 자유 등 사익을 비교해 보더라도, 공익과 사익 사이에 법익 불균형이 발생한다고 단정할 수도 없다. 따라서 이 사건 법률조항이 헌법 제37조 제2항에서 정한 기본권제한 입법의 한계를 벗어나서 비시각장애인의 직업선택의 자유를 침해하거나 평등권을 침해한다고 볼 수는 없다.

2. 위헌결정의 기속력 저촉 여부

헌법재판소법 제47조 제1항은 "법률의 위헌결정은 법원 기타 국가기관 및 지방자치단체를 기속한다"고 규정하고, 같은 법 제75조 제1항은 "헌법소원의 인용결정은 모든 국가기관과 지방자치단체를 기속한다"고 규정함으로써 헌법재판소가 내린 법률의 위헌결정 및 헌법소원의 인용결정의 효력을 담보하기 위해서 기속력을 부여하고 있는바, 이와 관련하여 입법자인 국회에게 기속력이 미치는지 여부, 나아가 결정주문뿐 아니라 결정이유에까지 기속력을 인정할지 여부 등이 문제될 수 있는데, 이에 대하여는 헌법재판소의 헌법재판권 내지 사법권의 범위와 한계, 국회의 입법권의 범위와 한계 등을 고려하여 신중하게 접근할 필요가 있을 것이다. 이 사건에서 청구인들은, 헌법재판소가 2003헌마715등 사건에서 시각장애인에게만 안마사 자격을 인정하는 이른바 비맹제외기준이 과잉금지원칙에 위반하여 비시각장애인의 직업선택의 자유를 침해한다는 이유로 위헌결정을 하였음에도 불구하고 국회가 다시 비맹제외기준과 본질적으로 동일한 내용의 이 사건 법률조항을 개정한 것은 비맹제외기준이 과잉금지원칙에 위반한다고 한 위헌결정의 기속력에 저촉된다는 취지로 주장하는바, 이는 기본적으로 위 위헌결정의 이유 중 비맹제외기준이 과잉금지원칙에 위반한다는 점에 대하여 기속력을 인정하는 전제에 선 것이라고 할 것이다.

앞서 본 바와 같이 결정이유에까지 기속력을 인정할지 여부 등에 대하여는 신중하게 접근할 필요가 있을 것이나 설령 결정이유에까지 기속력을 인정한다고 하더라도, 이 사건의 경우 위헌결정 이유 중 비맹제외기준이 과잉금지원칙에 위반한다는 점에 대하여 기속력을 인정할 수 있으려면, 결정주문을 뒷받침하는 결정이유에 대하여 적어도 위헌결정의 정족수인 재판관 6인 이상의 찬성이 있어야 할 것이고(헌법 제113조 제1

항 및 헌법재판소법 제23조 제2항 참조), 이에 미달할 경우에는 결정이유에 대하여 기속력을 인정할 여지가 없다고 할 것인바, 앞서 본 바와 같이 2003헌마715등 사건의 경우 재판관 7인의 의견으로 주문에서 비맹제외기준이 헌법에 위반된다는 결정을 선고하였으나, 그 이유를 보면 비맹제외기준이 법률유보원칙에 위반한다는 의견과 과잉금지원칙에 위반한다는 의견으로 나뉘면서 비맹제외기준이 과잉금지원칙에 위반한다는 점과 관련하여서는 재판관 5인만이 찬성하였을 뿐이므로 위 과잉금지원칙 위반의 점에 대하여 기속력이 인정될 여지가 없다고 할 것이다. 그렇다면, 국회에서 2003헌마715등 사건의 위헌결정 이후 비맹제외기준을 거의 그대로 유지하는 이 사건 법률조항을 개정하였다고 하더라도, 위와 같이 비맹제외기준이 과잉금지원칙에 위반한다는 점과 관련하여 기속력을 인정할 여지가 없는 이상 입법자인 국회에게 기속력이 미치는지 여부 및 결정주문뿐 아니라 결정이유에까지 기속력을 인정할지 여부 등에 대하여 나아가 살펴 볼 필요 없이 이 사건 법률조항이 위 위헌결정의 기속력에 저촉된다고 볼 수는 없을 것이다.

(iv) 기속력에 관한 헌법재판소의 결정과 입법의 변화를 보면, 우선 기속력이 미치는 주관적 범위와 관련하여 헌법재판소의 위헌결정과 상반되는 내용의 입법이 있었다는 점에서 위헌결정의 기속력이 입법기관인 국회에도 미치는가에 관하여 비기속설의 입장을 취하는 듯 보인다. 기속력의 객관적 범위와 관련하여 기속력이 결정주문에만 미치는지 아니면 결정이유에도 미치는지가 문제되는데, 헌법재판소는 위헌결정 이유의 기속력을 인정할 수 있으려면, 결정주문을 뒷받침하는 결정이유에 대하여 적어도 위헌결정의 정족수인 재판관 6인 이상의 찬성이 있어야 할 것이라고 함으로써, 재판관 6인 이상의 찬성이 있으면 결정주문을 뒷받침하는 결정이유에도 기속력이 미치는 것으로 이해한다.

⑤ 기속력위반의 효과

헌법재판소의 결정에 기속력이 인정되는 경우, 이러한 기속력을 부정하는 행위는 헌법과 헌재법을 위반한 것이 된다. 탄핵소추대상자가 헌법재판소 결정의 기속력을 부정하는 행위를 한 경우에는 탄핵사유가 된다.

2) 위헌결정의 효력상실 시기

① 효력상실에 관한 규정

헌재법 제47조 제2항에 의하면 위헌으로 결정된 법률 또는 법률의 조항은 그 결정이 있는 날로부터 효력을 상실한다고 하여 원칙적으로 장래효를 정하고 있다. 다만, 형벌에 관한 법률 또는 법률조항은 소급하여 그 효력을 상실한다.

② 효력상실의 의미

헌법재판소에 의하여 위헌으로 결정된 법률조항은 효력을 상실하는데, 효력상실의 의미와 관련하여 당연무효설과 폐지무효설로 대립한다.

(i) 당연무효설 당연무효설은 헌법에 위반되는 법률조항은 처음부터 효력을 발생하지 않는 것으로 원천적으로 무효라고 한다. 당연무효설에 의하면 기존의 법률이 처음부터 효력을 가지지 않는 것으로 보기 때문에 국민의 법생활은 매우 불안정한 상태에 놓이게 된다. 그 때문에 당연무효설을 취하게 되는 경우 법적 안정성을 위하여 소급효를 제한하는 장치를 두게 된다.

(ii) 폐지무효설 폐지무효설은 법률의 효력이 처음부터 무효가 되는 것은 아니고, 헌법재판소의 결정에 의하여 법률의 효력이 폐지된다고 한다. 다만 법률의 효력이 상실하는 시점을 정함에 있어서 법적 안정성을 해치지 않는 시점까지 소급하여 효력을 상실시키는 소급효, 헌법재판소가 결정한 이후부터 효력을 상실시키는 장래효, 헌법재판소의 결정 시부터 일정한 기간이 경과한 뒤의 시점부터 효력을 상실시키는 미래효 등으로 정할 수 있다.

③ 위헌결정의 소급효 인정여부

(i) 형벌조항 형벌에 관한 법률조항은 위헌으로 결정된 경우 소급하여 효력을 상실한다. 소급효는 법률의 적용을 받는 자에게 유

리한 경우에 한정되며, 불이익한 결과를 가져오는 경우에는 소급효가 인정되지 않는다.

수사단계에서는 위헌으로 결정된 법률이 아닌 다른 규정을 적용할 수 있는 경우는 그에 따라 처리하지만, 그렇지 않은 경우는 수사를 종결한다. 기소단계에서 검사는 다른 공소사실로 공소장을 변경하거나 또는 공소취소해야 한다. 공소취소가 없으면 법원은 무죄를 선고하게 된다. 위헌결정일 이전에 공소가 제기되어 법원에 계속 중인 사건에서는 면소판결이 아닌 무죄판결을 해야 한다는 것이 우리 대법원의 입장이다.[1] 그리고 법원판결 후 확정되기 이전에 위헌결정이 있는 경우에는 항소 또는 상고이유판결에 영향을 미친 헌법, 법률의 위반이 있는 때가 되며, 법원의 판결이 확정된 경우에는 재심에 의해 구제받게 된다.

(ii) 비형벌조항

i) 장래효 원칙과 소급효의 인정　　　비형벌규정의 경우 헌재법 제47조 제 2 항에 의하면 장래효를 원칙으로 하는 것으로 규정하고 있지만, 학설과 판례는 위헌결정의 소급효를 인정한다. 헌법재판소는 비형벌법규에 대한 위헌결정의 장래효를 규정한 헌재법 제47조 제 2 항에 대하여 예외적으로만 소급효를 인정하는 한 합헌이라는 입장이다. 대법원도 비형벌조항에 대한 위헌결정의 소급효를 인정하고 있다.

가. 헌법재판소의 견해(헌재 1993. 5. 13. 92헌가10)　　　형벌법규 이외의 일반 법규에 관하여 위헌결정에 불소급의 원칙을 채택한 법 제47조 제 2 항 본문의 규정 자체에 대해 기본적으로 그 합헌성에 의문을 갖지 않지만 위에서 본 바 효력이 다양할 수밖에 없는 위헌결정의 특수성 때문에 예외적으로 그 적용을 배제시켜 부분적인 소급효의 인정을 부인해서는 안 될 것이다. 우선 생각할 수 있는 것은, 구체적 규범통제의 실효성의 보장의 견지에서 법원의 제청·헌법소원의 청구 등

1 대판 1992. 5. 28. 91도2825.

을 통하여 헌법재판소에 법률의 위헌결정을 위한 계기를 부여한 당해 사건, 위헌결정이 있기 전에 이와 동종의 위헌여부에 관하여 헌법재판소에 위헌제청을 하였거나 법원에 위헌제청신청을 한 경우의 당해 사건, 그리고 따로 위헌제청신청을 아니하였지만 당해 법률 또는 법률의 조항이 재판의 전제가 되어 법원에 계속 중인 사건에 대하여는 소급효를 인정하여야 할 것이다. 또 다른 한 가지의 불소급의 원칙의 예외로 볼 것은, 당사자의 권리구제를 위한 구체적 타당성의 요청이 현저한 반면에 소급효를 인정하여도 법적 안정성을 침해할 우려가 없고 나아가 구법에 의하여 형성된 기득권자의 이익이 해쳐질 사안이 아닌 경우로서 소급효의 부인이 오히려 정의와 형평 등 헌법적 이념에 심히 배치되는 때라고 할 것으로, 이때에 소급효의 인정은 법 제47조 제 2 항 본문의 근본취지에 반하지 않을 것으로 생각한다.

나. 대법원의 견해(대판 1994. 10. 25. 93다42740) 헌법재판소의 위헌결정의 효력은 위헌제청을 한 당해 사건, 위헌결정이 있기 전에 이와 동종의 위헌여부에 관하여 헌법재판소에 위헌여부심판제청을 하였거나 법원에 위헌여부심판제청신청을 한 경우의 당해 사건과 따로 위헌제청신청은 아니하였지만 당해법률 또는 법률의 조항이 재판의 전제가 되어 법원에 계속 중인 사건뿐만 아니라 위헌결정 이후에 위와 같은 이유로 제소된 일반사건에도 미친다고 할 것이나, 그 미치는 범위가 무한정일 수는 없고 법원이 위헌으로 결정된 법률 또는 법률의 조항을 적용하지는 않더라도 다른 법리에 의하여 그 소급효를 제한하는 것까지 부정되는 것은 아니라 할 것이며, 법적 안정성의 유지나 당사자의 신뢰보호를 위하여 불가피한 경우에 위헌결정의 소급효를 제한하는 것은 오히려 법치주의의 원칙상 요청되는 바라 할 것이다.

ii) 소급효의 제한 대법원과 같이 원칙적으로 모든 사건에 대하여 위헌결정의 소급효를 인정하는 경우에도 법적 안정성을 보호하기 위해서는 위헌결정의 소급효가 미치지 않는다. 확정판결이 선고되어 기판력이 발생한 경우, 행정처분의 확정력이 발생한 경우에는 소급효가 미치지 않는다.

대판 1994. 10. 28. 92누9463

위헌인 법률에 근거한 행정처분이 당연무효인지의 여부는 위헌결정의 소급효와는 별개의 문제로서, 위헌결정의 소급효가 인정된다고 하여 위헌인 법률에 근거한 행정처분이 당연무효가 된다고는 할 수 없고, 오히려 이미 취소소송의 제기기간을 경과하여 확정력이 발생한 행정처분에는 위헌결정의 소급효가 미치지 않는다고 보아야 한다.

④ 위헌결정된 법률에 근거한 행정처분의 효력

헌법재판소가 행정처분의 근거법률을 위헌으로 결정하였을 때 그 결정의 소급효가 전혀 인정되지 않는다면 행정처분은 처분 시에는 아무런 흠도 없는 것이 되어 무효나 취소사유가 되지 않지만, 당해 사건에 위헌결정의 소급효를 인정하게 되면 행정처분은 근거법률이 위헌일 경우 위법한 처분이 되어 취소사유 내지는 무효사유가 된다. 쟁송기간 경과 후 행정처분에 대하여 행정처분의 근거가 된 법률이 위헌이라는 이유로 무효확인소송을 제기한 경우 근거가 되는 법률에 대한 위헌결정이 행정처분의 취소사유가 되는지 아니면 무효사유가 되는지에 따라 법적 의미가 달라진다.

(i) 취소사유설(대판 1994. 10. 28. 92누9463) 법률에 근거하여 행정처분이 발하여진 후에 헌법재판소가 그 행정처분의 근거가 된 법률을 위헌으로 결정하였다면 결과적으로 행정처분은 법률의 근거가 없이 행하여진 것과 마찬가지가 되어 하자가 있는 것이 되나, 하자 있는 행정처분이 당연무효가 되기 위하여는 그 하자가 중대할 뿐만 아니라 명백한 것이어야 하는데, 일반적으로 법률이 헌법에 위반된다는 사정이 헌법재판소의 위헌결정이 있기 전에는 객관적으로 명백한 것이라고 할 수는 없으므로 헌법재판소의 위헌결정 전에 행정처분의 근

거되는 당해 법률이 헌법에 위반된다는 사유는 특별한 사정이 없는 한 그 행정처분의 취소소송의 전제가 될 수 있을 뿐 당연무효사유는 아니라고 봄이 상당하다.

(ii) 무효사유설　　헌법재판소에서 위헌으로 결정한 법률은 무효이고, 무효인 법률에 근거한 행정처분은 당연히 무효라고 본다.

(iii) 예외적 무효사유설(헌재 1994. 6. 30. 92헌바23)　　일반적으로 행정처분의 집행이 이미 종료되었고 그것이 번복될 경우 법적 안정성을 크게 해치게 되는 경우에는 후에 행정처분의 근거가 된 법규가 헌법재판소에서 위헌으로 선고된다고 하더라도처분의 근거법규가 위헌이었다는 하자는 중대하기는 하나 명백한 것이라고는 할 수 없다는 의미에서 그 행정처분이 당연무효가 되지는 않는다고 할 수 있을 것이다. 따라서 행정처분에 대한 쟁송기간 내에 그 취소를 구하는 소를 제기한 경우는 별론으로 하고 쟁송기간이 경과한 후에는 처분의 근거법규가 위헌임을 이유로 무효확인소송 등을 제기하더라도 행정처분의 효력에 영향이 없음이 원칙이라고 할 것이다. 판례나 통설은 행정처분이 당연무효인가의 여부는 그 행정처분의 하자가 중대하고 명백한가의 여부에 따라 결정된다고 보고 있지만 행정처분의 근거가 되는 법규범이 상위법 규범에 위반되어 무효인가 하는 점은 그것이 헌법재판소 또는 대법원에 의하여 유권적으로 확정되기 전에는 어느 누구에게도 명백한 것이라고 할 수 없기 때문에 원칙적으로 당연무효사유에는 해당할 수 없게 되는 것이다. 그러나 행정처분 자체의 효력이 쟁송기간 경과 후에도 존속 중인 경우, 특히 그 처분이 위헌법률에 근거하여 내려진 것이고 그 행정처분의 목적달성을 위하여서는 후행 행정처분이 필요한데 후행행정처분은 아직 이루어지지 않은 경우, 그 행정처분을 무효로 하더라도 법적 안정성을 크게 해치지 않는 반면에 그 하자가 중대하여 그 구제가 필요한 경우에 대하여서는 그 예외를 인정하여 이를 당연무효사유로 보아서 쟁송기간 경과 후에라도 무효확인을 구할 수 있는 것이라고 봐

야 할 것이다. 학설상으로도 중대명백설 외에 중대한 하자가 있기만 하면 그것이 명백하지 않더라도 무효라고 하는 중대설도 주장되고 있고, 대법원의 판례로도 반드시 하자가 중대명백한 경우에만 행정처분의 무효가 인정된다고는 속단할 수 없기 때문이다. 어느 행정처분에 대하여 그 행정처분의 근거가 된 법률이 위헌이라는 이유로 무효확인청구의 소가 제기된 경우에는 다른 특별한 사정이 없는 한 법원으로서는 그 법률이 위헌인지 여부에 대하여는 판단할 필요 없이 그 무효확인청구를 기각하여야 한다.

⑤ 위헌법률에 근거한 행정처분의 효력과 재판의 전제성

행정처분에 대한 쟁송기간이 경과한 후에 행정처분의 근거법률이 위헌임을 이유로 무효확인소송 등을 제기하고 법률의 위헌 여부에 대한 심판청구를 한 경우에는 당해 사건을 담당하는 법원이 그 법률에 대한 위헌결정이 있는 경우 다른 내용의 재판을 할 예외적인 사정이 있는지 여부에 따라 재판의 전제성 유무가 달라진다고 할 수 있는데, 근거법률의 위헌선언으로 인한 행정처분의 효력을 취소사유로 보는 경우에는 무효확인소송 등에서 재판의 전제성이 인정되지 않는다.

헌재 2010. 9. 30. 2009헌바101

원칙적으로 행정처분의 근거가 된 법률이 헌법재판소에서 위헌으로 선고된다고 하더라도 그 전에 이미 집행이 종료된 행정처분이 당연무효가 되지는 않는다. 따라서 행정처분에 대한 쟁송기간이 경과한 후에 행정처분의 근거법률이 위헌임을 이유로 무효확인소송 등을 제기하고 위 법률의 위헌 여부에 대한 심판청구를 한 경우에는 당해 사건을 담당하는 법원이 그 법률에 대한 위헌결정이 있는 경우 다른 내용의 재판을 할 예외적인 사정이 있는지 여부에 따라 재판의 전제성 유무가 달라진다고 할 것이다. 즉, 그 법률에 대한 위헌결정이 행정처분의 효력에 영향을 미칠 여지가 없는 경우에는 그 법률의 위헌 여부에 따라 당해 사건에 대한 재판의 주문이 달라지거나 재판의 내용과 효력에 관한 법률적 의미가 달라질 수 없는 것이므로 재판의 전제성을 인정할 수 없게 된다. 한편, 위와 같은 경우 행정처분이 무효인지 여부는 당해 사건을 재판하는 법원이 판단할 사항이다.
대법원은 행정처분이 당연무효로 되는 요건 및 그 판단기준에 관하여, "하자 있는 행정처분이 당연무효가 되기 위하여는 그 하자가 법규의 중요한 부분을 위반한 중대한 것으로서 객관적으로 명백한 것이어야 하며 하자가 중대하고 명백한 것인지 여부를 판별함에 있어서는 그 법규의 목적, 의미, 기능 등을 목적론적으로 고찰함과 동시에 구체적 사안 자체의 특수성에 관하여도 합리적으로 고찰함을 요한다"라는 입장을 유지해 오고 있다. 또한 대법원은 행정청이 어떠한 법률조항에 근거하여 행정처분을 한 후 헌법재판소가 그 조항을 위헌으로 결정한 경우 그 행정처분은 결과적으로 법률의 근거 없이 행하여진 것과 마찬가지여서 하자 있는 것으로 되지만, 일반적으로 법률이 헌법에 위반된다는 사정은 헌법재판소의 위헌결정이 있기 전에는 객관적으로 명백한 것이라고 할 수는 없으므로, 특별한 사정이 없는 한 그러한 하자는 행정처분의 취소사유일 뿐 당연무효사유는 아니라고 판시해 오고 있다.

4. 변형결정

헌재법 제45조는 법률의 위헌여부만을 결정하도록 하고 있지만, 헌법재판소는 위헌·합헌 결정 외에 중간영역의 주문형식을 인정하고 있다.

헌재 1991. 3. 11. 91헌마21

위헌이냐 합헌이냐의 결정 외에 한정합헌 또는 헌법불합치 등 중간영역의 주문형식은 헌법을 최고법규로 하는 통일적인 법질서의 형성을 위하여서 필요할 뿐 아니라 입법부가 제정한 법률을 위헌이라고 하여 전면폐기하기보다는 그 효력을 가급적 유지하는 것이 권력분립의 정신에 합치하고 민주주의적 입법기능을 최대한 존중하는 것이라 할 것이며, 그것은 국민의 대표기관으로서 입법형성권을 가지는 국회의 정직성·성실성·전문성에 대한 예우이고 배려라고 할 것이다.

(1) 한정합헌결정·한정위헌결정

1) 한정합헌결정의 의의

한정합헌결정이란 심판의 대상이 된 법률조항의 형식적인 문언 자체에 대하여 위헌결정을 하는 것이 아니고 그 문언의 내용이 다의적으로 해석가능한 경우이어서 그 질적인 축소해석으로 한정하여 해석·적용하는 한 합헌적인 법률이 된다는 변형주문의 결정을 말한다.

2) 한정위헌결정의 의의

한정위헌결정은 법률에 대한 위헌성 심사의 결과로 법률조항이 특정의 영역에서 적용되거나 또는 특정한 내용으로 해석되는 한 위헌이라는 변형주문의 결정이다.

3) 한정합헌결정과 한정위헌결정의 관계

① 종래의 견해

헌법재판소는 한정합헌결정과 한정위헌결정은 모두 질적인 일부위헌결정으로서 어떤 법률조항이 다의적으로 해석되거나 적용될 가능성이 있는 경우 일정한 해석 또는 적용영역을 한정하여 그 범위 내에서는 합헌 또는 위헌이라는 의미로 그 범위 밖의 영역은 위헌 또는 합헌을 의미하는 것으로 이해하였다. 그러므로 한정합헌결정과 한정위헌결정은 표현만 다를 뿐 사실상 같은 성질의 것으로 이해하고 있다.

헌재 1997. 12. 24. 96헌마172

두 가지 방법은 서로 표리관계에 있는 것이어서 실제적으로는 차이가 있는 것이 아니다. 합헌적인 한정축소해석은 위헌적인 해석 가능성과 그에 따른 법적용을 소극적으로 배제한 것이고, 적용범위의 축소에 의한 한정적 위헌선언은 법적용 영역과 그에 상응하는 해석가능성을 적극적으로 배제한다는 뜻에서 차이가 있을 뿐 본질적으로 다 같은 부분위헌결정이다.

② 별개의 결정유형으로 보는 견해

한정합헌결정과 한정위헌결정을 별개의 결정유형으로 보는 견해가 있다.[1] 한정합헌결정의 경우에는 법률조항의 일정한 의미부분이 합헌으로 유효하게 유지되기 위해서는 위헌으로 효력을 가질 수 없는 의미가 모두 확정되어 제거되어야 하므로, 합헌으로 해석되는 의미 이외의 나머지 부분은 모두 위헌으로 된다는 논리를 가지고 있다.[2] 반면에 한정위헌결정의 경우에는 위헌으로 해석되는 부분의 나머지 부분은 위헌이 아니라는 것일 뿐, 합헌으로 해석된다고 확정되지 않는다는 것이다. 따라서 이후에 헌법재판소가 나머지 부분에 대하여 위헌으로 해석되는 의미를 발견한 경우에는 위헌으로 해석되는 그 부분을 또 제거할 수 있다고 한다.

또한 한정합헌결정이나 한정위헌결정은 당해 사건과 관련되는 범위에서 합헌적인 해석의 내용을 밝히거나 위헌으로 해석되기 때문에 적용에서 배제해야 하는 내용을 밝힌 것일 뿐 합헌 또는 위헌으로 밝힌 부분만 구속력을 갖게 되며 밝히지 아니한 부분의 위헌여부에 관한 판단은 당해 사건의 재판과는 무관하기 때문에 유보하고 있는 것이라는 견해도 있다.[3]

4) 한정합헌결정·한정위헌결정의 효력

① 한정합헌결정의 기속력

한정합헌결정이 기속력을 갖는지가 문제된다. 헌법재판소는 한정합헌결정이 위헌결정에 해당한다고 보고 기속력이 발생한다고 보고 있다. 따라서 헌법재판소가 한정합헌결정을 했을 때 심판의 대상이 된 법률 또는 법률의 조항을 헌법재판소가 합헌적이라고 해석한 의미 이

1 정종섭, 앞의 책, 374면.

2 정종섭 교수는 한정합헌결정의 형식은 논리적으로 볼 때 법률의 해석·적용상 중대한 결함을 지니고 있기 때문에 논리적 모순이 없는 극히 한정된 경우에만 성립할 수 있다고 한다. 정종섭, 앞의 책, 369면.

3 허영, 앞의 책, 249면.

외의 내용으로 해석·적용하는 것은 헌법에 위반된다.

헌법재판소가 한정합헌결정을 하면서 한정적으로 합헌이라고 한 부분에 대해서는 이후에 그 위헌여부를 다툴 수 있고, 이러한 다툼이 제기된 경우에는 헌법재판소는 부적법 각하의 결정을 하는 것이 아니라 위헌여부에 대한 본안판단을 한다.[1]

② 한정위헌결정의 기속력

헌법재판소가 위헌으로 해석되는 것이라고 선언한 부분의 결정은 위헌결정이 가지는 것과 동일한 효력을 가진다. 위헌이라고 해석하여 적용을 배제한 범위 내에서 국가기관 및 지방자치단체를 기속한다. 기속력에 따라 모든 국가기관이 헌법재판소의 구체적인 결정에 따라야 하며, 그들이 장래에 어떤 처분을 행할 때 헌법재판소의 결정을 존중하여 한다. 그러므로 헌법재판소가 위헌결정을 선고함으로써 이미 부분적으로 효력이 상실된 법률조항을 적용한 판결은 헌법재판소의 위헌결정의 기속력에 반하는 것이다.

헌법재판소도 한정위헌결정의 기속력을 인정하고 있다. 대법원은 한정위헌결정은 법원을 기속하지 않는다고 하여 법원에 대한 기속력을 부정하고 있다.

대판 2009. 2. 12. 2004두10289

구체적 분쟁사건의 재판에 즈음하여 법률 또는 법률조항의 의미·내용과 적용 범위가 어떠한 것인지를 정하는 권한, 곧 법령의 해석·적용 권한은 사법권의 본질적 내용을 이루는 것이고, 법률이 헌법규범과 조화되도록 해석하는 것은 법령의 해석·적용상 대원칙이다. 따라서 합헌적 법률해석을 포함하는 법령의 해석·적용 권한은 대법원을 최고법원으로 하는 법원에 전속하는 것이며, 헌법재판소가 법률의 위헌 여부를 판단하기 위하여 불가피하게 법원의 최종적인 법률해석에 앞서 법령을 해석

1 헌재 1998. 8. 27. 97헌바85.

하거나 그 적용 범위를 판단하더라도 헌법재판소의 법률해석에 대법원이나 각급 법원이 구속되는 것은 아니다.

(2) 헌법불합치결정

1) 헌법불합치결정의 의의

헌법불합치결정은 비록 위헌성이 인정되는 법률이라 하더라도 위헌결정을 하는 경우 입법자의 형성권을 침해할 우려가 있거나 법적 공백이나 혼란을 초래할 우려가 있는 등 특별한 헌법적 사유가 있을 때 채택하는 결정유형이다. 헌법불합치결정은 헌법에 위반된다는 점에서는 본질상 위헌결정과 같다. 우리 헌법재판소나 대법원의 입장도 같다.

2) 헌법불합치결정 채택이유

① 평등원칙에 반하는 혜택배제

법률이 평등원칙에 위반된 경우가 헌법재판소의 불합치결정을 정당화하는 대표적인 사유라고 할 수 있다. 평등조항의 위반으로 법률의 효력을 없앨 경우 국가로부터 받는 급부의 혜택이 중단되는 결과를 회피하기 위하여 단순위헌결정을 하는 대신에 헌법불합치결정을 채택하게 된다.

반면에 자유권을 침해하는 법률이 위헌이라고 생각되면 무효선언을 통하여 자유권에 대한 침해를 제거함으로써 합헌성이 회복될 수 있고, 이 경우에는 평등원칙 위반의 경우와는 달리 헌법재판소가 결정을 내리는 과정에서 고려해야 할 입법자의 형성권은 존재하지 않음이 원칙이다. 그러나 그 경우에도 법률의 합헌부분과 위헌부분의 경계가 불분명하여 헌법재판소의 단순위헌결정으로는 적절하게 구분하여 대처하기가 어렵고, 다른 한편으로는 권력분립의 원칙과 민주주의원칙의 관점에서 입법자에게 위헌적인 상태를 제거할 수 있는 여러 가지의 가능성을 인정할 수 있는 경우에는, 자유권의 침해에도 불구하고 예외적으로 입법자의 형성권이 헌법불합치결정을 정당화하는 근거가 될 수 있다.[1]

② 입법자의 입법형성권 존중

입법자에게 위헌적 상태를 제거하는 데 있어서 여러 가지 가능성이 있을 때 헌법재판소가 위헌결정으로 일정 의미의 새로운 법적 상태를 만듦으로써 입법자의 형성의 자유를 침해할 우려가 있을 경우에는 헌법불합치결정을 하게 된다. 우리 헌법재판소의 판례 중에는 국회의 입법형성권을 존중하기 때문이라는 것을 헌법불합치결정을 하는 이유로 들기도 한다.[2] 이러한 입장에 대하여 국회의 입법형성의 자유를 존중한다는 이유로 헌법불합치결정을 하는 것은 헌법재판소가 위헌법률심판의 권한을 사실상 포기한 것이나 다름이 없다는 이유로 부적법하다는 견해가 있다.[3]

③ 법적 공백상태의 방지

위헌법률심판에서 어떤 법률조항이 헌법에 위반된다는 이유로 바로 해당 법률조항의 효력을 상실시키면 그 법률의 공백으로 인하여 법적으로 보호하여야 할 이익까지도 부정하게 되는 결과를 가져올 수 있기 때문에 헌법불합치결정은 이러한 상태를 방지하고 입법자에게 주문에서 정하는 시한까지 해당 법률조항의 위헌 상태를 제거할 것을 촉구하기 위한 방법으로 채택되기도 한다.

④ 위헌부분과 합헌부분이 불명확하여 특정되지 않는 경우

법률조항의 내용 중 일부는 위헌이고 일부는 합헌인 경우에는 위헌부분만 실효시키고 합헌부분은 존속시켜야 한다. 그런데, 법률조항의 내용 중 일부는 위헌이고 일부는 합헌인 경우에 위헌부분을 특정하여 가려낼 수 없거나 권력분립의 원칙상 위헌부분과 합헌부분을 구분하

1 헌재 2002. 5. 30. 2000헌마81; 헌재 2004. 5. 27. 2003헌가1.
2 헌재 1998. 8. 27. 96헌가22.
3 정종섭, 앞의 책, 384면.

는 일을 입법형성권에 맡기는 것이 타당한 경우에는, 헌법재판소가 위헌부분을 특정할 수 없기 때문에 위헌부분에 대해서만 위헌선언할 수가 없다. 그리고 법률조항의 위헌부분과 합헌부분을 특정할 수 없는 경우에 그 법률조항을 전부 실효시키면 합헌부분까지 부당하게 실효되어 입법권의 침해와 입법의 공백이 초래되고, 그 법률조항을 전부 존속시키면 위헌부분의 규범력까지 존속시키게 되어 위헌법률심판제도의 사명을 포기하게 된다. 그래서 이러한 경우에는 그 법률조항 전부에 대하여 헌법에 합치되지 아니한다는 결정을 선고하고 위헌부분과 합헌부분을 국회의 개선입법에 의하여 구분시키는 방법을 취하지 않을 수 없다. 이러한 헌법불합치결정은 헌법재판소가 법률 내용의 일부가 위헌임을 선언하면서 그 위헌부분의 특정을 국회의 입법형성권에 맡기는 것이므로, 법률의 위헌부분과 합헌부분을 구분하는 일이 입법형성권의 소관에 속하기 때문에 헌법재판소가 스스로 위헌부분을 특정할 수 없는 경우에만 허용된다고 할 것이다. 헌법재판소가 스스로 위헌부분을 특정할 수 있는 경우에는 그 위헌부분에 대하여 위헌결정을 하여 효력을 상실시켜야 하므로 헌법불합치결정을 할 수 없다. 선례는 헌법불합치결정이 정당화되는 경우로서 법률조항의 합헌부분과 위헌부분의 경계가 모호한 경우 외에, 평등원칙 위반의 위헌결정이 기존 수혜자의 권익을 부당하게 박탈하는 경우와 위헌결정이 법적 공백을 초래할 우려가 있는 경우를 들고 있지만, 그러한 경우도 구체적으로 따져 보면 모두 법률조항의 내용에 합헌부분과 위헌부분이 공존하고 그 구분업무가 국회의 입법형성권에 속하는 경우라고 할 수 있다.[1]

⑤ 형벌법규의 헌법불합치결정

형벌법규에도 헌법불합치결정을 할 수 있는지에 관하여 논란이 있다. 헌법재판소는 적용중지형 헌법불합치결정,[2] 잠정적용형 헌법불합치결

1 헌재 2009. 9. 24, 2008헌가25. 재판관 조대현 의견.
2 헌재 2004. 5. 27. 2003헌가1.

정[1]을 선고한 바 있다. 형벌에 관한 법률조항이 위헌결정을 받으면 소급하여 효력을 상실하게 되는데, 형벌조항에 대하여 헌법불합치결정을 선고한 후 계속 적용하도록 허용하는 것은 위헌법률에 기한 형사처벌을 허용하는 것이므로 이는 법치국가원리에 비추어 문제가 있다는 견해가 있다. 따라서 형벌법규에 대하여 적용중지형 헌법불합치결정은 허용되나 잠정적용형 헌법불합치결정은 허용되지 않는다고 한다.[2]

3) 헌법불합치결정의 효력

① 위헌확인과 효력의 유지

헌법불합치결정이 있게 되면 심판대상인 법률조항은 헌법에 위반됨에도 불구하고 그 효력은 바로 상실하지 않는다. 위헌적인 상태를 제거하고, 합헌적인 상태를 실현하는 것은 입법자가 해야 할 일이기 때문이다.

② 원칙적 적용중지와 개정 법률의 소급적용

헌법불합치결정은 위헌결정의 일종이므로 불합치 선언된 법률의 적용은 부인되는 것이 원칙이다. 따라서 헌법불합치결정이 있는 경우 행정관청과 법원은 계류된 절차를 개선입법이 있을 때까지 중지해야 한다. 위헌법률심판절차에서 당해 소송사건의 재판은 정지되는데, 이 경우 헌법재판소가 헌법불합치결정을 하면 헌법불합치결정된 법률조항은 당해 사건에 적용할 수 없으며, 정지된 재판은 여전히 정지된다. 따라서 법원은 신법의 시행을 기다려 재판을 하여야 한다. 불합치결정에 있어서 구체적 사건에 관하여 법원의 판단을 입법자의 새로운 판단이 있을 때까지 미결상태로 보류하는 데 그 특징이 있으며, 법원은 법률의 개정을 기다려 당사자가 개정법률의 결과에 따른 혜택을 받을 수 있는 기회를 열어 두어야 한다. 따라서 개정법률의 소급적용

1 헌재 2009. 9. 24. 2008헌가25.
2 김현철, 앞의 책, 202면.

은 불합치결정에 내재하는 본질적 요소이다.[1]

헌법불합치결정을 하면서 심판대상인 법률의 조항이 개정될 때까지 해당 법률조항의 적용을 중지시키는 결정을 함께 하는 경우가 있다. 당해 사건과 병행사건 또는 동종사건과 같이 소급효가 미치는 사건에 해당 법률조항이 적용되지 않는 것은 헌법불합치결정의 개념에 포함되어 있으므로 이를 주문에서 따로 표시할 필요가 없다. 이러한 경우에 한정하지 않고 일반적으로 중지시키는 것은 타당하지 않으며, 위헌결정을 하여 바로 효력을 상실시켜야 한다는 견해[2]가 있다.

헌재 1999. 10. 21. 96헌마61

법률이 헌법에 위반되는 경우, 헌법의 규범성을 보장하기 위하여 그 법률은 원칙적으로 무효로 선언되어야 한다. 그러나 헌법재판소가 위헌결정을 한다면 입법자의 형성권을 침해할 우려가 있거나 또는 법적 공백이나 혼란을 초래할 우려가 있는 등 특별한 헌법적 사유가 있을 때에는 예외적으로 위헌결정을 피하고 심판대상 규범의 위헌성만을 확인하는 헌법불합치결정을 할 수 있는 것이다. 헌법재판소가 헌법불합치결정을 하는 경우, 위헌적 법률은 효력을 상실하여 법질서에서 소멸하는 것이 아니라 형식적으로 존속하게 되나, 원칙적으로 위헌적 법률의 적용이 금지되고, 헌법심판의 계기를 부여한 당해사건은 물론 심판대상 법률이 적용되어 법원에 계속중인 모든 사건의 재판절차가 정지된다. 헌법재판소가 헌법불합치결정을 하는 주된 이유는, 권력분립원칙과 민주주의원칙의 관점에서 볼 때 입법자가 입법개선을 통하여 위헌적 상태를 궁극적으로 제거하는 것이 바람직하다는 판단에 따른 것이므로, 헌법불합치결정은 위헌적 상태를 조속한 시일 내에 제거하여야 할 입법자의 입법개선의무를 수반하게 된다. 위헌법률의 적용금지는 법치국가적 요청의 당연한 귀결로서, 헌법재판소가 어떠한 결정유형으로 규범의 위헌성을 확인하였든 간에 그와 관계없이 모든 국가기관은 위헌적 법률의 적용과

1 김현철, 앞의 책, 204면.
2 정종섭, 앞의 책, 392면.

집행을 통하여 스스로 위헌적인 국가행위를 하여서는 아니된다는 것을 의미한다. 따라서 위헌결정의 한 형태인 헌법불합치결정의 경우에도 위헌법률은 적용되어서는 아니되므로, 위헌법률의 적용금지는 법원에 계속중인 사건에 있어서는 당연히 재판절차의 정지라는 형태로 나타난다. 이는 입법자가 위헌법률을 합헌적인 상태로 개정할 때까지 법원의 판단이 보류되어야 하며, 법원이 개정된 법률에 의하여 판단을 함으로써 사건의 당사자가 개정법률의 결과에 따른 혜택을 받을 수 있는 기회를 그 때까지 열어 놓아야 한다는 것을 뜻한다.

③ 잠정적용

(i) 잠정적용을 명하는 경우 헌법재판소 판례 중에는 헌법불합치결정을 하면서 법률조항을 잠정적으로 적용하도록 하게 한 경우가 있다. 법률조항의 효력을 당장 상실하게 하거나 적용을 중지하도록 하는 것이 법률조항의 잠정적용을 명하는 경우와 비교할 때 더 위헌적인 상황을 초래하거나,[1] 위헌적 요소와 합헌적 요소가 공존해 있는 경우 등에는 이해관계인의 이익이나 법적 안정성 등 여러 가지 사정을 고려[2]하여 잠정적용을 명하고 있다. 위헌법률의 잠정적용을 명하는 경우에는 불합치결정의 시점과 개정법률의 발효시점 사이의 기간에 구법을 적용하도록 헌법재판소가 명시하게 된다.

헌재 1999. 10. 21. 96헌마61

위헌결정을 통하여 위헌법률을 법질서에서 제거하는 것이 법적 공백이나 혼란을 초래할 우려가 있는 경우, 즉 위헌법률을 잠정적으로 적용하는 위헌적인 상태가 오히려 위헌결정으로 인하여 초래되는 법적 공백 또는 혼

1 헌재 2009. 12. 29. 2008헌가13; 헌재 2000. 7. 20. 99헌가7. 위헌결정으로 이 사건 법률조항의 효력을 상실시키거나 그 적용을 중지할 경우에는 이 사건 법률조항에서 규정하고 있는 사유가 있는 형사사건에 적용할 법정통산의 근거조항이 없어지게 되어 법치국가적으로 용인하기 어려운 법적 공백이 생기게 된다. 그러므로 헌법불합치를 선언하고, 입법자가 합헌적인 방향으로 법률을 개선할 때까지 이 사건 법률조항을 존속하게 하여 이를 적용하게 할 필요가 있다.

2 헌재 2002. 11. 28. 2001헌가28.

란이라는 합헌적인 상태보다 예외적으로 헌법적으로 더욱 바람직하다고 판단되는 경우에는, 헌법재판소는 법적 안정성의 관점에서 법치국가적으로 용인하기 어려운 법적 공백과 그로 인한 혼란을 방지하기 위하여 입법자가 합헌적인 방향으로 법률을 개선할 때까지 일정 기간 동안 위헌법률을 잠정적으로 적용할 것을 명할 수 있다. 법원은 이러한 예외적인 경우에 한하여 위헌법률을 계속 적용하여 재판을 할 수 있다고 할 것이다.

(ii) **잠정적용과 개정 법률의 소급적용** 잠정적용의 헌법불합치결정이 선고된 경우 개선입법의 소급적용의 문제와 관련하여 대법원은 "어떤 법률조항에 대하여 헌법재판소가 헌법불합치결정을 하여 입법자에게 그 법률조항을 합헌적으로 개정 또는 폐지하는 임무를 입법자의 형성재량으로 맡긴 이상, 개선입법의 소급적용 여부와 소급적용 범위는 원칙적으로 입법자의 재량에 달린 것이기는 하지만, 구법조항에 대한 위 헌법불합치결정의 취지나 위헌심판의 구체적 규범통제 실효성 보장이라는 측면을 고려할 때, 적어도 헌법불합치결정을 하게 된 당해 사건 및 헌법불합치결정 당시에 구법조항의 위헌여부가 쟁점이 되어 법원에 계속 중인 사건에 대하여는 헌법불합치결정의 소급효가 미친다고 해야 하므로 비록 현행 군인연금법 부칙에 소급적용에 관한 경과조치를 두고 있지 않더라도 이들 사건에 대하여는 구법조항을 그대로 적용할 수는 없고, 위헌성이 제거된 현행 군인연금법 규정이 적용되는 것으로 보아야 한다"고 판시한 바 있다.[1]

(iii) **형벌법규의 잠정적용** 헌법재판소는 형벌법규에서 헌법불합치결정을 하면서 잠정적용하는 결정을 하는 경우도 있다. 합헌적 요소와 위헌적 요소가 공존하고 있기 때문에 계속 적용하여 효력을 유지하도록 해야 한다는 것이다.[2] 헌법불합치결정을 하면서 적용을

1 대판 2011. 9. 29. 2008두18885.
2 헌재 2009. 9. 24. 2008헌가25. 이 사건 법률조항들에 대하여 헌법불합치의 결정을 선고하되, 위 법률조항에는 위헌적인 부분과 합헌적인 부분이 공존하고 있으므로 입법자가 2010. 6. 30.

중지하는 결정을 한 경우에 법원은 적용을 중지한 법률조항을 적용하여 피고인을 처벌할 수 없다. 개정된 신법을 적용하여 처벌하는 것은 헌법상의 형벌불소급의 원칙에 위배되므로 신법을 적용할 수 없다. 결국 형벌조항에 대하여 헌법불합치결정을 하면서 적용중지결정을 하는 경우 처벌을 해야 할 가치가 있는 부분도 헌법재판소의 결정 시부터 신법의 적용 시까지 발생한 범죄행위는 적용할 법이 없어서 처벌할 수 없는 결과를 가져올 수 있기 때문이다.

반면에 형벌법규의 잠정적용을 반대하는 견해가 있다. 헌법재판소가 어느 법률조항이 헌법에 합치되지 아니한다고 결정하는 경우에는 그 법률조항에 위헌부분이 포함되어 있기 때문에 헌법불합치결정이 있는 날로부터 적용되어서는 아니 된다는 내용이 포함되어 있다고 보아야 한다는 것이다. 그렇지 않으면 위헌부분이 국회의 개선입법에 의하여 소급적으로 효력을 상실하게 됨에도 불구하고, 그 위헌부분이 포함된 법률조항들에 의하여 처벌받은 뒤 나중에 위헌부분에 의하여 처벌받았음이 밝혀지면 재심을 청구하여 구제받으라고 하는 것을 요구하는 것이기 때문이다.[1]

이전에 개선입법을 할 때까지 계속 적용되어 그 효력을 유지하도록 하고, 만일 위 일자까지 개선입법이 이루어지지 않는 경우 위 법률조항들은 2010. 7. 1.부터 그 효력을 상실하도록 한다.

1 헌재 2009. 9. 24. 2008헌가25. 재판관 조대현 의견. 헌법불합치결정을 하면서 계속 적용하도록 하는 것은, 헌법재판소가 이 사건 법률조항들에 위헌부분이 포함되어 있음을 선언하였고 그 위헌부분이 국회의 개선입법에 의하여 구분되면 소급적으로 효력을 상실하게 됨에도 불구하고, 그 위헌부분이 포함된 이 사건 법률조항들에 의하여 처벌받은 뒤 나중에 위헌부분에 의하여 처벌받았음이 밝혀지면 재심을 청구하여 구제받으라고 하는 것이다. 이는 위헌법률에 기한 형사처벌을 허용하는 것이고 구체적 규범통제의 필요에 따라 위헌법률의 규범력을 제거하도록 하는 위헌법률심판제도의 사명을 저버리는 것이어서 우리 헌법상 허용될 수 없는 것이다. 그리고 헌법불합치결정은 일부위헌결정의 일종이고 위헌법률에 대해서는 규범력을 부정하려는 것이 위헌법률심판제도의 본지이므로, 헌법재판소가 어느 법률조항이 헌법에 합치되지 아니한다고 결정하는 경우에는 그 법률조항에 위헌부분이 포함되어 있기 때문에 헌법불합치결정이 있는 날로부터 적용되어서는 아니 된다는 내용이 포함되어 있다고 보아야 한다. 따라서 헌법재판소가 어느 법률조항에 대하여 헌법불합치결정을 하면서 그 법률조항을 계속 적용하도록 결정하려면 그 점에 대하여 특별한 평의와 합의 절차를 거쳐야 한다고 할 것이다.

4) 헌법불합치결정의 기속력

헌법불합치결정은 기속력을 가진다. 따라서 법원은 소송사건의 재판에는 헌법에 위반된다고 판단한 법률조항을 적용해서는 안 된다. 당해 법원은 국회의 법률개정을 기다려 신법을 적용하여 재판하는 것이 원칙이다.[1]

헌법불합치결정을 하면서 법률개선을 촉구한 부분이 기속력을 갖는지가 문제되는데, 법률개선촉구는 헌법재판소의 의견에 지나지 않는 것이므로 국회는 이에 구속되지 않는다는 견해가 있다.[2]

5. 규범통제형 헌법소원심판에서의 결정

(1) 결정유형

헌재법 제68조 제2항의 규범통제형 헌법소원심판에서는 심판청구가 부적법한 경우에는 각하결정, 심판청구가 이유 없는 경우에는 합헌결정, 심판청구가 이유가 있는 경우에는 인용결정을 한다. 인용결정은 변형결정을 포함한다. 헌법소원심판절차 계속 중에 청구인이 사망하여 심판절차종료선언을 한 결정도 있다.[3]

(2) 인용결정에 따른 재심

헌재법 제68조 제2항에 의한 헌법소원이 인용된 경우 당해 헌법소원과 관련된 소송사건이 이미 확정된 때에는 당사자는 재심을 청구할 수 있다. 이 경우 재심을 청구할 수 있는 당사자의 범위와 관련하여 대법원은 '당해 헌법소원과 관련된 소송사건'이라 함은 당해 헌법

1 대법원의 판례 가운데는 헌법불합치로 선고된 법률조항이 당해 사건에 적용할 수 있는가 하는 문제에서 이를 적용하여야 한다고 판시한 것도 있고, 당해 사건에 적용되지 않는다고 판시한 것도 있다.
2 정종섭, 앞의 책, 393면.
3 헌재 1994. 12. 29. 90헌바13.

소원의 전제가 된 당해 소송사건만을 가리키는 것으로 보고 있으며,[1] 헌법재판소도 헌재법 제68조 제2항에 의한 헌법소원을 청구하여 인용결정을 받지 않은 사람에게는 재심의 기회를 부여하지 않는다고 하여 재판청구권 등을 침해하였다고 볼 수 없다고 판단하였다.

헌재 2000. 6. 29. 99헌바66

재심은 확정판결에 대한 특별한 불복방법이고, 확정판결에 대한 법적 안정성의 요청은 미확정판결에 대한 그것보다 훨씬 크다고 할 것이므로 재심을 청구할 권리가 헌법 제27조에서 규정한 재판을 받을 권리에 당연히 포함된다고 할 수 없고, 심판대상법조항에 의한 재심청구의 혜택은 일정한 적법요건하에 헌법재판소법 제68조 제2항에 의한 헌법소원을 청구하여 인용된 자에게는 누구에게나 일반적으로 인정되는 것이고, 헌법소원청구의 기회가 규범적으로 균등하게 보장되어 있기 때문에, 심판대상법조항이 헌법재판소법 제68조 제2항에 의한 헌법소원을 청구하여 인용결정을 받지 않은 사람에게는 재심의 기회를 부여하지 않는다고 하여 청구인의 재판청구권이나 평등권, 재산권과 행복추구권을 침해하였다고는 볼 수 없다.

(3) 형벌조항의 경우

헌재법 제68조 제2항의 헌법소원이 인용된 경우 헌재법 제45조와 제47조의 규정을 준용하도록 되어 있기 때문에 인용의 대상이 된 법률 또는 법률조항이 형벌에 관한 것인 때에는 인용결정은 소급하여 효력이 있다. 위헌으로 결정된 법률 또는 법률조항에 근거한 유죄의 확정판결에 대해서는 재심을 청구할 수 있는데, 이 경우에는 헌재법 제75조 제7항의 경우와는 달리 재심청구권자가 당해 소송사건의 당사자에 국한되지 않는다고 보아야 한다.[2]

1 대판 2003. 4. 25. 2003재다248.
2 김현철, 앞의 책, 279면.

02_ 탄핵심판제도

제 1 절 탄핵심판제도의 의의

Ⅰ. 탄핵심판제도의 의의

탄핵심판제도는 대통령이나 고위공직자가 위법한 행위를 하여 헌법 또는 법률을 침해한 경우에 공직에서 파면하여 헌법을 보호하고 공무수행이 정상적으로 이루어지도록 하는 제도이다. 헌법 제65조 제 1 항에서 "대통령·국무총리·국무위원·행정각부의 장·헌법재판소 재판관·법관·중앙선거관리위원회 위원·감사원장·감사위원 기타 법률이 정한 공무원이 그 직무집행에 있어서 헌법이나 법률을 위배한 때에는 국회는 탄핵의 소추를 의결할 수 있다"라고 정하고 있고, 헌법 제111조 제 1 항은 탄핵심판을 헌법재판소의 관장사항으로 정하고 있다.

Ⅱ. 탄핵심판의 법적 성질

탄핵심판제도는 헌법이나 법률에 위반한 행위에 대한 파면책임을 지우는 것이므로 형사처벌과는 구별된다. 직무집행에 있어서 헌법이나 법률을 위배한 때에 한정하여 책임을 묻는 것이므로 직무수행상의 무능이나 정책의 실패 또는 정치적인 이유로 책임을 지우는 것이 아니다.

제 2 절 탄핵의 소추

Ⅰ. 탄핵소추의 대상

1. 소추대상자

탄핵소추의 대상은 헌법에서 정하고 있다. 대통령·국무총리·국무위원·행정각부의 장·헌법재판소 재판관·법관·중앙선거관리위원회 위원·감사원장·감사위원 기타 법률이 정한 공무원이다. 검찰청법은 검사를, 경찰법은 경찰청장을 각각 탄핵소추의 대상으로 정하고 있다. 탄핵소추의 대상이 되는 '법률이 정하는 공무원'은 법률에서 명시적으로 정하고 있는 공무원만을 의미하며, 해석에 의하여 그 대상자 여부를 결정할 수는 없다.

2. 탄핵소추의 시적 범위

(1) 탄핵사유 시효

현행법에서 탄핵사유의 시효에 관하여는 규정하고 있지 않기 때문에 국회는 탄핵대상자가 공직에 있는 한 언제든지 탄핵소추를 발의할 수 있다. 독일의 경우 연방헌법재판소법에서 탄핵소추는 탄핵소추의 기초가 되는 사실을 안 때로부터 3월 이내에 제기할 수 있도록 되어 있다.

(2) 현직에 있지 않은 경우

소추대상의 직에서 종사하다가 그 직에서 물러난 전직의 자도 탄핵소추의 대상이 되는지가 문제된다. 이 경우도 공무원의 신분을 유지하면서 전직 또는 전보되어 다른 공직에서 근무하는 경우에는 탄핵소추의 대상이 된다고 한다.[1]

소추대상의 공직에서 사직 또는 해임되어 현재 공직에 있지 않은 자도 탄핵소추의 대상이 되는지가 문제된다. 일단 공직을 떠난 경우에는 탄핵심판의 대상이 될 여지는 없다.[2]

3. 탄핵소추와 일사부재리

헌법재판소에서 이미 탄핵심판을 받은 사건은 일사부재리 원칙에 의하여 국회에서 다시 소추발의의 대상이 될 수 없다.[3]

II. 탄핵소추의 발의와 의결

1. 탄핵소추권자

탄핵소추를 발의하고 의결할 권한은 국회가 가진다. 탄핵소추는 국

1 정종섭, 앞의 책, 424면.

2 정종섭 교수는 현직에 있지 아니한 경우 탄핵의 대상이 될 여지는 없지만, 소추대상의 직에서 계속 근무하는 경우에 탄핵될 가능성이 있는 자가 미리 탄핵을 회피하기 위하여 스스로 사임하고, 그 뒤 일정한 시간이 지난 후 임명권자에 의해 다시 해당 직에 임명되는 길을 열어 놓은 결과를 가져오게 되는 문제가 있다고 지적한다. 정종섭, 앞의 책, 425면.

3 김현철, 앞의 책, 552면.

회의 재량사항이다.[1] 국회법제사법위원장이 소추위원이 된다.[2]

2. 탄핵소추의 발의

탄핵소추는 국회재적의원 3분의 1 이상의 발의가 있어야 한다. 대통령에 대한 탄핵소추는 국회재적의원 과반수의 발의가 있어야 한다.

3. 탄핵소추의 의결

탄핵소추의 의결은 국회재적의원 과반수의 찬성이 있어야 한다. 대통령에 대한 탄핵소추는 국회재적의원 3분의 2 이상의 찬성이 있어야 가능하다.

국회가 탄핵소추를 의결한 때에는 소추위원은 반드시 헌법재판소에 탄핵심판을 청구하여야 한다. 소추위원은 헌법재판소에 소추의결서의 정본을 제출하여 그 심판을 청구한다는 헌재법 제49조 제 2 항의 해석에 의할 때 탄핵심판청구권은 소추위원에게 부여된 직무상의 권한이자 의무라는 점이 확인된다.[3]

4. 탄핵소추의 효과

(1) 권한행사의 정지

국회에 의하여 탄핵소추의 의결을 받은 자는 헌법재판소의 심판이 있을 때까지 직무에 관하여 권한을 행사할 수 없다.[4] 소추의결을 받

1 헌재 1996. 2. 29. 93헌마186.
2 국회법 제134조, 헌재법 제49조.
3 정종섭, 앞의 책, 429면.
4 헌법 제65조 제 3 항, 헌재법 제50조, 국회법 제134조 제 2 항.

은 자가 소추의 의결에도 불구하고 직무를 수행한 경우에 그 직무행위는 헌법에 위반되어 무효이다.

(2) 사임과 해임의 금지

소추의결서가 송달된 때에는 임명권자는 피소추자의 사직원을 접수하거나 해임할 수 없다.[1] 소추의결서가 송달된 후의 사직원의 접수나 해임은 무효이다.

5. 소추의결의 구속력

(1) 소추의결서에 기재된 소추사유의 구속력

헌법재판소는 사법기관으로서 원칙적으로 탄핵소추기관인 국회의 탄핵소추의결서에 기재된 소추사유에 의하여 구속을 받는다. 따라서 헌법재판소는 탄핵소추의결서에 기재되지 아니한 소추사유를 판단의 대상으로 삼을 수 없다.[2]

(2) 소추사유 판단에 있어서의 구속력

헌법재판소는 탄핵소추의결서에서 위반을 주장하는 '법 규정의 판단'에 관하여는 구속을 받지 않는다. 헌법재판소는 탄핵심판에서 독립된 심판권한을 보유하고 있으므로 청구인의 청구에 기속되지 않는다.

헌재 2004. 5. 14. 2004헌나1

헌법재판소는 사법기관으로서 원칙적으로 탄핵소추기관인 국회의 탄핵소추의결서에 기재된 소추사유에 의하여 구속을 받는다. 따라서 헌법재판소는 탄핵소추의결서에 기재되지 아니한 소추사유를 판단의 대상으로

1 국회법 제134조 제 2 항.
2 김현철, 앞의 책, 553면.

삼을 수 없다. 그러나 탄핵소추의결서에서 그 위반을 주장하는 '법규정의 판단'에 관하여 헌법재판소는 원칙적으로 구속을 받지 않으므로, 청구인이 그 위반을 주장한 법규정 외에 다른 관련 법규정에 근거하여 탄핵의 원인이 된 사실관계를 판단할 수 있다. 또한, 헌법재판소는 소추사유의 판단에 있어서 국회의 탄핵소추의결서에서 분류된 소추사유의 체계에 의하여 구속을 받지 않으므로, 소추사유를 어떠한 연관관계에서 법적으로 고려할 것인가의 문제는 전적으로 헌법재판소의 판단에 달려있다.

제 3 절 탄핵의 심판

Ⅰ. 심판의 요건

1. 직무관련성

헌법재판소가 탄핵심판에서 탄핵결정을 할 수 있으려면 소추의결을 받은 자가 직무집행에 있어서 헌법이나 법률에 위반한 사실이 있어야 한다. 즉 탄핵심판은 직무관련성이 인정되어야 한다. 공직자의 직무집행과 전혀 연관성이 없는 위법행위는 탄핵사유가 되지 못한다. 직무집행과 관련이 없는 사생활에 관한 사항도 파면결정의 사유로 될 수 없다.

직무취임 전이나 퇴직 후의 행위는 탄핵의 사유가 되지 않는다. 헌법재판소도 당선 후 취임 시까지의 기간에 이루어진 대통령의 행위는 소추사유가 될 수 없다는 입장이다.

헌재 2004. 5. 14. 2004헌나1

헌법 제65조 제1항은 '대통령 … 이 그 직무집행에 있어서'라고 하여, 탄핵사유의 요건을 '직무집행'으로 한정하고 있으므로, 위 규정의 해석상 대통령의 직위를 보유하고 있는 상태에서 범한 법위반행위만이 소추사유가 될 수 있다고 보아야 한다. 따라서 당선 후 취임 시까지의 기간에 이루어진 대통령의 행위도 소추사유가 될 수 없다. 비록 이 시기 동안 대통령직인수에관한법률에 따라 법적 신분이 '대통령당선자'로 인정되어 대통령직의 인수에 필요한 준비 작업을 할 수 있는 권한을 가지게 되나, 이러한 대통령당선자의 지위와 권한은 대통령의 직무와는 근본적인 차이가 있고, 이 시기 동안의 불법정치자금 수수 등의 위법행위는 형사소추의 대상이 되므로, 헌법상 탄핵사유에 대한 해석을 달리할 근거가 없다.

2. 헌법이나 법률의 위반

헌법재판소가 탄핵을 결정하기 위해서는 직무집행이 헌법이나 법률에 위반되어야 한다. 헌법이라 함은 형식적 의미의 헌법뿐만 아니라 헌법적 관행도 포함된다. 법률도 형식적 의미의 법률뿐만 아니라 법률과 동등한 효력을 가지는 국제조약, 일반적으로 승인된 국제법규 그리고 긴급명령, 긴급재정경제명령 등도 포함된다.

위법행위가 고의에 의한 것이든, 과실에 의한 것이든, 법의 무지에 의한 것이든 묻지 않는다. 소추대상자가 헌법이나 법률에 위배되는 행위를 한 경우 위법행위가 존재하는 것만으로 충분하고, 위법행위가 중대성을 가져야 하는 것은 아니다. 우리 헌법재판소에 의하면 위법행위의 중대성여부는 파면여부를 결정할 때 고려할 수 있는 사항에 해당할 뿐 위법행위인지 여부를 결정하는 위법행위의 성립요건은 아니다.[1]

1 헌재 2004. 5. 14. 2004헌나1.

II. 심판의 청구

탄핵심판은 국회법제사법위원장이 소추위원, 즉 청구인 자격으로 소추의결서 정본을 헌법재판소에 제출함으로써 개시된다.

III. 심판의 방식

1. 구두변론원칙

탄핵의 심판은 구두변론에 의한다. 당사자는 국회법제사법위원장이 청구인이 되고, 피소추자가 피청구인이 된다. 심판의 변론은 공개한다.

2. 당사자의 불출석

당사자가 변론기일에 출석하지 아니한 때에는 다시 기일을 정하여야 한다. 다시 정한 기일에도 당사자가 출석하지 아니한 때에는 출석 없이 심리할 수 있다.[1]

3. 심판절차의 정지

피청구인에 대한 탄핵심판청구와 동일한 사유로 법원에서 형사소송이 진행되고 있는 때에는 헌법재판소의 재판부는 탄핵심판의 절차를 정지할 수 있다.[2]

1 헌재법 제52조.
2 헌재법 제51조.

제 4 절　탄핵의 결정

Ⅰ. 탄핵심판에서의 결정의 유형

헌법재판소는 심리를 마친 때에는 결정으로 심판한다. 탄핵심판절차에서의 결정에는 각하결정, 기각결정, 파면결정 등이 있다. 탄핵심판의 청구가 형식적 요건을 갖추지 못하여 부적법한 경우에는 각하결정을 한다. 본안심판의 결과 청구가 이유 있는 경우에는 파면결정을 하고, 청구가 이유 없는 경우에는 기각결정을 한다. 탄핵결정은 재판관 9인 중 6인 이상의 찬성이 있어야 한다.

Ⅱ. 탄핵의 결정

헌법 제65조 제 4 항에서 "탄핵결정은 공직으로부터 파면함에 그친다"고 규정하고 있고, 헌재법 제53조 제 1 항에서는 "탄핵심판청구가 이유 있는 때에는 헌법재판소는 피청구인을 당해 공직에서 파면하는 결정을 선고한다"고 규정하고 있다. 여기서 '탄핵심판청구가 이유 있는 때'의 의미를 어떻게 해석할 것인가가 문제된다. 헌법재판소는 "법 제53조 제 1 항의 '탄핵심판청구가 이유 있는 때'란 모든 법위반의 경우가 아니라, 단지 공직자의 파면을 정당화할 정도로 중대한 법위반의 경우를 말한다"고 판시하였다.[1]

1 헌재 2004. 5. 14. 2004헌나1.

III. 탄핵결정의 효력

1. 공직에서의 파면

헌법재판소의 파면결정으로 피소추인은 선고 시부터 당해 공직에서 파면된다. 그러나 이에 의하여 민사상이나 형사상의 책임이 면제되는 것은 아니다.[1] 이러한 절차에는 일사부재리의 원칙이 적용되지 않는다. 우리 탄핵심판은 기본적으로 징계적인 처벌을 위한 재판이기 때문이다.[2]

2. 공직취임의 제한

헌법재판소의 파면결정으로 파면된 자는 결정선고가 있는 날로부터 5년을 경과하지 아니하면 공무원이 될 수 없다.[3]

1 헌법 제65조 제 4 항, 헌재법 제54조 제 1 항.
2 김현철, 앞의 책, 561면.
3 헌재법 제54조 제 2 항.

03_ 위헌정당해산제도

제 1 절 정당해산심판제도의 의의

Ⅰ. 정당해산제도의 의의

헌법 제 8 조 제 4 항에서 "정당의 목적이나 활동이 민주적 기본질서에 위배될 때에는 정부는 헌법재판소에 그 해산을 제소할 수 있고, 정당은 헌법재판소의 심판에 의하여 해산된다"고 규정하고 있다.

정당해산제도는 헌법의 보호와 정당의 존속보호를 그 목적으로 한다. 정당해산심판제도는 헌법질서를 파괴하려는 조직화된 헌법의 적으로부터 헌법을 보호하려는 것으로 방어적 민주주의 이념에 기초하고 있다. 또한 정당의 해산은 반드시 헌법재판소의 재판을 통해서만 해산되어야 하고, 행정처분에 의해서 손쉽게 해산될 수 없도록 함으로써 정당을 일반단체에 비하여 두텁게 보호하고 있다.

II. 정당해산제도의 관할

정당해산제도는 1960년 헌법에서 처음으로 도입한 이후 현재까지 유지되고 있다. 1960년 헌법에서는 헌법재판소가 정당해산심판을 관장하였고, 1962년 헌법과 1969년 헌법에서는 대법원이, 1972년 헌법과 1980년 헌법에서는 헌법위원회가 이를 관장하였다. 1987년 현행 헌법에서는 정당해산심판을 다시 헌법재판소의 관할사항으로 정하고 있다.

제 2 절 정당해산심판의 청구

I. 청 구 인

정당해산의 심판을 청구할 수 있는 권한을 가진 청구인은 정부이다. 헌법 제 8 조 제 4 항과 헌재법 제55조에서 정하고 있는 정부의 의미와 관련하여 견해가 대립하고 있다. 정당해산제소권은 정부의 권한이지만 정부는 대통령을 수반으로 하는 까닭에 대통령의 권한이라 할 수 있다는 견해, 정당해산제소권은 대통령이 가지는 국가의 존립보장과 헌법수호자의 지위에서 나오는 것이라는 견해, 대통령이 국정의 최고책임자인 동시에 기본권보호기관과 행정부 수반으로서 가지는 사법에 관한 정책적 권한 가운데 정당해산제소권이 포함된다는 견해, 헌법상의 대통령의 지위뿐만 아니라 우리 헌법상 정당해산의 제소를 국무회의의 심의사항으로 정하고 있기 때문에 정당해산제소권은 대통령의 권한이라는 견해 등으로 대립한다.[1]

1 정종섭, 앞의 책, 454면.

II. 피청구인

1. 정 당

정당해산심판에서 피청구인은 정당이다. 해산의 대상이 되는 정당은 원칙적으로 정당법에서 정하는 요건을 갖추고 등록을 마친 정당을 말한다. 방계조직, 위장정당, 사이비정당, 대체정당 등은 정당해산심판의 피청구인이 되지 못한다.

2. 정당의 부분조직 등

시·도당 등과 같은 정당의 부분조직도 피청구인이 될 수 있다.

3. 등록 직전의 정당

정당법에 따라 정당의 창당활동이 진행되어 중앙당과 법정 시·도당을 창당하고 정당법에 따른 등록절차만 남겨 둔 상태의 조직은 사실상 정당에 준하는 지위에 있으므로 위헌정당해산심판의 대상이 된다.

4. 창당준비위원회

정당법 제7조에 따른 신고가 있고 실질적으로 정당등록요건을 구비하였으나 등록만을 필하지 아니한 이른바 등록 중의 정당인 창당준비위원회도 피청구인이 된다. 창당준비위원회는 정당법상 창당의 준비기구에 불과하지만 헌법적 차원에서는 이미 정당의 지위를 갖고 있는 정당으로 보아야 하기 때문이다.[1]

1 김현철, 앞의 책, 568면.

제 3 절 정당해산심판의 절차

Ⅰ. 청 구

1. 심판의 청구

정부가 위헌정당의 해산심판을 헌법재판소에 청구하는 때에는 국무회의의 심의를 거쳐 문서로 한다. 국무회의가 위헌정당해산심판의 청구를 의결하면 법무부장관이 정부를 대표해서 정당해산의 심판청구서를 헌법재판소에 제출해야 한다.[1] 정당해산심판이 정부에 의하여 청구된 때에는 헌법재판소의 정당해산심판절차가 개시된다.

정당해산심판에도 일사부재리의 원칙이 적용되기 때문에 헌법재판소의 정당해산 여부의 결정 후에 정부는 동일한 정당을 동일한 사유로 재차 제소할 수 없다.[2]

2. 심판청구의 취하

정당해산심판은 원칙적으로 취하가 인정되지 않는다. 청구의 취하가 예외적으로 인정되는 경우에 심판청구의 취하는 국무회의의 심의를 거쳐 대통령이 행한다. 법무부장관은 소송수행의 대표자이므로 청구취하 여부를 결정할 수 없으며, 대통령의 취하행위를 소송수행의 대표자로서 수행할 뿐이다. 청구의 취하에는 피청구인의 동의가 필요하다.[3]

1 헌재법 제25조 제 1 항.
2 김현철, 앞의 책, 569면.
3 정종섭, 앞의 책, 468면.

Ⅱ. 심판의 요건

정부가 정당해산심판을 청구하려면 정당의 목적이나 활동이 민주적 기본질서에 위배되어야 한다. 민주적 기본질서의 의미가 무엇인가와 관련하여 견해가 대립하고 있다. 민주적 기본질서를 자유민주적 기본질서라고 보는 견해, 민주적 기본질서 이외에 사회민주적 기본질서도 포함한다고 보는 견해 등으로 대립한다.

헌법재판소는 우리 헌법이 정당에 대하여도 민주적 기본질서를 해하지 않는 범위 내에서의 정당활동을 보장하고 있다고 하면서, 정당이 외형적으로 민주적 기본질서를 추구한다고 하더라도 구체적인 강령이나 활동이 자유민주적 기본질서에 위배되는 경우 우리 헌법질서에서는 용인될 수 없는 것이라고 하여 민주적 기본질서의 의미를 '자유민주적 기본질서'로 이해하고 있다.

헌재 2001. 9. 27. 2000헌마238등

우리 헌법은 정당에 대하여도 민주적 기본질서를 해하지 않는 범위 내에서의 정당활동을 보장하고 있다. 즉 헌법 제8조 제2항 및 제4항에 "정당은 그 목적·조직과 활동이 민주적이어야 하며 …," "정당의 목적이나 활동이 민주적 기본질서에 위배될 때에는 … 헌법재판소의 심판에 의하여 해산된다"고 명시하고 있다. 따라서 어떠한 정당이 외형상 민주적 기본질서를 추구한다고 하더라도 그 구체적인 강령 및 활동이 폭력적 지배를 추구함으로써 자유민주적 기본질서에 위반되는 경우 우리 헌법 질서에서는 용인될 수 없는 것이다.

III. 심 리

정당해산심판의 심리는 구두변론에 의한다.[1] 당사자로 정부가 청구인이며 제소된 정당이 피청구인이 된다.

정당해산의 심리과정에 있어서는 법에 특별한 규정이 있는 경우를 제외하고는 민사소송에 관한 법령이 준용된다.[2]

제 4 절 정당해산심판의 결정

I. 결정의 유형

헌법재판소는 심판절차에서 심리를 마치면 결정의 형식으로 심판한다. 헌법재판소가 행하는 결정으로는 각하결정, 기각결정, 해산결정이 있다. 심판이 부적법한 경우에는 각하결정을 한다. 본안판단의 결과 청구 이유가 없는 경우에는 기각결정을, 청구가 이유 있는 경우에는 인용결정인 정당을 해산하는 결정을 한다.

II. 정당해산결정

1. 해산결정

헌법재판소는 정당해산심판의 청구가 이유 있다고 인정하는 때에

1 헌재법 제30조 제 1 항.
2 헌재법 제40조.

는 정당의 해산을 명하는 결정을 한다. 정당해산결정은 재판관 6인 이상의 찬성으로 한다.

2. 해산결정의 효과

(1) 정당의 해산

헌법재판소가 정당의 해산을 명하는 결정을 한 때 그 정당은 해산된다.[1] 헌법재판소의 이러한 결정은 형성적 효력을 가진다. 정당은 헌법재판소의 결정의 선고와 동시에 해산되는 것이지 선거관리위원회의 집행으로 해산되는 것은 아니다.

(2) 재산의 국고귀속

헌법재판소의 결정으로 해산된 정당의 잔여재산은 국고에 귀속된다.[2]

(3) 대체정당의 설립금지

정당이 헌법재판소의 결정으로 해산된 때에는 그 정당의 대표자 또는 간부는 해산된 정당의 정강과 동일하거나 유사한 것으로 정당을 창당하지 못한다.[3] 해산된 정당과 동일하거나 유사한 정당뿐만 아니라 조직의 창설도 금지된다.

(4) 동일명칭 사용금지

헌법재판소의 결정에 의하여 해산된 정당의 명칭과 동일한 명칭은 정당의 명칭으로 사용하지 못한다.[4]

1 헌재법 제59조.
2 정당법 제48조 제 2 항.
3 정당법 제40조.
4 정당법 제41조 제 2 항.

(5) 국회의원의 자격상실 여부

정당이 헌법재판소의 결정에 따라 해산된 경우 해산된 정당에 소속되어 있던 국회의원은 자격을 상실하는지의 여부가 문제된다. 우리나라 제3공화국 헌법 제38조에서는 "국회의원은 소속정당이 해산된 때에는 그 자격이 상실된다"고 명시하고 있었지만 현행 헌법과 법률에서는 명문의 규정을 두고 있지 않고 있다. 학설상으로는 해산된 정당의 당적을 가졌던 국회의원의 자격이 상실된다는 견해와 자격이 상실되지 않는다는 견해로 대립하고 있다. 독일연방헌법재판소는 정당해산판결이 있으면 의원직을 상실한다고 판시하였다.[1]

1 BVerfGE 2, 1; 5, 85.

04_ 권한쟁의심판

제 1 절 권한쟁의심판의 의의

Ⅰ. 권한쟁의심판의 개념

권한쟁의심판은 국가기관 상호 간, 국가기관과 지방자치단체 및 지방자치단체 상호 간에 그 권한의 존부나 범위에 대하여 다툼이 있을 때 그 권한의 존부나 범위를 확정하는 것을 말한다. 우리 헌법 제111조 제 1 항 제 4 호에서 "국가기관 상호간, 국가기관과 지방자치단체간 및 지방자치단체 상호간의 권한쟁의에 관한 심판"을 헌법재판소로 하여금 관장하도록 하고 있다.

Ⅱ. 권한쟁의심판과 기관소송

1. 권한쟁의심판과 기관소송의 관계

헌법과 헌재법에서는 권한쟁의심판제도를 규정하고 있고, 행정소송법은 기관소송제도를 규정하고 있다. 행정소송법 제3조 제4호에서 "국가 또는 공공단체의 기관 상호간에 있어서의 권한의 존부 또는 그 행사에 관한 다툼이 있을 때에 이에 대해 제기하는 소송"을 기관소송이라고 하면서 "다만, 헌법재판소법 제2조의 규정에 의하여 헌법재판소의 관장사항으로 되는 소송은 제외한다"고 규정하여 권한쟁의심판사항을 제외한 사항에 대해서만 보충적으로 기관소송을 제기하여 법원에서 행정소송으로 다투도록 하고 있다.

2. 기관소송 법정주의

행정소송법 제45조에서는 법률이 정한 경우에 법률이 정한 자에 한하여 기관소송을 제기할 수 있다고 규정하고 있다. 그리고 헌법재판소의 관장사항으로 되어 있는 것은 기관소송의 대상에서 제외되기 때문에 공공단체의 기관 상호 간의 권한분쟁의 경우에는 행정소송법 제3조 제4호에 의거한 기관소송이 인정된다.[1]

(1) 지방자치단체의 장과 지방의회 사이의 기관소송

지방자치단체의 장은 지방의회의 의결이 월권이거나, 법령에 위반되거나 공익을 현저히 해친다고 인정되면 의결사항을 이송받은 날로부터 20일 이내에 재의를 요구할 수 있다. 이러한 재의요구에 대하여 지방의회가 재적의원 과반수의 출석과 출석의원 3분의 2 이상의 찬성으로 재의결하면 의결사항은 확정된다. 지방자치단체의 장은 재의결된 사항이 법령에 위반된다고 인정되면 대법원에 소를 제기할 수 있다.[2]

지방의회 의결이 법령에 위반되거나 공익을 현저히 해친다고 판단되면 시·도에 대하여는 주무부장관이, 시·군 및 자치구에 대하여는

1 김현철, 앞의 책, 468면.
2 지방자치법 제107조.

시·도지사가 재의를 요구하게 할 수 있고, 재의요구를 받은 지방자치단체의 장은 지방의회에 재의요구를 하여야 한다. 재의요구를 받은 지방의회가 재의결하면 의결사항은 확정되는데, 지방자치단체의 장은 재의결된 사항이 법령에 위반된다고 판단되면 대법원에 소를 제기할 수 있다. 주무부장관이나 시·도지사는 재의결된 사항이 법령에 위반된다고 판단됨에도 불구하고 해당 지방자치단체의 장이 소를 제기하지 아니하면 지방자치단체의 장에게 제소를 지시하거나 직접 제소할 수 있다. 한편 재의요구지시를 받은 지방자치단체의 장이 재의요구를 하지 않는 경우에는 주무부장관이나 시·도지사가 대법원에 직접 제소할 수 있다.[1]

(2) 지방자치단체장 간의 기관소송

1) 시정명령 및 취소권

지방자치법 제169조 제1항에서 "지방자치단체의 사무에 관한 그 장의 명령이나 처분이 법령에 위반되거나 현저히 부당하여 공익을 해친다고 인정되면 시·도에 대하여는 주무부장관이, 시·군 및 자치구에 대하여는 시·도지사가 기간을 정하여 서면으로 시정할 것을 명하고, 그 기간에 이행하지 아니하면 이를 취소하거나 정지할 수 있다"고 정하고 있고, 제2항에서는 "지방자치단체의 장은 제1항에 따른 자치사무에 관한 명령이나 처분의 취소 또는 정지에 대하여 이의가 있으면 그 취소처분 또는 정지처분을 통보받은 날부터 15일 이내에 대법원에 소를 제기할 수 있다"고 정하고 있다. 이 소송은 기관소송이라는 견해와 항고소송이라는 견해로 대립하고 있다.

이 경우 국가가 내린 자치사무에 관한 시정명령이나 처분의 취소 또는 정지 등 감독처분이 지방자치단체의 자치권한을 침해하고 있다고

1 지방자치법 제172조.

판단하는 경우에는 지방자치단체는 대법원에 제소하는 것과는 별개로 헌법재판소에 권한쟁의심판을 청구할 수 있다.[1]

2) 직무이행명령

지방자치단체의 장이 국가위임사무나 시·도위임사무의 관리와 집행을 명백히 게을리하고 있다고 인정되면 시·도에 대하여는 주무부장관이, 시·군 및 자치구에 대하여는 시·도지사가 이행명령을 할 수 있다. 해당 지방자치단체의 장이 이행명령을 이행하지 아니하면 주무부장관이나 시·도지사가 대집행하거나 필요한 조치를 할 수 있다. 지방자치단체의 장은 이행명령에 이의가 있으면 대법원에 소를 제기할 수 있다.[2]

3) 안전행정부장관과 지방자치단체의 장

지방자치법 제 4 조에 의하면 공유수면매립법에 따른 매립지나 지적법상의 지적공부에 누락되어 있는 토지 등이 속할 지방자치단체의 결정은 안전행정부장관이 결정하도록 하고 있는데, 이러한 안전행정부장관의 결정에 대하여 지방자치단체의 장은 대법원에 소를 제기할 수 있다.

(3) 교육감과 시·도의회 또는 교육위원회 간의 기관소송

교육감은 교육위원회의 의결 또는 교육·학예에 관한 시·도의회의 의결이 법령에 위반되거나 공익을 현저히 저해한다고 판단될 때에는 의결사항을 이송받은 날로부터 20일 이내에 재의를 요구할 수 있다. 교육감이 교육부장관으로부터 재의요구를 하도록 요청받은 경우에는 교육위원회 또는 시·도의회에 재의를 요구하여야 한다. 재의요구를 받은 교육위원회 또는 시·도의회가 재적위원 또는 재적의원 과반수의 출석과 출석위원 또는 출석의원 3분의 2 이상의 찬성으로 전과 같

1 김현철, 앞의 책, 508면.
2 지방자치법 제170조.

은 의결을 하면 의결사항은 확정된다. 재의결된 사항이 법령에 위반된다고 판단될 때에는 교육감은 대법원에 제소할 수 있다. 재의결된 사항이 법령에 위반된다고 판단됨에도 불구하고 해당 교육감이 소를 제기하지 않은 때에는 교육부장관은 해당 교육감에게 제소를 지시하거나 직접 제소할 수 있다.[1]

III. 권한쟁의심판과 기관소송의 경합

법률에서 명시적으로 규정하여 법원이 담당하도록 되어 있는 기관소송이라고 하더라도 그것이 국가기관과 지방자치단체 간 또는 지방자치단체 상호 간의 권한의 침해나 침해의 위험성이 있다면 권한쟁의심판이 배제되는 것은 아니다. 예컨대, 자율형 사립고등학교의 지정·고시처분을 취소한 전라북도교육감에 대하여 교육감의 취소처분은 재량권을 현저히 일탈·남용한 것이므로 교육부장관이 이를 취소하라는 취지의 시정명령을 한 사안에서, 교육감은 권한쟁의심판을 청구함과 동시에 지방자치법 제169조 제 2 항에 따라 대법원에 소를 제기하였다. 전라북도와 교육과학기술부장관 간의 권한쟁의심판에서 헌법재판소는 "피청구인의 이 사건 각 시정명령으로 이 사건 각 취소처분이 취소·정지될 위험을 부담하게 되어, 그 권한행사에 진지한 장애가 초래되거나 법적 지위가 불리하게 되는 등 부정적인 영향을 받게 되었으므로, 이 사건 각 시정명령은 권한쟁의심판의 대상이 되는 처분에 해당한다"고 판시[2]하였고, 대법원은 시정명령에 대한 소제기 규정이 없다는 이유로 각하하였다.[3]

1 지방교육자치에관한법률 제28조.
2 헌재 2011. 8. 30. 2010헌라4.
3 지방자치법 제169조(위법·부당한 명령·처분의 시정) ① 지방자치단체의 사무에 관한 그 장의 명령이나 처분이 법령에 위반되거나 현저히 부당하여 공익을 해친다고 인정되면 시·도

제 2 절 권한쟁의심판의 청구

Ⅰ. 권한쟁의심판의 당사자

1. 당사자능력

청구인능력이라 함은 소송법적 개념으로서 권한쟁의심판의 당사자가 될 수 있는 능력을 말한다. 청구인, 피청구인, 참가인이 될 수 있는 능력을 말하는 것으로 특정 소송사건의 내용에 관계없는 일반적인 자격이다. 권한쟁의심판의 당사자능력에 관하여는 헌법과 헌재법에서 정하고 있다.

2. 당사자적격

청구인적격이라 함은 권한의 존부나 범위에 대한 특정한 소송사건에 있어서 정당한 당사자로서 소송을 수행하고, 그 결과로서 헌법재판소의 본안판단을 받기에 적합한 자격을 말한다. 당사자적격을 가진 정당한 당사자는 권한쟁의심판절차에서 당사자능력을 가지고 구체적인 권한의 침해나 권한침해의 위험이 있다고 주장하여 헌법재판소의 심판을 받게 된 청구인과 피청구인이다.

에 대하여는 주무부장관이, 시·군 및 자치구에 대하여는 시·도지사가 기간을 정하여 서면으로 시정할 것을 명하고, 그 기간에 이행하지 아니하면 이를 취소하거나 정지할 수 있다. 이 경우 자치사무에 관한 명령이나 처분에 대하여는 법령을 위반하는 것에 한한다.
② 지방자치단체의 장은 제 1 항에 따른 자치사무에 관한 명령이나 처분의 취소 또는 정지에 대하여 이의가 있으면 그 취소처분 또는 정지처분을 통보받은 날부터 15일 이내에 대법원에 소(訴)를 제기할 수 있다.

II. 현행법상의 당사자능력

1. 헌법규정

제111조 ① 헌법재판소는 다음 사항을 관장한다.

4. 국가기관 상호간, 국가기관과 지방자치단체간 및 지방자치단체 상호간의 권한쟁의에 관한 심판

2. 헌재법 규정

제62조(권한쟁의심판의 종류) ① 권한쟁의심판의 종류는 다음 각 호와 같다.

1. 국가기관 상호간의 권한쟁의심판
   국회, 정부, 법원 및 중앙선거관리위원회 상호간의 권한쟁의심판
2. 국가기관과 지방자치단체 간의 권한쟁의심판
   가. 정부와 특별시·광역시·도 또는 특별자치도 간의 권한쟁의심판
   나. 정부와 시·군 또는 지방자치단체인 구 간의 권한쟁의심판
3. 지방자치단체 상호간의 권한쟁의심판
   가. 특별시·광역시·도 또는 특별자치도 상호간의 권한쟁의심판
   나. 시·군 또는 자치구 상호간의 권한쟁의심판
   다. 특별시·광역시·도 또는 특별자치도와 시·군 또는 자치구 간의 권한쟁의심판

② 권한쟁의가 「지방교육자치에 관한 법률」 제2조에 따른 교육·학예에 관한 지방자치단체의 사무에 관한 것인 경우에는 교육감이 제1항 제2호 및 제3호의 당사자가 된다.

III. 당사자의 구체적인 범위

1. 국가기관

(1) 국가기관의 의미

헌법 제111조 제1항 제4호에서는 권한쟁의심판의 당사자로 "국가기관"이라고 규정하고 있다. 헌재법 제62조 제1항 제1호에서는 국가기관 상호 간의 권한쟁의심판에서 국가기관은 국회, 정부, 법원 및 중앙선거관리위원회를 의미한다고 규정하고 있다. 헌법과 헌재법은 국가기관으로 국회, 정부, 법원, 중앙선거관리위원회로 정하고 있지만 권한쟁의심판의 당사자는 반드시 여기에 한정되지 않는다. 헌법재판소도 헌재법 제62조 제1항 제1호의 규정을 예시적 규정으로 보면서, 국가기관 상호 간의 권한쟁의심판의 당사자가 되기 위해서는 국가기관이 헌법에 의하여 설치되고, 헌법 또는 법률에 의하여 독자적인 권한을 부여받고, 국가기관 상호 간의 권한쟁의를 해결할 수 있는 적당한 기관이나 방법이 없어야 한다고 판시하고 있다.

권한쟁의심판의 당사자로서 국가기관은 헌법에 의하여 설치되어야 하기 때문에 법률에 의하여 설치된 국가기관인 국가인권위원회는 권한쟁의심판의 당사자능력이 인정되지 않는다.

헌재 1997. 7. 16. 96헌라2

헌법 제111조 제1항 제4호에서 헌법재판소의 관장사항의 하나로 "국가기관 상호간, 국가기관과 지방자치단체간 및 지방자치단체 상호간의 권한쟁의에 관한 심판"이라고 규정하고 있을 뿐 권한쟁의심판의 당사자가 될 수 있는 국가기관의 종류나 범위에 관하여는 아무런 규정을 두고 있지 않고, 이에 관하여 특별히 법률로 정하도록 위임하고 있지도 않다. 따라서 입법자인 국회는 권한쟁의심판의 종류나 당사자를 제한할 입법형성의 자유가 있다고 할 수 없고, 헌법 제111조 제1항 제4호에서 말하는 국가기관의 의미와 권한쟁의심판의 당사자가 될 수 있는 국가기관의 범위는 결국 헌법해석을 통하여 확정하여야 할 문제이다. 그렇다면 헌법재판소법 제62조 제1항 제1호가 비록 국가기관 상호간의 권한쟁의심판을 "국회, 정부, 법원 및 중앙선거관리위원회 상호간의 권한쟁의심판"이라고 규정하고 있다고 할지라도 이 법률조항의 문언에 얽매여 곧바로 이들 기관 외에는 권한쟁의심판의 당사자가 될 수 없다고 단정할 수는 없다. 국가기관 상호간에는 그 권한의 존부와 행사를 둘러싸고 항시 다툼과 대립이 생길 수 있고, 그러한 분쟁이 자체적으로 조정, 해결되지 아니하는 한 제3의 국가기관에 의한 해결을 도모할 수밖에 없다. 우리나라에서는 이를 위한 제도로서 헌법 제111조 제1항 제4호에 의하여 헌법재판소가 관장하는 권한쟁의심판제도와 행정소송법 제3조 제4호에 의하여 법원이 관할하는 기관소송제도를 마련하고 있다. 그런데 헌법이 특별히 권한쟁의심판의 권한을 법원의 권한에 속하는 기관소송과 달리 헌법의 최고 해석·판단기관인 헌법재판소에 맡기고 있는 취지에 비추어 보면, 헌법 제111조 제1항 제4호가 규정하고 있는 '국가기관 상호간'의 권한쟁의심판은 헌법상의 국가기관 상호간에 권한의 존부나 범위에 관한 다툼이 있고 이를 해결할 수 있는 적당한 기관이나 방법이 없는 경우에 헌법재판소가 헌법해석을 통하여 그 분쟁을 해결함으로써 국가기능의 원활한 수행을 도모하고 국가권력간의 균형을 유지하여 헌법질서를 수호·유지하고자 하는 제도라고 할 것이다. 따라서 헌법 제111조 제1항 제4호 소정의 '국가기관'에 해당하는지 아닌지를 판별함에 있어서는 그 국가기관이 헌법에 의하여 설치되고 헌법과 법률에 의하여 독자적인 권한을 부여받고 있는지 여부, 헌법에 의하여 설치된 국가기관 상호간의 권한쟁의를 해결할 수 있는 적당한 기관이나 방법이 있는지 여부 등을 종합적으로 고려하여야 할 것이다. 이 사건 심판청구의 청구인인 국회의원은 헌법 제41조 제1항에 따라 국민의 선거에 의하여 선출된 헌법상의 국가기관으로서 헌법과 법률에 의하여 법률안 제출권, 법률안 심의·표결권 등 여러 가지 독자적인 권한을 부여받고 있으며, 피청구인인 국회의장도 헌법 제48조에 따라 국회에서 선출되는 헌법상의 국가기관으로서 헌법과 법률에 의하여 국회를 대표하고 의사를 정리하며, 질서를 유지하고 사무를 감독할 지위에 있고, 이러한 지위에서 본회의 개의시의 변경, 의사일정의 작성과 변경, 의안의 상정, 의안의 가결선포 등의 권한을 행사하게 되어 있다. 따라서 국회의원과 국회의장 사이에 위와 같은 각자 권한의 존부 및 범위와 행사를 둘러싸고 언제나 다툼이 생길 수 있고, 이와 같은 분쟁은 단순히 국회의 구성원인 국회의원과 국회의장간의 국가기관 내부의 분쟁이 아니라 각각 별개의 헌법상의 국가기관으로서의 권한을 둘러싸고 발생하는 분쟁이라고 할 것인데, 이와 같은 분쟁을 행정소송법상의 기관소송으로 해결할 수 없고 권한쟁의심판 이외에 달리 해결할 적당한 기관이나 방법이 없으므로 (행정소송법 제 3 조 제 4 호 단서는 헌법재판소의 관장사항으로 되는 소송을 기관소송의 대상에서 제외하고 있으며, 같은 법 제45조는 기관소송을 법률이 정한 경우에 법률이 정한 자에 한하여 제기할 수 있도록 규정하고 있다) 국회의원과 국회의장은 헌법 제111조 제 1 항 제 4 호 소정의 권한쟁의심판의 당사자가 될 수 있다고 보아야 할 것이다. …국회의원과 국회의장을 헌법 제111조 제 1 항 제 4 호의 '국가기관'에 해당하는 것으로 해석하는 이상 국회의원과 국회의장을 권한쟁의심판을 할 수 있는 국가기관으로 열거하지 아니한 헌법재판소법 제62조 제 1 항 제 1 호의 규정도 한정적, 열거적인 조항이 아니라 예시적인 조항으로 해석하는 것이 헌법에 합치된다고 할 것이다.

헌재 2010. 10. 28. 2009헌라6
국가인권위원회와 대통령 간의 권한쟁의

권한쟁의심판은 국회의 입법행위 등을 포함하여 권한쟁의 상대방의 처분 또는 부작위가 헌법 또는 법률에 의하여 부여받은 청구인의 권한을 침해하였거나 침해할 현저한 위험이 있는 때 제기할 수 있는 것인데, 헌법상 국가에게 부여된 임무 또는 의무를 수행하고 그 독립성이 보장된 국가기관이라고 하더라도 오로지 법률에 설치근거를 둔 국가기관이라면 국회의 입법행위에 의하여 존폐 및 권한범위가 결정될 수 있으므로 이러한 국가기관은 '헌법에 의하여 설치되고 헌법과 법률에 의하여 독자적인 권한을 부여받은 국가기관'이라고 할 수 없다. 즉, 청구인이 수행하는 업무의 헌법적 중요성, 기관의 독립성 등을 고려한다고 하더라도, 국회가 제정한 국가인권위원회법에 의하여 비로소 설립된 청구인은 국회의 위 법률 개정행위에 의하여 존폐 및 권한범위 등이 좌우되므로 헌법 제111조 제1항 제4호 소정의 헌법에 의하여 설치된 국가기관에 해당한다고 할 수 없다. 결국, 권한쟁의심판의 당사자능력은 헌법에 의하여 설치된 국가기관에 한정하여 인정하는 것이 타당하므로, 법률에 의하여 설치된 청구인에게는 권한쟁의심판의 당사자능력이 인정되지 아니한다.

(2) 정부의 의미

헌재법 제62조 제1항 제1호 국가기관 상호 간의 권한쟁의심판에서는 국회, 정부, 법원, 중앙선거관리위원회를 규정하고 있고, 제2호 국가기관과 지방자치단체 상호 간의 권한쟁의심판에서는 국가기관으로 정부만을 규정하고 있다. 여기서 정부의 의미가 무엇인지 문제된다.

제1호에서 정부의 의미는 대통령과 행정부를 의미한다고 할 수 있다. 제2호의 정부의 의미는 국회, 대통령과 행정부, 법원 등을 모두 포함하는가가 문제될 수 있는데, 제2호의 정부는 중앙정부를 의미한다고 보아야 하므로 지방자치단체가 아닌 국가기관은 모두 제2호의 정부에 해당한다고 보는 견해가 있다.[1]

헌재 2008. 3. 27. 2006헌라1

헌법재판소법 제62조 제1항 제2호는 국가와 지방자치단체 간의 권한쟁의심판으로서 '가. 정부와 특별시·광역시 또는 도 간의 권한쟁의심판, 나. 정부와 시·군 또는 지방자치단체의 구 간의 권한쟁의심판'을 규정하고 있으므로, 지방자치단체인 청구인 경상남도와 청구인 경상남도 진해시 모두 이 사건 권한쟁의심판의 당사자가 될 수 있다. 한편 위 조항에 의하면 권한쟁의의 당사자인 국가기관으로서 '정부'만을 규정하고

1 정종섭, 앞의 책, 506면.

있으나, 이는 예시적인 것으로서 정부의 부분기관이나 국회·법원 등 여타 국가기관도 당사자가 될 수 있다. 다만 이에 해당하는지 여부를 판별함에 있어서는 그 국가기관이 헌법에 의하여 설치되고 헌법과 법률에 의하여 독자적인 권한을 부여받고 있는지 여부, 헌법에 의하여 설치된 국가기관 상호간의 권한쟁의를 해결할 수 있는 적당한 기관이나 방법이 있는지 여부 등을 종합적으로 고려하여 판단하여야 한다.

(3) 기관의 부분

기관의 부분도 권한쟁의심판의 당사자가 될 수 있는지가 문제된다. 부분기관이 권한쟁의심판의 당사자가 될 수 있는지의 여부는 부분기관이 자신의 고유한 권한이 다툼의 대상으로 된 경우와 전체기관의 권한이 다툼의 대상이 된 경우로 구분하여 살펴볼 필요가 있다.

1) 부분기관의 당사자능력

기관의 부분도 자기에게 부여된 고유한 권한에 관하여 권한쟁의심판의 당사자가 될 수 있다. 헌법재판소도 부분기관의 당사자능력을 인정하고 있다. 따라서 국회의원, 국회의장, 국무총리, 행정각부의 장, 국무위원, 감사원장, 감사위원, 대법원, 각급법원 등은 당사자로서의 지위를 가진다.

우리 헌법재판소는 각급 선거관리위원회는 권한쟁의심판청구의 당사자가 될 수 있는 지방자치단체에는 포함되지 않지만, 중앙선거관리위원회 외에 각급 구·시·군 선거관리위원회도 헌법에 의하여 설치된 기관으로서 헌법과 법률에 의하여 독자적인 권한을 부여받은 기관에 해당하기 때문에 권한쟁의심판의 당사자능력이 인정된다고 판시한다. 그리고 국회의원이 교원들의 교원단체 가입현황을 자신의 인터넷 홈페이지에 게시하여 공개하려 하였으나, 법원이 그 공개로 인한 기본권침해를 주장하는 교원들의 신청을 받아들여 그 공개의 금지를 명하는 가처분 및 그 가처분에 따른 의무이행을 위한 간접강제 결정을 한 것에 대해 국회의원이 법원을 상대로 권한쟁의심판을 청구한 바 있다.[1]

헌재 2008. 6. 26. 2005헌라7

헌법재판소법 제62조는 권한쟁의심판청구의 당사자로 국가기관과 지방자치단체를 규정하고 있으므로 청구인 서울특별시 강남구가 피청구인 강남구선거관리위원회를 상대로 한 이 사건 권한쟁의 심판청구가 적법하려면 피청구인 강남구선거관리위원회가 이에 해당하여야 한다. 그런데 헌법재판소법 제62조에서 규정하고 있는 지방자치단체는 특별시·광역시·도와 시·군·자치구 등이며, 이것은 구 지방자치법 제2조 제1항에서 정하고 있는 지방자치단체의 종류와 다르지 아니한바, 각급 선거관리위원회는 권한쟁의 심판청구의 당사자가 될 수 있는 지방자치단체에는 포함되지 않는다.

한편, 위에서 본 것처럼 헌법재판소는 헌법재판소법 제62조 제1항 제2호의 '정부'를 예시적인 것으로 보고 있으므로 위 규정에서 구체적으로 나열하고 있지 않은 기관이라 하더라도 지방자치단체의 자치권을 침해할 가능성이 있는 국가기관은 권한쟁의심판청구의 피청구인으로서 당사자 능력이 인정된다고 할 것이다. 권한쟁의심판에 있어서 당사자가 될 수 있는 국가기관이란 국가의사 형성에 참여하여 국법질서에 대하여 일정한 권한을 누리는 헌법상의 지위와 조직이라고 할 수 있다. 이러한 '국가기관'에 해당하는지 여부를 판별함에 있어서는, 그 국가기관이 헌법에 의하여 설치되고 헌법과 법률에 의하여 독자적인 권한을 부여받고 있는지 여부, 헌법에 의하여 설치된 국가기관 상호간의 권한쟁의를 해결할 수 있는 적당한 기관이나 방법이 있는지 여부 등을 종합적으로 고려하여야 할 것이다. 그런데 우리 헌법은 제114조 제1항에서 선거와 국민투표의 공정한 관리 및 정당에 관한 사무를 처리하기 위하여 선거관리위원회를 둔다고 하면서, 제2항에서 제5항까지 중앙선거관리위원회에 대해 규정하고 있는 외에 제6항에서 각급 선거관리위원회의 조직·직무

1 국회의원이 법원의 재판부(서울남부지방법원 제51민사부)를 상대로 한 권한쟁의심판이 있다.

범위 기타 필요한 사항은 법률로 정한다고 규정하여 각급 선거관리위원회의 헌법적 근거 규정을 마련하고 있다. 또한 헌법 제115조 제1항은 각급 선거관리위원회는 선거인명부의 작성 등 선거사무와 국민투표사무에 관하여 관계 행정기관에 필요한 지시를 할 수 있다고 규정하고 있으며, 제2항은 제1항의 지시를 받은 당해 행정기관은 이에 응하여야 한다고 규정하고, 제116조 제1항은 선거운동은 각급 선거관리위원회의 관리 하에 법률이 정하는 범위 안에서 하되 균등한 기회가 보장되어야 한다고 규정하여 각급 선거관리위원회의 직무 등을 정하고 있다. 우리 헌법은 중앙선거관리위원회와 각급 선거관리위원회를 통치구조의 당위적인 기구로 전제하고, 각급 선거관리위원회의 조직, 직무범위 기타 필요한 사항을 법률로 정하도록 하고 있는 것이다. 그리고 위 헌법 규정에 따라 제정된 선거관리위원회법은 각각 9인 또는 7인의 위원으로 구성되는 네 종류의 선거관리위원회를 두고 있고, 공직선거법 제13조 제1항 제3호에 의하면, 이 사건 구·시·군 선거관리위원회는 지역선거구 국회의원 선거, 지역선거구 시·도의회의원 선거, 지역선거구 자치구·시·군 의회의원 선거, 비례대표선거구 자치구·시·군 의회의원 선거 및 자치구의 구청장·시장·군수 선거의 선거구선거사무를 담당한다. 그렇다면 중앙선거관리위원회 외에 각급 구·시·군 선거관리위원회도 헌법에 의하여 설치된 기관으로서 헌법과 법률에 의하여 독자적인 권한을 부여받은 기관에 해당하고, 따라서 피청구인 강남구선거관리위원회도 당사자 능력이 인정된다.

헌재 2010. 7. 29. 2010헌라1

권한쟁의심판에서 다툼의 대상이 되는 권한이란 헌법 또는 법률이 특정한 국가기관에 대하여 부여한 독자적인 권능을 의미하므로, 국가기관의 모든 행위가 권한쟁의심판에서 의미하는 권한의 행사가 될 수는 없으며, 국가기관의 행위라 할지라도 헌법과 법률에 의해 그 국가기관에게 부여된 독자적인 권능을 행사하는 경우가 아닌 때에는 비록 그 행위가 제한을 받더라도 권한쟁의심판에서 말하는 권한이 침해될 가능성은 없는바, 특정 정보를 인터넷 홈페이지에 게시하거나 언론에 알리는 것과 같은 행위는 헌법과 법률이 특별히 국회의원에게 부여한 국회의원의 독자적인 권능이라고 할 수 없고 국회의원 이외의 다른 국가기관은 물론 일반 개인들도 누구든지 할 수 있는 행위로서, 그러한 행위가 제한된다고 해서 국회의원의 권한이 침해될 가능성은 없다.

청구인은 이 사건 가처분재판과 이 사건 간접강제재판으로 인해 입법에 관한 국회의원의 권한과 국정감사 또는 조사에 관한 국회의원의 권한이 침해되었다는 취지로 주장하나, 이 사건 가처분재판이나 이 사건 간접강제재판에도 불구하고 청구인으로서는 얼마든지 법률안을 만들어 국회에 제출할 수 있고 국회에 제출된 법률안을 심의하고 표결할 수 있어 입법에 관한 국회의원의 권한인 법률안 제출권이나 심의·표결권이 침해될 가능성이 없으며, 이 사건 가처분재판과 이 사건 간접강제재판은 국정감사 또는 조사와 관련된 국회의원의 권한에 대해서도 아무런 제한을 가하지 않고 있어, 국정감사 또는 조사와 관련된 국회의원으로서의 권한이 침해될 가능성 또한 없다. 따라서 이 사건 권한쟁의심판청구는 청구인의 권한을 침해할 가능성이 없어 부적법하다.

2) 제 3 자 소송담당

기관의 부분이 전체기관의 권한에 관하여 당사자의 지위에서 권한쟁의심판을 청구할 수 있는가 하는 것이 이른바 제 3 자 소송담당의 문제이다. 예컨대, 국회의 동의 없이 조약을 체결·비준한 대통령의 행위에 대해 야당 국회의원들이 국회의 동의권 침해를 이유로 권한쟁의심판을 청구한 경우 청구인적격이 인정되는지의 여부, 또는 예산외에 국가의 부담이 될 계약체결의 주체인 정부가 그 계약체결에 국회의 동의절차를 거치지 아니하는 경우 국회의원이 권한쟁의심판을 청구할 수 있는지의 여부 등에 관한 문제이다.

제 3 자 소송담당에 관하여 명문의 규정은 없으나 이를 인정하는 견해가 있다.[1] 하지만 헌법재판소는 제 3 자 소송담당을 인정하지 않는다. 제 3 자 소송담당이라고 하는 것은 권리주체가 아닌 제 3 자 자신

1 정종섭, 앞의 책, 509면.

의 이름으로 권리주체를 위하여 소송을 수행할 수 있는 권능이다. 권리는 원칙적으로 권리주체가 주장하여 소송을 수행하도록 하는 것이 자기책임의 원칙에 부합하므로 제3자 소송담당은 예외적으로 법률의 규정이 있는 경우에만 인정된다는 것이다.[1]

헌재 2007. 7. 26. 2005헌라8

1. 사건의 개요

대한민국 정부는 1995년부터 2004년까지 10년간 쌀에 대한 관세화를 유예받았던 특별대우를 2014년까지 10년간 추가로 연장하기 위하여 세계무역기구(WTO) 회원국들과 사이에 소위 쌀협상을 하였고, 그 결과 다시 10년간 쌀에 대한 관세화를 유예하기로 하는 내용의 "세계무역기구 설립을 위한 마라케쉬 협정 부속서 1가 중 1994년도 관세 및 무역에 관한 일반협정에 대한 마라케쉬 의정서에 부속된 대한민국 양허표 일부 개정안"을 채택하게 되었다. 정부는 위 쌀협상 과정에서 이해관계국인 미국, 인도, 이집트와 사이에 쌀에 대한 관세화 유예기간을 연장하는 대가로 위 나라들의 요구사항을 일부 수용하는 내용의 각 합의문을 작성하였다. 정부가 2005. 6. 7.경 국회에 위 양허표 개정안에 대한 비준동의안을 제출하면서 이 사건 합의문을 포함시키지 아니하자, 국회의원인 청구인들은 이 사건 합의문을 포함하여 비준동의안을 제출할 것을 요구하였고, 정부는 이를 거부하였다. 이에 청구인들은 2005. 10. 31. 위 양허표 개정안에 대한 비준동의안 제출행위와 이 사건 합의문에 대한 비준동의안 제출거부행위로 인하여 청구인들의 조약안 심의·표결권 등이 침해되었다고 주장하면서 정부를 상대로 이 사건 권한쟁의심판을 청구하였고, 그 후 2007. 4. 26. 헌법상 조약의 체결·비준 주체인 피청구인이 이 사건 합의문을 국회의 동의 없이 체결·비준한 행위로 인하여 국회의 조약 체결·비준 동의권 및 청구인들의 조약안 심의·표결권이 침해되었다고 청구취지를 변경하였다.

1 헌재 2007. 10. 25. 2006헌라5.

2. 권한쟁의심판에 있어 '제 3 자 소송담당'의 허용 여부

헌법 제60조 제 1 항은 "국회는 … 국가나 국민에게 중대한 재정적 부담을 지우는 조약 또는 입법사항에 관한 조약의 체결·비준에 대한 동의권을 가진다"라고 규정하고 있으므로, 조약의 체결·비준에 대한 동의권은 국회에 속한다. 따라서 조약의 체결·비준의 주체인 피청구인이 국회의 동의를 필요로 하는 조약에 대하여 국회의 동의절차를 거치지 아니한 채 체결·비준하는 경우 국회의 조약에 대한 체결·비준 동의권이 침해되는 것이므로, 이를 다투는 권한쟁의심판의 당사자는 국회가 되어야 할 것이다. 이와 달리 국회의 구성원인 국회의원이 국회의 권한침해를 주장하여 권한쟁의심판을 청구할 수 있기 위하여는 이른바 '제 3 자 소송담당'이 허용되어야 한다. 소위 '제 3 자 소송담당'이라고 하는 것은 권리주체가 아닌 제 3 자가 자신의 이름으로 권리주체를 위하여 소송을 수행할 수 있는 권능이다. 권리는 원칙적으로 권리주체가 주장하여 소송수행을 하도록 하는 것이 자기책임의 원칙에 부합하므로, '제 3 자 소송담당'은 예외적으로 법률의 규정이 있는 경우에만 인정된다. 그런데 권한쟁의심판에 있어 헌법재판소법 제61조 제 1 항은 "국가기관 상호간에 권한의 존부 또는 범위에 관하여 다툼이 있을 때에는 당해 국가기관은 헌법재판소에 권한쟁의심판을 청구할 수 있다"고, 제 2 항은 "제 1 항의 심판청구는 피청구인의 처분 또는 부작위가 헌법 또는 법률에 의하여 부여받은 청구인의 권한을 침해하였거나 침해할 현저한 위험이 있는 때에 한하여 이를 할 수 있다"고 규정함으로써 권한쟁의심판의 청구인은 청구인의 권한침해만을 주장할 수 있도록 하고 있다. 즉 국가기관의 부분기관이 자신의 이름으로 소속기관의 권한을 주장할 수 있는 '제 3 자 소송담당'의 가능성을 명시적으로 규정하고 있지 않다.

권한쟁의심판에 있어서의 '제 3 자 소송담당'은, 정부와 국회가 원내 다수정당에 의해 주도되는 오늘날의 정당국가적 권력분립구조하에서 정부에 의한 국회의 권한침해가 이루어지더라도 다수정당이 이를 묵인할 위험성이 있어 소수정당으로 하여금 권한쟁의심판을 통하여 침해된 국회의 권한을 회복시킬 수 있도록 이를 인정할 필요성이 대두되기도 하지만, 국회의 의사가 다수결에 의하여 결정되었음에도 다수결의 결과에 반대하는 소수의 국회의원에게 권한쟁의심판을 청구할 수 있게 하는 것은 다수결의 원리와 의회주의의 본질에 어긋날 뿐만 아니라, 국가기관이 기관 내부에서 민주적인 방법으로 토론과 대화에 의하여 기관의 의사를 결정하려는 노력 대신 모든 문제를 사법적 수단에 의해 해결하려는 방향으로 남용될 우려도 있다. 따라서 권한쟁의심판에 있어 '제3자 소송담당'을 허용하는 법률의 규정이 없는 현행법 체계하에서 국회의 구성원인 청구인들은 국회의 조약에 대한 체결·비준 동의권의 침해를 주장하는 권한쟁의심판을 청구할 수 없다 할 것이므로, 청구인들의 이 부분 심판청구는 청구인적격이 없어 부적법하다.

3. 국회 외의 국가기관에 의한 국회의원의 심의·표결권의 침해가능성 여부

국회가 헌법 제60조 제1항에 따라서 조약의 체결·비준에 대한 동의권한을 행사하는 경우에, 국회의원은 헌법 제40조 및 제41조 제1항과 국회법 제93조 및 제109조 내지 제112조에 따라서 조약의 체결·비준 동의안에 대하여 심의·표결할 권한을 가진다. 그런데 국회의 동의권과 국회의원의 심의·표결권은 비록 국회의 동의권이 개별 국회의원의 심의·표결절차를 거쳐 행사되기는 하지만 그 권한의 귀속주체가 다르고, 또 심의·표결권의 행사는 국회의 의사를 형성하기 위한 국회 내부의 행위로서 구체적인 의안 처리와 관련하여 각 국회의원에게 부여되는데 비하여, 동의권의 행사는 국회가 그 의결을 통하여 다른 국가기관에 대한 의사표시로서 행해지며 대외적인 법적 효과가 발생한다는 점에서 구분된다. 따라서 국회의 동의권이 침해되었다고 하여 동시에 국회의원의 심의·표결권이 침해된다고 할 수 없고, 또 국회의원의 심의·표결권은 국회의 대내적인 관계에서 행사되고 침해될 수 있을 뿐 다른 국가기관과의 대외적인 관계에서는 침해될 수 없는 것이므로, 국회의원들 상호간 또는 국회의원과 국회의장 사이와 같이 국회 내부적으로만 직접적인 법적 연관성을 발생시킬 수 있을 뿐이고 대통령 등 국회 이외의 국가기관과 사이에서는 권한침해의 직접적인 법적 효과를 발생시키지 아니한다. 따라서 피청구인 대통령이 국회의 동의 없이 조약을 체결·비준하였다 하더라도 국회의 체결·비준 동의권이 침해될 수는 있어도 국회의원인 청구인들의 심의·표결권이 침해될 가능성은 없다고 할 것이므로, 청구인들의 이 부분 심판청구 역시 부적법하다.

2. 지방자치단체

(1) 지방자치단체의 당사자능력

헌법 제111조 제1항 제4호는 권한쟁의심판의 당사자로서 "국가기관 상호간, 국가기관과 지방자치단체간 및 지방자치단체 상호간"이라고 규정하고 있고, 헌재법 제62조 제1항 제2호는 국가기관과 지방자치단체 간의 권한쟁의심판에서 지방자치단체측 당사자로 "특별시·광역시 또는 도"와 "시·군, 자치구"를 규정하고 있다. 국가기관과 지방자치단체 간의 권한쟁의심판이나 지방자치단체 상호 간의 권한쟁의심판에서는 당사자가 될 수 있는 지방자치단체는 특별시, 광역시, 도와 시, 군, 지방자치단체인 구자치구이다.

(2) 지방자치단체기관의 당사자능력

헌법 제111조와 헌재법 제62조에서는 권한쟁의심판의 당사자를 "지방자치단체"로 표시하면서 지방자치단체의 기관에 대해서는 침묵하고 있다. 다만 헌재법 제62조 제2항에서는 권한쟁의가 「지방교육자치에 관한 법률」 제2조의 규정에 의한 교육·학예에 관한 지방자치단체의 사무에 관한 것인 때에는 교육감이 제1항 제2호 및 제3호의 당사자가 된다고 규정하고 있다.

지방자치단체의 당사자능력에 관한 헌재법을 해석함에 있어서 그것이 문언상의 '지방자치단체'에 국한하는지, 아니면 지방자치단체의 기관에까지 확대될 수 있는지에 관하여 견해가 대립하고 있다.

국가기관과 지방자치단체 간의 권한쟁의심판제도나 지방자치단체 상호 간의 권한쟁의심판제도가 가지는 제도적 취지와 성질에서 볼 때 지방자치단체의 기관도 권한쟁의심판의 당사자로 인정하는 것이 타당하다는 견해가 있다.[1] 반면에 헌법조항이 권한쟁의심판의 당사자로

1 정종섭, 앞의 책, 512면.

서 국가와 관련하여서는 '국가'가 아니라 "국가기관"을 설정한 데 반하여, 지방자치단체와 관련하여서는 지방자치단체의 '기관'이 아니라 "지방자치단체" 자체를 설정하고 있는 것에 비추어 볼 때 지방자치단체의 기관은 권한쟁의심판의 당사자능력이 부인될 소지도 있다.[1]

우리 헌법재판소는 국가사무가 아닌 지방자치단체의 권한에 속하는 사항에 관하여 지방자치단체의 장은 원칙적으로 당사자가 될 수 없다고 판시하였다.[2]

헌재 2006. 8. 31. 2003헌라1

권한쟁의 심판청구는 헌법과 법률에 의하여 권한을 부여받은 자가 그 권한의 침해를 다투는 헌법소송으로서 이러한 권한쟁의심판을 청구할 수 있는 자에 대하여는 헌법 제111조 제1항 제4호와 헌법재판소법 제62조 제1항 제3호가 정하고 있는바, 이에 의하면 지방자치단체의 장은 원칙적으로 권한쟁의 심판청구의 당사자가 될 수 없다. 다만 지방자치단체의 장이 국가위임 사무에 대해 국가기관의 지위에서 처분을 행한 경우에는 권한쟁의 심판청구의 당사자가 될 수 있다. 그런데 이 사건 ○○ 주식회사에 대한 피청구인 순천시장의 과세처분은 지방자치단체의 권한에 속하는 사항에 대하여 지방자치단체사무의 집행기관으로서 한 과세처분에 불과하므로 피청구인 순천시장은 이 사건 지방세 과세 권한을 둘러싼 다툼에 있어 권한쟁의 심판청구의 당사자가 될 수 없고, 청구인 광양시장 또한 마찬가지이다. 따라서 청구인 광양시장의 피청구인들에 대한 심판청구와 청구인 광양시의 피청구인 순천시장에 대한 심판청구는 모두 당사자능력을 결한 청구로서 부적법하다.

1 지방자치단체의 장이 행정심판의 재결청의 지위에서 행한 처분이 관할구역 내에 있는 하급 지방자치단체의 권한을 침해한 것인지에 관한 권한쟁의사건에서, 그 재결청인 지방자치단체의 장은 국가기관의 지위에 있다고 보아 그 권한쟁의를 국가기관과 지방자치단체 간의 권한쟁의로 본 판례가 있다(헌재 1999. 7. 22. 98헌라4).

2 헌재 2006. 8. 31. 2003헌라1.

(3) 지방자치단체의 사무와 당사자능력

1) 지방자치단체의 사무

지방자치법 제9조 제1항은 "지방자치단체는 관할구역의 자치사무와 법령에 의하여 지방자치단체에 속하는 사무를 처리한다"고 규정하고 있다. 지방자치단체의 사무는 자치사무고유사무와 법령에 의하여 그 단체에 소속된 위임사무이다. 위임사무에는 단체위임사무와 기관위임사무가 있는바, 기관위임사무란 국가 등이 지방자치단체의 장 기타의 기관에 대하여 위임한 사무이다. 기관위임사무는 국가의 사무가 지방자치단체의 장 등에게 위임된 것이므로 그 처리의 효과가 국가에 귀속되는 사무이다. 지방자치단체의 장 기타의 기관은 기관위임사무를 처리하는 범위 안에서는 지방자치단체의 기관이 아니고, 그 사무를 위임한 국가 등의 기관의 지위에 서게 된다.

2) 기관위임사무와 권한쟁의심판

지방자치단체가 권한쟁의심판을 청구하기 위해서는 헌법 또는 법률에 의하여 부여받은 그의 권한, 즉 지방자치단체의 사무에 관한 권한이 침해되거나 침해될 우려가 있는 때에 한하여 권한쟁의심판을 청구할 수 있다. 따라서 지방자치단체의 사무라고 할 수 없고 국가사무로서의 성격을 가지고 있는 기관위임사무의 집행권한의 존부 및 범위에 관하여 지방자치단체가 청구한 권한쟁의심판청구는 지방자치단체의 권한에 속하지 아니하는 사무에 관한 심판청구로서 그 청구가 부적법하다는 것이 판례의 태도이다.[1] 또한 지방자치단체가 기관위임사무와 관련하여 다른 지방자치단체를 피청구인으로 하여 권한쟁의심판을 청구하는 경우 청구인의 권한에 속하지 아니하는 사무 또는 피청구인적격을 갖추지 못한 자를 상대로 한 권한쟁의심판청구로서 부

1 헌재 2009. 7. 30. 2005헌라2.

적법하다는 것이 판례의 태도이다.[1]

헌재 2011. 9. 29. 2009헌라3

1. 사건의 개요

피청구인 인천광역시가 시행하는 송도 신도시 매립사업은 1994년부터 2020년까지 인천 연수구 동춘동 996 일원의 토지 및 그 연안의 공유수면을 매립하여 조성한 매립지에 주택, 문화, 교육, 체육, 공공시설 용지 약 53㎢(≒1,611만평)를 조성하는 사업으로, 2009년 현재 제1 내지 제4공구 및 제5, 7, 9공구의 매립이 완료되었고, 향후 2020년까지 제11공구까지의 매립사업이 진행될 예정이다. 정부는 2003. 8. 11. 재정경제부고시 제2003-19호로 위와 같이 매립이 진행되는 송도지구를 경제자유구역으로 지정하였고, 피청구인 인천광역시는 위 고시에 따라 제1단계로 2009년까지 조성된 12.665㎢를 시가지 조성단지, 지식정보 산업단지로, 제2단계로 2014년까지 송도국제화복합단지, 송도 랜드마크시티 등의 부지로 약 29.165㎢를, 제3단계로 2020년까지 첨단산업클러스터, 신항물류단지 등으로 약 11.570㎢를 조성할 계획이다. 인천경제자유구역 내의 토지등록사무를 담당하는 인천광역시 경제자유구역청장은 2009. 1. 22. 매립이 완료된 제9공구(제3 준설토 투기장) 매립지 11필지 2,626,278.7㎡에 대하여 '인천광역시 연수구 송도동 297 내지 307'의 지번을 부여하여 신규로 토지등록을 하였다. 청구인은 2009. 3. 12. 위와 같이 토지등록이 된 제9공구 매립지 중 별지 도면 표시 a, b, c, d, a의 각 점을 순차 직선으로 연결한 선내 부분 1,692,727.8㎡(계쟁지역)에 대하여 피청구인 인천광역시가 한 토지등록처분 및 피청구인 인천광역시 연수구가 행사할 장래처분이 이 사건 계쟁지역에 대한 청구인의 자치권한을 침해하였거나 침해할 현저한 위험이 있음을 이유로 피청구인들을 상대로 이 사건 계쟁지역에 대한 관할권한이 청구인에게 있음의 확인을 구하는 이 사건 심판청구를 제기하였다.

2. 적법요건에 대한 판단

(1) 지방자치단체가 권한쟁의심판을 청구하기 위해서는 헌법 또는 법률

1 헌재 2011. 9. 29. 2009헌라3.

에 의하여 부여받은 권한, 즉 지방자치단체의 사무에 관한 권한이 침해되거나 침해될 우려가 있어야 한다. 그런데 지방자치단체의 사무 중 국가가 지방자치단체의 장 등에게 위임한 기관위임사무는 그 처리의 효과가 국가에 귀속되는 국가의 사무로서 지방자치단체의 사무라 할 수 없고, 지방자치단체의 장은 기관위임사무의 집행권한과 관련된 범위에서는 그 사무를 위임한 국가기관의 지위에 서게 될 뿐 지방자치단체의 기관이 아니므로, 지방자치단체는 기관위임사무의 집행에 관한 권한의 존부 및 범위에 관한 권한분쟁을 이유로 기관위임사무를 집행하는 국가기관 또는 다른 지방자치단체의 장을 상대로 권한쟁의심판을 청구할 수 없다 할 것이다. 결국 국가사무로서의 성격을 가지고 있는 기관위임사무의 집행권한의 존부 및 범위에 관하여 지방자치단체가 청구한 권한쟁의심판 청구는 지방자치단체의 권한에 속하지 아니하는 사무에 관한 심판청구로서 그 청구가 부적법하다고 할 것이다.

(2) 이 사건 계쟁지역에서의 토지등록 및 지번 부여에 관한 사무 역시 국가사무로서 인천광역시장에게 위임된 기관위임사무로 볼 것이다. 이 사건에서 청구인은 인천광역시장의 이 사건 계쟁지역에 대한 지번 부여 및 토지등록행위가 청구인의 자치권한을 침해한다는 전제 아래 피청구인 인천광역시를 상대로 이 사건 계쟁지역에 대한 관할권한의 확인을 구하고 있는데, 이 부분 심판청구의 본질은 이 사건 계쟁지역의 지번 부여 및 토지등록 사무에 관한 권한의 존부 및 범위에 관한 다툼이라고 할 것이고, 청구인과 피청구인 인천광역시 사이에 청구인의 지방자치권에 대한 실질적이며 직접적인 다툼이 있는 경우라고 볼 수 없으므로, 결국 이 사건에서 지방자치단체인 청구인이 국가사무인 지적공부의 등록사무에 관한 권한의 존부 및 범위에 관하여 다투고 있다고 봄이 상당하다. 그리고 이 사건 계쟁지역의 지번 부여 및 토지등록에 관한 사무는 인천광역시장이 피청구인 인천광역시의 집행기관으로서가 아니라 국가기관으로서 담당하는 사무이므로 피청구인 인천광역시는 인천광역시장의 토지등록 처분에 대하여 법적 책임을 지는 자에 해당하지 아니하므로 이 사건 심판청구의 피청구인적격 또한 갖추지 못하였다고 할 것이다. 그렇다면 청구인의 피청구인 인천광역시에 대한 심판청구는 지방자치단체인 청구인의 권한에 속하지 아니하는 사무 또는 피청구인적격을 갖

추지 못한 자를 상대로 한 권한쟁의심판청구라고 할 것이므로, 청구인이 지방자치단체로서 헌법 또는 법률에 의하여 부여받은 권한을 침해받은 경우에 해당한다고 할 수 없어서 부적법하다.

(4) 지방교육자치에 관한 권한쟁의

헌재법 제62조 제2항에서는 권한쟁의가 「지방교육자치에 관한 법률」 제2조의 규정에 의한 교육·학예에 관한 지방자치단체의 사무에 관한 것인 때에는 교육감이 당사자가 된다고 규정하고 있다. 지방자치단체기관의 당사자능력을 부정하는 입장에서는 지방의회나 지방자치단체의 장과 마찬가지로 교육감과 같은 지방자치단체의 기관은 독자적으로 권한쟁의심판을 청구할 수 있는 당사자능력이 없고 지방자치단체만이 권한쟁의심판을 청구할 능력이 있다고 본다. 그러므로 헌재법 조항을 헌법과 충돌되지 않는 것으로 이해하기 위해서는 그 의미를 결국 그러한 권한쟁의사건에서는 교육감이 지방자치단체를 대표한다는 취지[1]로 이해하여야 한다는 것이다. 교육·학예에 관한 지방자치단체의 사무를 둘러싼 권한분쟁이라 하더라도 당사자는 지방자치단체가 되고, 다만 시·도지사가 아니라 교육감이 대표자로서 소송을 수행하게 된다.[2]

3. 헌법재판소·정당

헌법재판소는 자신이 관련된 분쟁을 심판자로서 스스로 결정할 수 없기 때문에 권한쟁의심판의 당사자가 될 수 없다.

정당은 명문의 규정이 없을 뿐만 아니라 국가기관이 아니므로 권한쟁의심판절차에서 당사자가 될 수 없다.

1 『헌법재판실무제요』, 헌법재판소, 2008, 330면.
2 김하열, "서울특별시와 정부간의 권한쟁의," 『결정해설집 제4집』, 헌법재판소, 2005, 789-790면.

제 3 절 권한쟁의심판의 요건

권한쟁의심판을 청구하려면 청구인과 피청구인 상호 간에 권한의 존부 또는 범위에 관한 다툼이 있어야 하고, 피청구인의 처분 또는 부작위가 헌법 또는 법률에 의하여 부여받은 청구인의 권한을 침해하거나 침해할 현저한 위험이 있는 경우이어야 한다.

Ⅰ. 심판의 청구

1. 청구인적격과 피청구인적격

청구인적격은 정당한 당사자로서 권한쟁의심판을 청구할 수 있고, 소송을 수행할 수 있는 자격을 의미한다. 청구인은 자신의 권한이나 의무가 침해받고 있거나 직접적으로 위협받고 있음을 주장하여야 한다. 피청구인은 당사자능력을 가지고 정당한 당사자로서 소송을 수행할 수 있는 당사자적격을 가진 국가기관 또는 지방자치단체이다. 권한쟁의심판에 있어서는 처분 또는 부작위를 야기한 기관으로서 법적 책임을 지는 기관만이 피청구인적격을 가지므로, 권한쟁의심판청구는 이들 기관을 상대로 제기하여야 한다. 소극적 권한쟁의에서는 피청구인을 특정할 수 없는 경우가 많다.

헌재 2009. 10. 29. 2009헌라8

권한쟁의심판에 있어서는 처분 또는 부작위를 야기한 기관으로서 법적 책임을 지는 기관만이 피청구인 적격을 가지므로, 권한쟁의심판청구는 이들 기관을 상대로 제기하여야 한다.
그런데 피청구인 국회의장은 헌법 제48조에 따라 국회에서 선출되는 헌법상의 국가기관으로서 헌법과 법률에 의하여 국회를 대표하고 의사를 정리하며, 질서를 유지하고 사무를 감독할 지위에 있고, 이러한 지위에서 의안의 상정, 의안의 가결선포 등의 권한을 갖는 주체이므로 피청구인 적격이 인정된다. 이와 달리, 피청구인 국회부의장은 국회의장의 위임에 따라 그 직무를 대리하여 법률안 가결선포행위를 할 수 있을 뿐, 법률안 가결선포행위에 따른 법적 책임을 지는 주체가 될 수 없으므로 권한쟁의심판청구의 피청구인 적격이 인정되지 않는다. 따라서 피청구인 국회부의장에 대한 이 사건 심판청구는 피청구인 적격이 인정되지 아니하는 자를 상대로 제기된 것으로 부적법하다.

2. 심판청구의 절차

(1) 심판청구서 제출

권한쟁의심판청구서는 직접 지참하여 헌법재판소에 제출하거나 우송의 방법으로 제출한다. 우송의 경우에는 청구기간의 계산에 있어서 실제로 헌법재판소에 도달된 날짜를 기준으로 한다.[1] 그 밖에도 전자문서에 의한 접수도 가능하다.[2]

(2) 심판청구서 기재사항

심판청구서에는 다음과 같은 필요적 사항을 기재하여야 한다.

1) 청구인 또는 피청구인이 속한 기관 및 심판수행자 또는 대리인 표시
2) 피청구인 표시 및 경정
3) 심판의 대상이 되는 피청구인의 처분 또는 부작위
4) 청구취지
5) 청구이유

1 헌재 1990. 5. 21. 90헌마78.
2 헌재법 제76조.

II. 심판의 요건

권한쟁의심판을 청구하려면 피청구인의 처분 또는 부작위가 존재하여야 한다.

1. 처 분

(1) 처분의 개념

처분은 넓은 의미에서의 국가기관 또는 지방자치단체의 작위행위를 말한다. 넓은 의미의 공권력처분을 의미하므로 행정처분, 행정입법, 법원재판뿐만 아니라 국회의 법률제정행위나 이와 관련된 행위도 권한쟁의심판의 대상이 되는 처분에 포함된다. 법률에 대한 권한쟁의심판은 위헌법률심판과 구분되어야 한다는 점에서 법률의 제정행위를 심판의 대상으로 해야 한다.[1] 지방자치단체의 권한에 부정적인 영향을 주어서 법적으로 문제되는 경우에는 사실행위나 내부적인 행위도 권한쟁의심판의 대상이 되는 처분에 해당한다. 따라서 건설교통부장관의 경부고속철도의 역명을 결정한 것은 권한쟁의심판의 대상이 되는 처분에 해당한다.[2]

헌재 2006. 8. 31. 2004헌라2

적법요건으로서의 "처분"에는 개별적 행위뿐만 아니라 규범을 제정하는 행위도 포함되며, 입법영역에서는 법률의 제정행위 및 법률 자체를, 행정영역에서는 법규명령 및 모든 개별적인 행정적 행위를 포함한다. 이 사건 점용료부과처분은 행정소송법상의 처분에 해당하므로 처분요건을 충족한다.

1 헌재 2006. 5. 25. 2005헌라4.
2 헌재 2006. 3. 30. 2003헌라2.

헌재 2006. 5. 25. 2005헌라4

처분은 입법행위와 같은 법률의 제정과 관련된 권한의 존부 및 행사상의 다툼, 행정처분은 물론 행정입법과 같은 모든 행정작용 그리고 법원의 재판 및 사법행정작용 등을 포함하는 넓은 의미의 공권력 처분을 의미하는 것으로 보아야 할 것이므로, 법률에 대한 권한쟁의심판도 허용된다고 봄이 일반적이나 다만, '법률 그 자체'가 아니라 '법률제정행위'를 그 심판대상으로 하여야 할 것이다.

헌재 2005. 12. 22. 2004헌라3

'처분'이란 법적 중요성을 지닌 것에 한하므로, 청구인의 법적 지위에 구체적으로 영향을 미칠 가능성이 없는 행위는 '처분'이라 할 수 없어 이를 대상으로 하는 권한쟁의심판청구는 허용되지 않는다. 정부가 법률안을 제출하였다 하더라도 그것이 법률로 성립되기 위해서는 국회의 많은 절차를 거쳐야 하고, 법률안을 받아들일지 여부는 전적으로 헌법상 입법권을 독점하고 있는 의회의 권한이다. 따라서 정부가 법률안을 제출하는 행위는 입법을 위한 하나의 사전 준비행위에 불과하고, 권한쟁의심판의 독자적 대상이 되기 위한 법적 중요성을 지닌 행위로 볼 수 없다.

(2) 장래처분

처분은 원칙적으로 이미 행사된 처분을 의미한다. 다만 처분이 장래 행해질 것이 확실하고 장래처분에 의해서 청구인의 권한이 침해될 위험성이 있어서 청구인의 권한을 사전에 보호해 주어야 할 필요성이 인정되는 경우에는 예외적으로 장래처분에 대해서도 권한쟁의심판을 청구할 수 있다.

헌재 2009. 7. 30. 2005헌라2

피청구인의 장래처분에 의해서 청구인의 권한침해가 예상되는 경우에 청구인은 원칙적으로 이러한 장래처분이 행사되기를 기다린 이후에 이에 대한 권한쟁의심판청구를 통해서 침해된 권한의 구제를 받을 수 있으므로, 피청구인의 장래처분을 대상으로 하는 심판청구는 원칙적으로 허용되지 아니한다. 그러나 피청구인의 장래처분이 확실하게 예정되어 있고, 피청구인의 장래처분에 의해서 청구인의 권한이 침해될 위험이 있어서 청구인의 권한을 사전에 보호해 주어야 할 필요성이 매우 큰 예외적인 경우에는 피청구인의 장래처분에 대해서도 권한쟁의심판을 청구할 수 있다고 할 것이다. 왜냐하면, 권한의 존부와 범위에 대한 다툼이 이미 발생한 경우에는 피청구인의 장래처분이 내려지기를 기다렸다가 권한쟁의심판을 청구하는 것보다는 사전에 권한쟁의심판을 청구하여 권한쟁의심판을 통하여 권한다툼을 사전에 해결하는 것이 권한쟁의심판제도의 목적에 더 부합되기 때문이다. 그렇다면, 피청구인의 장래처분도 위와 같은 예외적인 경우에는 헌법재판소법 제61조 제 2 항에서 규정하는 피청구인의 처분으로 인정된다고 할 것이다.

2. 부작위

권한쟁의심판에서 다툴 수 있는 부작위는 헌법상 또는 법률상 유래하는 작위의무가 있음에도 불구하고 이를 이행하지 않는 경우를 말한다.[1]

3. 법적 효과를 가져오는 처분 또는 부작위

처분이나 부작위는 법적으로 의미를 가지는 효과를 가져오는 것이어야 하며, 법적으로 아무런 효과를 발생하지 않는 처분이나 부작위 예컨대, 준비행위, 법률안의 제출행위 등은 권한쟁의심판으로 다툴 여지가 없다.

1 헌재 2006. 8. 31. 2004헌라2.

헌재 2006. 3. 30. 2005헌라1

권한쟁의심판을 청구하려면 피청구인의 처분 또는 부작위가 존재하여야 한다. 여기서 '처분'이란 법적 중요성을 지닌 것에 한하므로, 청구인의 법적 지위에 구체적으로 영향을 미칠 가능성이 없는 행위는 '처분'이라 할 수 없어 이를 대상으로 하는 권한쟁의심판청구는 허용되지 않는다. 이 사건에서 문제되는 피청구인의 행위는 어느 것이나 위와 같은 의미의 '처분'에 해당하지 않는다. 피청구인이 '행정부시장·부지사 회의'를 개최하여 행정자치부에서 작성한 표준안대로 복무조례를 개정할 것을 요청한 것은 각 지방자치단체가 참고할 수 있도록 표준안을 제시한 것에 불과하여 단순한 업무협조 요청에 불과하다.「전공노 총파업관련징계업무처리지침」 및 「전공노 대책 관련 긴급 지시」를 통보한 것도 상호 협력의 차원에서 조언·권고한 것이거나 단순히 '업무연락'을 한 것이지, 청구인들을 법적으로 규제하는 강제적·명령적 조치를 취한 것이라 보기 어렵다. 기자회견을 통해 '총파업가담자에 대한 처벌'과 '정부의 방침에 소극적으로 대처하는 지방자치단체에 대하여 특별교부세 지원중단 등의 행정적·재정적 불이익 조치를 취할 것'이라는 것을 주된 내용으로 하는 담화문을 발표한 것 또한 단지 파업의 대응방침을 천명한 것으로 단순한 견해의 표명에 지나지 않는다. … 피청구인의 위 행위들은 헌법재판소법 제61조 제2항에 규정된 '처분'이라 할 수 없어 권한쟁의심판의 독자적 심판대상이 될 수 없다 할 것이므로, 이를 대상으로 한 청구인들의 권한쟁의심판은 모두 부적법하다.

4. 권한에 대한 분쟁

권한쟁의심판은 청구인과 피청구인 상호 간에 권한의 존부 또는 범위에 관한 다툼이 있는 경우에 이를 해결하는 절차이다. 따라서 권한쟁의심판을 청구하려면 피청구인의 처분 또는 부작위가 권한을 침해하거나 침해할 현저한 위험성이 존재하여야 한다. 헌재법 제61조 제1항은 "국가기관 상호간, 국가기관과 지방자치단체 간 및 지방자치단체 상호간에 권한의 존부 또는 범위에 관하여 다툼이 있을 때에는 당해 국가기관 또는 지방자치단체는 헌법재판소에 권한쟁의심판을 청구할 수 있다"고 규정하고, 같은 조 제2항은 "제1항의 심판청구는 피청구인의 처분 또는 부작위가 헌법 또는 법률에 의하여 부여받은 청구인의 권한을 침해하였거나 침해할 현저한 위험이 있는 경우에만 할 수 있다"고 규정하고 있다. 따라서 청구인과 피청구인 상호 간에 헌법 또는 법률에 의하여 부여받은 권한의 존부 또는 범위에 관하여 다툼이 있는 경우가 아니거나, 피청구인의 처분 또는 부작위가 헌법 또는 법률에 의하여 부여받은 청구인의 권한을 침해할 가능성이 없는 경우에 제기된 권한쟁의심판청구는 부적법하다.

(1) 권한의 존부나 범위에 관한 다툼

1) 헌법 또는 법률에 의하여 부여받은 권한

헌재법 제61조 제2항에서는 "헌법 또는 법률에 의하여 부여받은 권한"이라고 규정하고 있다. 따라서 권한쟁의심판에서 말하는 권한은 헌법에 의해서만 부여되는 권한에 한정되는 것이 아니라 법률에 의해 부여되는 권한도 포함한다.

2) 헌법상 의무와 법률상 의무

헌법과 헌재법에서는 의무라는 표현은 없으나 직무상의 권한은 다른 면에서 성질상 직무상의 의무도 포함하고 있으므로 의무도 포함된다.

헌재 1995. 2. 23. 90헌라1

권한쟁의심판은 공권력을 행사하는 국가기관이나 지방자치단체와 다른 국가기관 또는 지방자치단체 사이에 권한의 존부 또는 범위에 관하여 다툼이 있는 경우 독립한 국가기관인 헌법재판소가 이를 심판하여 그 권한과 의무의 한계를 명확히 함으로써 국가기능의 원활한 수행을 도모하고 권력 상호간의 견제와 균형을 유지시켜 헌법질서를 보호하려는 데 그 제도의 목적이 있다고 할 수 있다.

(2) 권한의 침해나 침해의 현저한 위험

헌재법 제61조 제2항에 따라 권한쟁의심판을 청구하려면, 피청구인의 처분 또는 부작위로 인해 청구인의 권한이 침해되었거나 현저한 침해의 위험성이 존재하여야 한다. 여기서 '권한의 침해'란 피청구인의 처분 또는 부작위로 인한 청구인의 권한침해가 과거에 발생하였거나 현재까지 지속되는 경우를 의미하며, '현저한 침해의 위험성'이란 아직 침해라고는 할 수 없으나 침해될 개연성이 상당히 높은 상황을 의미한다.[1]

권한쟁의심판청구의 적법요건 단계에서 요구되는 권한침해의 요건은, 청구인의 권한이 구체적으로 관련되어 이에 대한 침해가능성이 존재할 경우 충족되는 것으로 볼 수 있다. 권한의 침해가 실제로 존재하고 위헌 내지 위법한지의 여부는 본안의 결정에서 판단되어야 한다.[2]

헌재 2011. 8. 30. 2011헌라1

1. 사건의 개요

정부는 2008. 12. 15.경부터, 하천법을 포함한 관계 법령에 의거하여 한강, 낙동강, 금강, 영산강 등 4대강 전체에 걸쳐, 홍수·가뭄을 방지하는 동시에 물 문제를 해결하고, 하천생태계를 복원·활용하며, 강 중심으로 지역균형발전을 도모하고 지역경제 및 문화·관광사업을 활성화할 목적으로, 강 준설, 댐·홍수 조절지·강변 저류지 건설, 제방 보강, 하구둑 배수문 증설, 친환경 보(洑) 건설, 농업용 저수지 증고, 생태하천 조성, 농경지 정리, 자전거길, 수상레저·문화관광지 조성, 특화문화관광 거점 육성 등을 사업내용으로 하는 강별 종합계획을 수립한 후, 이른바 '4대강 살리기 사업'을 추진해 오고 있다. 위 사업의 주무관청인 피청구인(국토해양부장관)은 2009. 6. 12. 4대강 사업 중 낙동강 지역에 해당하는 '낙동강 살리기 사업'부문의 내용에 관하여

1 헌재 2006. 5. 25. 2005헌라4.
2 헌재 2006. 5. 25. 2005헌라4.

경상남도지사에게 통보하고, 2009. 9.경 부산지방국토관리청장을 통하여 경상남도지사와 사이에 「낙동강 살리기 사업 대행공사 협약」을 체결하였다. 그런데 부산지방국토관리청장은 2010. 11. 15. 경상남도지사에게, 경상남도지사가 지속적으로 4대강 사업을 반대 또는 지연해 왔고, 일방적으로 보·준설에 관한 사업내용의 변경을 요구하는가 하면, 그 당시까지 낙동강 47공구의 발주를 보류하고 있어 이 사건 대행계약의 이행을 거절한다는 이유로, 이 사건 대행계약을 해제한다는 통지를 하였다. 이에 청구인은 2011. 1. 13, 피청구인이 2010. 11. 15.자로 이 사건 대행계약을 해제하고 낙동강 사업의 시행권을 회수한 행위는 청구인에게 헌법상 부여된 주민의 복리에 관한 사무를 처리할 권한을 침해하고 청구인에게 하천법상 부여된 국가하천의 유지·보수에 관한 권한을 침해한 것이라고 주장하면서, 그 권한의 침해확인 및 위 행위의 무효확인을 구하는 이 사건 권한쟁의심판을 청구하였다.

2. 결정요지

낙동강의 유지·보수 범위에 해당하는 부분을 따로 떼어내서 그에 대한 권한의 존부를 독자적으로 따질 수 있다 하더라도, '국가하천의 유지·보수' 역시 하천법 제27조 제5항 단서에 의거하면 국토해양부장관이 시행관리책임을 맡고 있는 '국가사무'로서 각 시·도지사에게 기관위임되어 있는 사무에 불과하므로 '청구인의 권한'이라고 할 수 없어, 이 사건 처분으로 인하여 '청구인의 낙동강 유지·보수에 관한 권한이 침해될 가능성'은 없다. 그리고 청구인이 지방자치단체로서 주민의 복리에 관한 사무를 처리할 수 있는 '자치권한'을 갖고 있는 것은 사실이나, 낙동강 사업에 대한 시행권을 피청구인이 경상남도지사에게 대행시키는 위 대행계약을 체결하는 과정 및 위 계약을 해제하고 시행권을 회수해 가는 과정에서는 물론, 시행되는 낙동강 사업의 내용 자체에서도, 낙동강 유역을 포함한 경상남도 전역에 걸쳐 지역주민의 복리를 증진시키기 위하여 청구인이 행사하는 '자치권한'에 어떠한 제약을 가하거나 조건 내지 부담을 부과한 적이 없으므로, 피청구인의 이 사건 처분으로 말미암아 '청구인의 일반적인 자치권한이 직접 제약받을 가능성'은 없다. 청구인이 비록 위임받은 낙동강 사업을 시행하는 과정에서 지역경제의 이익과 주민의 복리를 도모할 수 있는 많은 기회를 가질 수 있었는데 이 사건 처분으로 말미암아 더 이상 그러한 경제적·복지적 이익을 추구할 수 없게 되었지만, 이는 사업시행권 회수로 인하여 부수적으로 발생하는 사실상의 간접적인 불이익에 지나지 않으므로, 이를 이유로 청구인의 '자치권한'이 침해될 가능성이 있다고 할 수도 없다. 결국 청구인이 이 사건 청구에서 다투는 사유는 낙동강 사업에 대한 시행권을 위 대행계약을 통하여 청구인의 기관인 지방자치단체장에게 대행시켰다가 그 계약을 해제하고 사업시행권을 회수해 간 피청구인의 행위가 부당하다는 취지에 불과하므로, 이와 같은 문제는 공법상 계약에 의하여 청구인과 피청구인에게 귀속된 권리·의무가 유효하게 해제되었는지를 둘러싼 '공법상 법률관계에 관한 다툼'에 불과할 뿐, 권한쟁의심판의 적법한 대상이 되는 '권한의 존부 또는 범위에 관한 다툼'에 해당하지도 않는다.

(3) 소극적 권한쟁의의 문제

1) 소극적 권한쟁의의 의미

국가기관이나 지방자치단체가 자신의 권한침해나 침해의 현저한 위험을 주장하는 것이 아니라 어떠한 권한이나 의무에 대해 자신의 권한이나 의무가 아님을 확인하는 것을 구하는 심판의 청구가 인정되는가 하는 점이다.

2) 소극적 권한쟁의의 인정여부

권한쟁의심판절차에서 소극적 권한쟁의가 인정되는가 하는 점에 대해 긍정설과 부정설로 대립한다. 헌법재판소가 소극적 권한쟁의를 직접적으로 인정한 결정례는 없다.

III. 권리보호이익

권한쟁의심판에서 권한은 개인이 가지는 주관적 권리와 구별되기 때문에 권리보호이익이 필요한지가 문제되지만, 헌법재판소는 권한쟁의심판에서도 권리보호이익이 필요하다고 보고 있다.

권한쟁의심판에서 심리 중에 권리침해가 소멸한 경우가 있을 수 있다. 권한침해행위가 소멸하였다고 하더라도 권한의 존부나 범위를 확인해 둘 필요가 있는 때에는 심판의 이익이 인정되는 경우가 있다.

헌재 2003.10.30. 2002헌라1

상임위원회 위원의 임기는 2년이다. 그리고 현재의 제16대 국회는 2000.4.13. 실시된 총선거에 의하여 선출된 국회의원으로 구성되어 4년 임기 중 전반기를 이미 마쳤고, 후반기 들어 2002.7.경 새로이 각 상임위원회의 위원배정이 이루어졌다. 국회사무처에서 보내온 2002.9.30.자 '상임위원회 위원명단'을 보면, 청구인은 다시 보건복지위원회에 배정되어 현재까지 동 위원회에서 활동하고 있다. 그러므로 청구인이 이 사건 권한쟁의심판청구에 의하여 달성하고자 하는 목적은 이미 이루어져 청구인이 주장하는 권리보호이익이 소멸하였다. 그러나 헌법소원심판과 마찬가지로 권한쟁의심판도 주관적 권리구제뿐만 아니라 객관적인 헌법질서 보장의 기능도 겸하고 있으므로, 청구인에 대한 권한침해 상태가 이미 종료하여 이를 취소할 여지가 없어졌다 하더라도 같은 유형의 침해행위가 앞으로도 반복될 위험이 있고, 헌법질서의 수호·유지를 위하여 그에 대한 헌법적 해명이 긴요한 사항에 대하여는 심판청구의 이익을 인정할 수 있다고 할 것이다. 이 사건과 같이 상임위원회 위원의 개선, 즉 사·보임행위는 국회법 규정의 근거 하에 국회관행상 빈번하게 행해지고 있고 그 과정에서 당해 위원의 의사에 반하는 사·보임이 이루어지는 경우도 얼마든지 예상할 수 있으므로 청구인에게 뿐만 아니라 일반적으로도 다시 반복될 수 있는 사안이어서 헌법적 해명의 필요성이 있으므로 이 사건은 심판의 이익이 있다고 할 것이다.

IV. 청구기간

권한쟁의심판은 권한을 침해하는 사유가 있음을 안 날로부터 60일 이내, 그 사유가 있은 날로부터 180일 이내에 하여야 한다.

부작위에 의한 권한침해의 경우에는 청구기간의 제약이 없으며, 장래처분에 의한 권한침해의 위험성이 발생하는 경우에도 장래처분이 내려지지 않은 상태로서 청구기간의 제한이 없다는 것이 판례의 태도이다.[1]

제 4 절　권한쟁의심판의 결정

I. 심판정족수

권한쟁의심판은 재판관 7인 이상의 출석으로 심리하며, 종국심리에 관여한 재판관의 과반수의 찬성으로 권한쟁의심판사건에 관한 결정을 한다.

II. 결정의 유형

1. 각하결정

권한쟁의심판의 청구요건을 갖추지 못한 경우에는 각하결정을 한다. 당사자능력이나 당사자적격이 인정되지 않거나 헌법과 법률이 부

1 헌재 2008. 12. 26. 2005헌라11.

여한 권한이 아니거나, 권한의 침해 또는 침해위험이 없는 경우, 청구기간을 도과한 경우 각하결정을 한다.

2. 기각결정

청구인의 청구가 이유 없다고 인정할 때에는 기각결정을 한다. 권한침해가 없다고 판단하거나, 무효확인청구에 대하여 무효사유가 없다고 보는 경우, 처분에 대한 취소사유가 없다고 보는 경우, 부작위가 위헌 또는 위법이 아니라고 판단하는 경우 기각결정을 한다.

3. 심판절차종료결정

권한쟁의심판 도중에 청구취하가 있는 경우 민사소송법의 소취하 규정을 준용하여 심판절차종료결정을 한다. 청구인이 사망한 경우에도 심판절차종료선언을 한 결정이 있다.[1]

헌재 2001. 5. 8. 2000헌라1

헌법재판소법 제40조 제1항은 "헌법재판소의 심판절차에 관하여는 이 법에 특별한 규정이 있는 경우를 제외하고는 민사소송에 관한 법령의 규정을 준용한다. 이 경우 탄핵심판의 경우에는 형사소송에 관한 법령을, 권한쟁의심판 및 헌법소원심판의 경우에는 행정소송법을 함께 준용한다"고 규정하고, 같은 조 제2항은 "제1항 후단의 경우에 형사소송에 관한 법령 또는 행정소송법이 민사소송에 관한 법령과 저촉될 때에는 민사소송에 관한 법령은 준용하지 아니한다"고 규정하고 있다. 그런데 헌법재판소법이나 행정소송법에 권한쟁의심판청구의 취하와 이에 대한 피청구인의 동의나 그 효력에 관하여 특별한 규정이 없으므로, 소의 취하에 관한 민사소송법 제239조는 이 사건과 같은 권한쟁의심판절

1 헌재 2010. 11. 25. 2009헌라12.

차에 준용된다고 보아야 한다.

헌재 2010. 11. 25. 2009헌라12

청구인이 법률안 심의·표결권의 주체인 국가기관으로서의 국회의원 자격으로 권한쟁의심판을 청구하였다가 심판절차 계속 중 사망한 경우, 국회의원의 법률안 심의·표결권은 성질상 일신전속적인 것으로 당사자가 사망한 경우 승계되거나 상속될 수 없어 그에 관련된 권한쟁의심판절차 또한 수계될 수 없으므로, 권한쟁의심판청구는 청구인의 사망과 동시에 당연히 그 심판절차가 종료된다.

4. 인용결정

(1) 헌재법 규정

제66조(결정의 내용) ① 헌법재판소는 심판의 대상이 된 국가기관 또는 지방자치단체의 권한의 유무 또는 범위에 관하여 판단한다.
② 제 1 항의 경우에 헌법재판소는 권한침해의 원인이 된 피청구인의 처분을 취소하거나 그 무효를 확인할 수 있고, 헌법재판소가 부작위에 대한 심판청구를 인용하는 결정을 한 때에는 피청구인은 결정 취지에 따른 처분을 하여야 한다.

(2) 권한의 존부 또는 범위확인결정

권한의 존부와 범위에 관한 판단은 권한의 존부와 권한의 범위에 관한 판단으로 나누어 볼 수 있다. 권한의 존부의 문제는 침해되었다고 주장하는 권한이 누구에게 귀속되는지의 여부에 관한 판단이며, 권한의 범위에 관한 문제는 피청구인의 행위로 인하여 청구인의 권한이 침해되었는가에 관한 판단이다.

1) 권한존부확인결정

권한존부결정은 청구인의 권한의 침해나 침해위험을 판단함에 있어 선행하여 행해진다. 장래처분에 대한 권한쟁의에서는 권한존부확인결정이 독자적으로 선고될 수 있다. 소극적 권한쟁의를 인정하는 입장에서는 소극적 권한쟁의에서도 권한존부확인결정은 독자적으로 선고될 수 있다고 본다.

헌재 2004. 9. 23. 2000헌라2

【주 문】

1. 청구인의 피청구인 평택시장에 대한 심판청구를 각하한다.
2. 별지도면 표시 "가, 나, 다, 라, 마, 바, 사, 아, 자, 차, 카, 타, 가" 각 점을 순차적으로 연결한 선내 부분에 해당하는 면적 32,834.8㎡의 제방에 대한 관할권한은 청구인에게 있음을 확인한다.

2) 권한범위확인결정

헌재 2011. 8. 30. 2009헌라7

【주 문】

1. 피청구인이 2009. 3. 3. 20:59 경 개의된 제281회 국회임시회 제12차 본회의에서 '한국정책금융공사법안' 및 '신용정보의 이용 및 보호에 관한 법률 전부개정법률안(대안)'의 가결을 선포한 행위는 청구인의 법률안 심의·표결권을 침해한 것이다.

(3) 무효확인결정

헌재법 제66조 제2항에 의하면 헌법재판소는 권한쟁의심판에서 무효확인의 결정을 할 수 있다. 작위적 행위처분의 효력을 직접 폐지하는 취소가 인정되는 이상 권한쟁의심판에서 처분에 대한 무효확인결정은 원칙적으로 인정할 필요가 없다는 견해가 있다.[1] 하지만 헌법재판소는 권한쟁의심판에서 행정행위의 하자이론에 의거하여 권한침해적 처분의 중대·명백한 것인가의 여부에 따라 취소와 무효를 구별하여 주문에 무효를 확인한다고 표시하고 있다. 무효확인결정이 있으면 피청구인의 처분은 처음부터 효력을 가지지 못한다는 것이 확정된다.

헌재 1999. 7. 22. 98헌라4

【주 문】

1. 피청구인이 1998. 4. 16. 경기도고시 제1998-142호로 행한 성남도시계획시설(서현근린공원내 골프연습장·도시계획도로)에 대한 … 도시계획사업시행자지정처분은 도시계획법 제23조 제 5 항에 의한 청구인의 권한을 침해한 것이다.
2. 피청구인의 위 처분은 무효임을 확인한다.[2]

(4) 취소결정

1) 취소결정의 의의

헌법재판소는 청구인의 권한침해의 원인이 된 피청구인의 처분을 취소하는 결정을 할 수 있다. 헌재법 제66조 제 2 항에서 "권한침해의 원인이 된 피청구인의 처분"을 취소할 수 있다고 규정하고 있다. 여기서 취소의 의미는 행정행위의 취소와 같은 개념이 아니라 이미 행해진 다양한 작위행위처분의 효력을 폐지하는 것이라고 할 수 있다.

1 정종섭, 앞의 책, 551면.

2 무효확인청구에 대한 판단. 이 사건 지정처분의 권한은 청구인에게 있음이 명백하고, 앞에서 본 바와 같이 이 사건 진입도로부분에 대하여는 장○수의 신청이 없었으므로 청구인의 반려 및 거부처분이 있을 수 없으며, 나아가 피청구인의 인용재결이 있을 여지가 없다. 그러함에도 피청구인이 청구인이 인용재결의 취지에 따른 처분을 하지 않았다는 이유로 이 사건 진입도로에 대하여 지정처분을 한 것은 그 처분에 중대하고도 명백한 흠이 있어 무효라고 할 것이다.

헌재 2006. 8. 31. 2004헌라2

【주 문】

피청구인이 2004. 3. 10. 진해시 용원동 1307 도로에 대한 점용을 이유로 … 행한 각 점용료부과처분은 이를 취소한다.

2) 취소결정의 효력

헌법재판소가 처분을 취소하는 결정을 하면 그 처분은 취소되고 효력을 상실한다. 소급효를 가지는가 하는 점은 사안의 성질에 따라 헌법재판소가 판단하여 주문에 표시한다.

취소결정을 하였다고 하여 그 결정이 처분의 상대방제3자에 대하여 이미 생긴 효력에 영향을 미치는 것은 아니다.[1] 따라서 행정처분의 경우 제3자가 당해 행정처분에 대하여 다투기 위해서는 권한쟁의심판에서 피청구인이 되었던 기관의 행정처분에 대하여 다시 항고소송을 제기하여 취소나 무효확인을 구해야 한다.

(5) 부작위의 경우

피청구인의 부작위가 청구인의 권한을 침해한 때에는 헌법재판소는 심판청구를 인용하는 결정을 한다. 헌법재판소가 부작위에 대한 심판청구를 인용하는 결정을 한 때에는 피청구인은 결정취지에 따른 처분을 하여야 한다.

1 헌재법 제67조 제2항. 국가기관 또는 지방자치단체의 처분을 취소하는 결정은 그 처분의 상대방에 대하여 이미 생긴 효력에 영향을 미치지 아니한다.

Ⅲ. 결정의 효력

1. 헌재법 규정

제67조(결정의 효력) ① 헌법재판소의 권한쟁의심판의 결정은 모든 국가기관과 지방자치단체를 기속한다.

② 국가기관 또는 지방자치단체의 처분을 취소하는 결정은 그 처분의 상대방에 대하여 이미 생긴 효력에 영향을 미치지 아니한다.

2. 기속력

헌법재판소의 권한쟁의심판의 결정은 모든 국가기관과 지방자치단체를 기속한다. 위헌법률심판에서의 위헌결정과 헌법소원심판에서 인용결정이 기속력을 가지는 것과는 달리 헌재법은 권한쟁의심판의 결정이 기속력을 갖는다고 규정하고 있다.

기속력은 모든 국가기관과 지방자치단체가 헌법재판소의 결정에 따라야 하며, 장래에 어떠한 처분을 행할 때 헌법재판소의 결정을 존중해야 하는 결정준수의무를 의미한다. 그러므로 국가기관이나 지방자치단체는 헌법재판소가 헌재법 제66조 제 2 항에 의하여 취소 또는 무효확인결정을 내린 경우에 관련된 처분이나 부작위를 결정내용에 맞추어 시정하여야 한다.

다만 입법과정에서의 하자를 다투는 권한쟁의심판에서 헌법재판소가 권한침해확인결정만을 내린 경우에는 기속력의 의미와 관련하여 논란이 있다. 재판관들의 의견을 보면, ㉠ 권한침해확인결정에도 기속력은 인정되지만 그 내용은 헌법재판소결정의 내용을 존중하고 동일한 사정하에서 동일한 내용의 행위를 하여서는 아니 되는 의무를 부과하는 데 그친다는 견해, ㉡ 권한침해확인결정의 기속력을 받는 피청구인은 결정존중의무와 위헌·위법성을 제거할 헌법상의 의무를 부담하지만 입법절차상의 하자에 대한 권한침해확인결정이 갖는 기속력은 법률안 심의·표결권의 위헌·위법성을 확인하는 데 그치므로 법률안 가결선포행위에 내재하는 위헌·위법성의 제거방법은 전적으로 국회의 자율에 맡겨져 있다는 견해, ㉢ 권한침해확인결정에 의하여 국회는 청구인들의 심의·표결권을 회복시켜 줄 의무를 부담한다는 견해, ㉣ 권한침해확인결정의 기속력은 위헌·위법 상태를 제거하여 합헌·합법적인 상태를 회복해야 할 의무를 부담하지만, 국회의 입법과정에서 발생하는 권한침해에 관하여는 원칙적으로 피청구인의 처분이나 부작위가 헌법과 법률에 위반되는지 여부만을 밝혀서 결정의 기속력 자체에 의하여 피청구인으로 하여금 스스로 합헌적인 상태를 구현하도록 해야 한다는 견해 등으로 구분된다.

헌재 2010. 11. 25. 2009헌라12

1. 사건의 개요

청구인들은 민주당, 창조한국당 또는 민주노동당 소속의 제18대 국회의원들로서 2009. 7. 23. 헌법재판소에 국회의장을 피청구인으로 한 권한쟁의심판청구를 하였던바{2009헌라8·9·10(병합)사건}, 위 청구의 심판대상은 피청구인이 2009. 7. 22. 15:35경 개의된 제283회 국회임시회 제2차 본회의에서 신문 등의 자유와 기능보장에 관한 법률 전부개정법률안, 방송법 일부개정법률안, 인터넷멀티미디어 방송사업법 일부개정법률안, 금융지주회사법 일부개정법률안의 각 가결을 선포한 행위가 청구인들의 위 각 법률안 심의·표결권을 침해하는지 여부 및 위 각 법률안에 대한 가결선포행위가 무효인지 여부였다. 헌법재판소는 2009. 10. 29. 위 권한쟁의심판청구에 대하여, 피청구인이 2009. 7. 22. 15:35경 개의된 제283회 국회임시회 제2차 본회의에서 신문법안 및 방송법안의 가결을 선포한 행위는 청구인들의 위 각 법률안 심의·표결권을 침해한 것임을 확인하고(주문 제2항), 위 각 법률안 가결선포행위의 무효확인청구를 기각하는(주문 제4항) 결정을 선고하였다. 헌법재판소가 2009.

10. 29. 2009헌라8등 사건에 대한 결정을 선고한 이후, 위 사건에서 문제가 되었던 방송법 일부개정법률은 2009. 11. 1, 신문 등의 자유와 기능보장에 관한 법률은 2010. 2. 1. 각 시행되었고, 위 각 법률의 시행을 위한 시행령은 2010. 1. 26. 대통령령 제22002호 및 2010. 1. 27. 대통령령 제22003호로 각 개정되어, 2010. 2. 1. 각 시행되었다. 청구인들 중 박주선 외 11인은 헌법재판소의 2009헌라8등 사건의 결정이 있은 후인 2009. 11. 6. 신문법 폐지법률안(의안번호 1806485호)과 신문 등의 자유와 독립성 보장에 관한 법률안(의안번호 1806486호) 및 방송법 폐지법률안(의안번호 1806483호)과 방송매체의 자유와 독립성 보장 등에 관한 법률안(의안번호 1806484호)을 각 발의하였다. 위 4개의 법률안은 2009. 11. 9. 제284회 국회 제9차 본회의에 보고되었고, 같은 날 소속 상임위원회인 국회 문화체육관광방송통신위원회에 회부되었으나, 의안상정이 이루어지지 않은 상태로 현재 문방위에 계류되어 있다. 청구인들은 헌법재판소가 2009헌라8등 사건의 결정주문 제2항에서 피청구인의 신문법안 및 방송법안 가결선포행위가 청구인들의 이 사건 각 법률안 심의·표결권을 침해한 것이라고 인정한 이상, 위 주문의 기속력에 따라 피청구인은 청구인들에게 이 사건 각 법률안에 대한 심의·표결권을 행사할 수 있는 조치를 취하여야 함에도 불구하고 피청구인이 아무런 조치를 취하지 않고 있고, 피청구인의 위와 같은 부작위는 청구인들의 이 사건 각 법률안 심의·표결권을 침해하는 것이라고 주장하며 2009. 12. 18. 이 사건 권한쟁의심판을 청구하였다.

2. 결정요지

(1) 재판관 4인의 각하의견

헌법재판소의 권한쟁의심판의 결정은 모든 국가기관과 지방자치단체를 기속하는바, 권한침해의 확인결정에도 기속력이 인정된다. 그러나 그 내용은 장래에 어떤 처분을 행할 때 그 결정의 내용을 존중하고 동일한 사정 하에서 동일한 내용의 행위를 하여서는 아니 되는 의무를 부과하는 것에 그치고, 적극적인 재처분 의무나 결과제거 의무를 포함하는 것은 아니다. 재처분 의무나 결과제거 의무는 처분 자체가 위헌·위법하여 그 효력을 상실하는 것을 전제하는데, 이는 처분의 취소결정이나 무효확인 결정에 달린 것이기 때문이다. 헌법재판소법은 헌법재판소가 피청구인이나 제3자에 대하여 적극적으로 의무를 부과할 권한을 부여하고 있지 않고, 부작위에 대한 심판청구를 인용하는 결정을 한 때에 피청구인에게 결정의 취지에 따른 처분의무가 있음을 규정할 뿐이다. 따라서 헌법재판소가 권한의 존부 및 범위에 관한 판단을 하면서 피청구인이나 제3자인 국회에게 직접 어떠한 작위의무를 부과할 수는 없고, 권한의 존부 및 범위에 관한 판단 자체의 효력으로 권한침해행위에 내재하는 위헌·위법상태를 적극적으로 제거할 의무가 발생한다고 보기도 어렵다. 그러므로 2009헌라8등 사건에서 헌법재판소가 권한침해만을 확인하고 권한침해의 원인이 된 처분의 무효확인이나 취소를 선언하지 아니한 이상, 종전 권한침해확인결정의 기속력으로 피청구인에게 종전 권한침해행위에 내재하는 위헌·위법성을 제거할 적극적 조치를 취할 법적 의무가 발생한다고 볼 수 없으므로, 이 사건 심판청구는 부적법하다.

(2) 재판관 1인의 기각의견

모든 국가기관과 지방자치단체는 헌법재판소의 권한쟁의심판에 관한 결정에 기속되는바, 헌법재판소가 국가기관 상호간의 권한쟁의심판을 관장하는 점, 권한쟁의심판의 제도적 취지, 국가작용의 합헌적 행사를 통제하는 헌법재판소의 기능을 종합하면, 권한침해확인결정의 기속력을 직접 받는 피청구인은 그 결정을 존중하고 헌법재판소가 그 결정에서 명시한 위헌·위법성을 제거할 헌법상의 의무를 부담한다. 그러나 권한쟁의심판은 본래 청구인의 「권한의 존부 또는 범위」에 관하여 판단하는 것이므로, 입법절차상의 하자에 대한 종전 권한침해확인결정이 갖는 기속력의 본래적 효력은 피청구인의 이 사건 각 법률안 가결선포행위가 청구인들의 법률안 심의·표결권을 위헌·위법하게 침해하였음을 확인하는 데 그친다. 그 결정의 기속력에 의하여 법률안 가결선포행위에 내재하는 위헌·위법성을 어떤 방법으로 제거할 것인지는 전적으로 국회의 자율에 맡겨져 있다. 따라서 헌법재판소가 「권한의 존부 또는 범위」의 확인을 넘어 그 구체적 실현방법까지 임의로 선택하여 가결선포행위의 효력을 무효확인 또는 취소하거나 부작위의 위법을 확인하는 등 기속력의 구체적 실현을 직접 도모할 수는 없다. 일반적인 권한쟁의심판과는 달리, 국회나 국회의장을 상대로 국회의 입법과정에서의 의사절차의 하자를 다투는 이 사건과 같은 특수한 유형의 권한쟁의심판에 있어서는,

「처분」이 본래 행정행위의 범주에 속하는 개념으로 입법행위를 포함하지 아니하는 점, 권한침해확인결정의 구체적 실현방법에 관하여 국회법이나 국회규칙에 국회의 자율권을 제한하는 규정이 없는 점, 법률안 가결선포행위를 무효확인하거나 취소하는 것은 해당 법률 전체를 무효화하여 헌법 제113조 제1항의 취지에도 반하는 점 때문에 헌법재판소법 제66조 제2항을 적용할 수 없다. 이러한 권한침해확인결정의 기속력의 한계로 인하여 이 사건 심판청구는 이를 기각함이 상당하다.

(3) 재판관 3인의 인용의견

2009헌라8등 권한침해확인결정의 기속력에 의하여 국회는 이 사건 각 법률안에 대한 심의·표결절차 중 위법한 사항을 시정하여 청구인들의 침해된 심의·표결권한을 회복시켜줄 의무를 부담한다. 따라서 국회는 이 사건 각 법률안을 다시 적법하게 심의·표결하여야 한다. 이를 위하여 필요한 경우에는 이 사건 각 법률안에 대한 종전 가결선포행위를 스스로 취소하거나 무효확인할 수도 있고, 신문법과 방송법의 폐지법률안이나 개정법률안을 상정하여 적법하게 심의할 수도 있고, 적법한 재심의·표결의 결과에 따라 종전의 심의·표결절차나 가결선포행위를 추인할 수도 있을 것이다. 2009헌라8등 결정이 신문법안과 방송법안에 대한 가결선포행위의 무효확인청구를 기각하였지만, 그것이 권한침해확인결정의 기속력을 실효시키거나 배제하는 것은 아니고, 위법한 심의·표결절차를 시정하는 구체적인 절차와 방법은 국회의 자율에 맡기는 것이 바람직하다고 본 것일 뿐이다. 결국 2009헌라8등 권한침해확인결정에도 불구하고, 국회가 이 사건 각 법률안에 대한 심의·표결절차의 위법성을 바로잡고 침해된 청구인들의 심의·표결권을 회복시켜줄 의무를 이행하지 않는 것은 헌법재판소의 종전 결정의 기속력을 무시하고 청구인들의 심의·표결권 침해상태를 계속 존속시키는 것이므로, 이 사건 심판청구를 받아들여야 한다.

(4) 재판관 1인의 인용의견

헌법재판소법 66조 제1항에 의한 권한침해확인결정의 기속력은 모든 국가기관으로 하여금 헌법재판소의 판단에 저촉되는 다른 판단이나 행위를 할 수 없게 하고, 헌법재판소의 결정 내용을 자신의 판단 및 조치의 기초로 삼도록 하는 것이며, 특히 피청구인에게는 위헌·위법성이 확인된 행위를 반복하여서는 안 될 뿐만 아니라 나아가 헌법재판소가 별도로 취소 또는 무효확인결정을 하지 않더라도 법적·사실적으로 가능한 범위 내에서 자신이 야기한 위헌·위법 상태를 제거하여 합헌·합법 상태를 회복하여야 할 의무를 부여하는 것으로 보아야 한다. 국회의 헌법적 위상과 지위, 자율권을 고려하여 헌법재판소는 국회의 입법과정에서 발생하는 구성원 간의 권한침해에 관하여는 원칙적으로 피청구인의 처분이나 부작위가 헌법과 법률에 위반되는지 여부만을 밝혀서 그 결정의 기속력 자체에 의하여 피청구인으로 하여금 스스로 합헌적인 상태를 구현하도록 함으로써 손상된 헌법상의 권한질서를 다시 회복시키는 데에 그쳐야 하고, 이를 넘어 법 제66조 제2항 전문에 의한 취소나 무효확인의 방법으로 처분의 효력에 관한 형성적 결정을 함으로써 국가의 정치적 과정에 적극적으로 개입하는 것은 바람직하지 않다. 2009헌라8 등 사건의 주문 제2항에서 피청구인이 청구인들의 위 법률안에 대한 심의·표결권을 침해하였음이 확인된 이상, 주문 제4항에서 위 법률안 가결선포행위에 대한 무효확인청구가 기각되었다고 하더라도, 피청구인은 위 권한침해확인결정의 기속력에 의하여 권한침해처분의 위헌·위법 상태를 제거할 법적 작위의무를 부담하고, 그 위헌·위법 상태를 제거하는 구체적 방법은 국회나 국회를 대표하는 피청구인의 자율적 처리에 맡겨져야 한다. 그런데 피청구인은 위 주문 제2항의 기속력에 따른 법적 작위의무를 이행하지 아니할 뿐만 아니라 위 주문 제4항에서 무효확인청구가 기각되었음을 이유로 법적 작위의무가 없다는 취지로 적극적으로 다투고 있으므로, 이 사건 청구는 인용되어야 한다.

05_ 헌법소원심판

제 1 절　헌법소원심판의 의의

Ⅰ. 헌법소원심판의 유형

헌법소원제도는 헌재법 제68조 제 1 항에 의한 권리구제형 헌법소원심판과 헌재법 제68조 제 2 항에 의한 규범통제형 헌법소원심판으로 구분할 수 있다. 헌재법 제68조 제 1 항에 의한 헌법소원은 공권력의 행사 또는 불행사로 인하여 헌법상 보장된 기본권을 침해받은 자가 제기할 수 있는 헌법소원제도이다. 헌재법 제68조 제 2 항에 의한 규범통제형 헌법소원은 당해 사건의 당사자가 법원에 위헌법률심판제청신청을 하였으나, 법원이 이를 기각한 경우에 제청신청 당사자가 헌법재판소에 제기하는 헌법소원제도이다. 헌재법 제68조 제 2 항에 의한 규범통제형 헌법소원은 권리구제형 헌법소원심판과 심판청구의 요건, 대상 등을 각각 달리하고 있고, 그 법적 성질도 위헌법률심판으로 보기 때문에 헌법소원심판의 장에서는 헌재법 제68조 제 1 항의 권리구제형 헌법소원심판에 한정하여 서술한다.

II. 헌법소원심판의 기능

헌법소원심판의 주된 기능은 기본권의 구제에 있다. 공권력의 행사 또는 불행사로 인하여 헌법이 보장하고 있는 기본권을 침해당한 때에 국민으로 하여금 직접 헌법재판소에 그 심판을 청구할 수 있게 하여 침해된 기본권을 구제하는 소송이라는 점에서 주관소송으로서의 성질을 가진다. 주관적 권리구제의 기능 이외에도 헌법소원심판은 객관적 헌법질서의 보장기능도 함께 가지고 있다.

헌재 1992. 1. 28. 91헌마111

헌법소원의 본질은 개인의 주관적 권리구제뿐 아니라 객관적 헌법질서의 보장도 하고 있으므로 헌법소원에 있어서 권리보호 이익은 일반법원의 소송사건에서처럼 주관적 기준으로 엄격하게 해석하여서는 아니된다.

제 2 절 헌법소원심판의 청구

공권력의 행사 또는 불행사로 인하여 헌법상 보장된 기본권을 침해받은 자는 헌법소원심판을 청구할 수 있다. 따라서 헌법소원심판청구가 적법하려면 그 대상이 되는 공권력의 행사 또는 불행사가 있어야 한다.

Ⅰ. 공권력의 행사 또는 불행사

1. 공권력의 개념

헌법재판소는 공권력은 입법권·행정권·사법권을 행사하는 모든 국가기관·공공단체 등의 고권적 작용이라고 본다.[1]

2. 간접적 국가행정

헌법재판소는 헌법소원의 대상이 되는 공권력에는 간접적인 국가행정도 포함되는 것으로 본다. 예를 들어 공법상의 사단·재단 등의 공법인, 국립대학교와 같은 영조물 등의 작용도 포함된다고 보고 있다.

헌재 1998. 8. 27. 97헌마372

헌법소원의 대상이 되는 공권력은 입법·행정·사법 등의 모든 기관뿐만 아니라, 간접적인 국가행정, 예를 들어 공법상의 사단·재단 등의 공법인, 국립대학교와 같은 영조물 등의 작용도 포함된다. 대통령선거방송위원회는 공직선거법 규정에 의해 설립되고 동법에 따른 법적 업무를 수행하는 공권력의 주체이므로, 이 사건 결정 및 공표행위는 헌법소원의 대상이 되는 공권력의 행사이다.

헌재 2010. 4. 29. 2009헌마399

헌법재판소법 제68조 제1항에 의한 헌법소원의 대상이 되는 행위는 국가기관의 공권력 작용에 속하여야 한다. 여기서 국가기관은 입법·행정·사법 등의 모든 기관을 포함하며, 간접적인 국가행정, 예를 들어 공법상의 사단·재단 등의 공법인, 국립대학교와 같은 영조물 등의 작용도 헌법소원의 대상이 된다. 법학전문대학원협의회는 법학전문대학원법 시행령 제16조 제1항 제1호에 해당하는 법인으로 민법 제32조 및

1 헌재 2007. 10. 30. 2007헌마1128.

공익법인의 설립·운영에 관한 법률 제 4 조에 따라 설립된 공익법인인 바, 법학전문대학원 제도 및 운영에 관한 학술연구, 법학적성시험의 주관·시행 및 제도·운영에 관한 연구, 변호사자격시험제도에 관한 학술연구 지원사업, 국내·외 법학전문대학원 정보교환 및 상호 협력증진 등의 사업을 수행하고 있다(협의회 정관 제 4 조 제 1 호 내지 제 4 호). 특히 법학적성시험의 주관 및 시행업무는 법학전문대학원법 제24조 제 1 항, 같은 법 시행령 제16조 제 1 항에 의하여 교육과학기술부장관으로부터 위임받은 업무로, 협의회는 매년 1회 이상의 적성시험을 실시하고 그 실시계획을 공고하여야 하며(법학전문대학원법 시행령 제16조 제 3 항) 교육과학기술부장관이 정하는 적성시험의 응시수수료의 납부방법을 정할 수 있는 등(법학전문대학원법 제24조 제 2 항, 제 5 항, 법학전문대학원법 시행령 제16조 제 4 항) 적성시험의 실시에 관하여 일정한 권한을 가짐과 동시에, 교육과학기술부장관으로부터 적성시험의 시행과 관련된 보고 또는 자료의 제출을 요구받기도 하는(동법 제24조 제 3 항) 등 적성시험의 시행과 관련하여 국가의 관리·감독을 받고 있다. 이와 같은 점을 고려할 때 협의회는 최소한 적성시험의 주관 및 시행에 관해서는 교육과학기술부장관의 지정 및 권한의 위탁에 의해 관련 업무를 수행하는 공권력 행사의 주체라고 할 것이다.

3. 사법상의 행위

사법상의 행위는 어떤 경우에도 헌법소원심판의 대상이 되지 않는다. 헌법재판소는 한국방송공사의 '2006년도 예비사원 채용공고' 중 "병역필 또는 면제받은 분. 단, 2005. 12. 31. 이전 전역 예정자는 응시 가능합니다" 부분이 헌법소원의 대상이 되는 공권력의 행사에 해당하는지 여부에 관하여 공권력 행사성을 인정하지 않았다.

헌재 2006. 11. 30. 2005헌마855

공법인의 행위는 일반적으로 헌법소원의 대상이 될 수 있으나, 그 중 대외적 구속력을 갖지 않는 단순한 내부적 행위나 사법적(私法的)인 성질을 지니는 것은 헌법소원의 대상이 되는 공권력의 행사에 해당하지 않는다. 방송법은 "한국방송공사 직원은 정관이 정하는 바에 따라 사장이 임면한다"고 규정하는 외에는(제52조) 직원의 채용관계에 관하여 달리 특별한 규정을 두고 있지 않으므로, 한국방송공사의 이 사건 공고 내지 직원 채용은 피청구인의 정관과 내부 인사규정 및 그 시행세칙에 근거하여 이루어질 수밖에 없다. 그렇다면 한국방송공사의 직원 채용관계는 특별한 공법적 규제 없이 한국방송공사의 자율에 맡겨진 셈이 되므로 이는 사법적인 관계에 해당한다고 봄이 상당하다. 또한 직원 채용관계가 사법적인 것이라면, 그러한 채용에 필수적으로 따르는 사전절차로서 채용시험의 응시자격을 정한 이 사건 공고 또한 사법적인 성격을 지닌다고 할 것이다. 이 사건 공고는 헌법소원으로 다툴 수 있는 공권력의 행사에 해당하지 않는다.

4. 입법작용

(1) 법 률

법률은 현재 시행 중인 유효한 것이어야 한다. 법률이 공포되었지만 아직 시행되지 않고 있는 경우에도 청구인의 기본권침해가 충분히 예측되는 경우에는 예외적으로 헌법소원심판의 대상이 될 수 있다.[1] 공포되기 전의 법률에 대해서도 헌법소원이 가능한 경우가 있다.[2]

1 헌재 1994. 12. 29. 94헌마201.

2 헌재 2001. 11. 29. 99헌마494. 법률안은 대통령이 거부권을 행사하지 않는 한 정부에 이송된 후 15일 이내에 공포하여야 하고 만일 공포하지 않는다면 법률로서 확정되는바(헌법 제53조 제5항), 법률안이 거부권 행사에 의하여 최종적으로 폐기되었다면 모르되, 그렇지 아니하고 공포되었다면 법률안은 그 동일성을 유지하여 법률로 확정되는 것이라고 보아야 한다. 나아가, 우리 재판소가 위헌제청 당시 존재하지 아니하였던 신법의 경과규정까지 심판대상을 확장하였던 선례(헌재 2000. 8. 31. 97헌가12)에 비추어 보면, 심판청구 후에 유효하게 공포·시행되었

(2) 예　산

예산은 법규범의 일종이지만 법률과 달리 국가기관만 구속하고 일반 국민은 구속하지 아니하므로 예산이나 예산안의 의결행위는 헌법소원심판의 대상이 되지 않는다. 예산이 정부의 재정행위를 통하여 국민의 기본권에 영향을 미친다고 하더라도 그것은 관련 법령에 근거한 정부의 구체적인 집행행위로 나타나는 것이지 예산 그 자체나 예산안의 의결행위와는 직접 관련성이 없다. 따라서 국회가 의결한 예산이나 국회의 예산안 의결은 헌법소원의 대상이 될 수 없다.

헌재 2006. 4. 25. 2006헌마409

예산은 일종의 법규범이고 법률과 마찬가지로 국회의 의결을 거쳐 제정되지만 법률과 달리 국가기관만을 구속할 뿐 일반국민을 구속하지 않는다. 국회가 의결한 예산 또는 국회의 예산안 의결은 헌법재판소법 제68조 제1항 소정의 '공권력의 행사'에 해당하지 않고 따라서 헌법소원의 대상이 되지 아니한다.

(3) 긴급명령·긴급재정경제명령

헌법 제76조의 긴급명령·긴급재정경제명령은 법률의 효력을 가지므로 헌법소원의 대상이 된다.

(4) 조　약

헌법에 의하여 체결·공포된 조약은 국내법과 같은 효력을 가진다. 법률과 동일한 효력을 가지는 조약은 헌법소원의 대상이 된다.

고 그 법률로 인하여 평등권 등 기본권을 침해받게 되었다고 주장하는 이상 청구 당시의 공포 여부를 문제삼아 헌법소원의 대상성을 부인할 수는 없다.

(5) 행정입법

1) 행정입법의 심사

명령·규칙 또는 처분이 헌법이나 법률에 위반되는 여부가 재판의 전제가 된 경우에 대법원은 이를 최종적으로 심사할 수 있다.[1] 그렇기 때문에 행정입법의 심사는 일반적인 재판절차에 의하여 법원에서 판단하게 된다. 다만 행정입법에 의하여 직접 기본권을 침해당한 자는 헌법소원을 청구할 수 있다.

헌재 1990. 10. 15. 89헌마178

헌법 제107조 제2항은 "명령·규칙 또는 처분이 헌법이나 법률에 위반되는 여부가 재판의 전제가 된 경우에는 대법원은 이를 최종적으로 심사할 권한을 가진다"라고 규정하고 있고, 법원행정처장이나 법무부장관은 이 규정을 들어 명령·규칙의 위헌여부는 대법원에 최종적으로 심사권이 있으므로 법무사법시행규칙의 위헌성 여부를 묻는 헌법소원은 위 헌법규정에 반하여 부적법하다고 주장한다. 그러나, 헌법 제107조 제2항이 규정한 명령·규칙에 대한 대법원의 최종심사권이란 구체적인 소송사건에서 명령·규칙의 위헌여부가 재판의 전제가 되었을 경우 법률의 경우와는 달리 헌법재판소에 제청할 것 없이 대법원이 최종적으로 심사할 수 있다는 의미이며, 헌법 제111조 제1항 제1호에서 법률의 위헌여부심사권을 헌법재판소에 부여한 이상 통일적인 헌법해석과 규범통제를 위하여 공권력에 의한 기본권침해를 이유로 하는 헌법소원심판청구사건에 있어서 법률의 하위법규인 명령·규칙의 위헌여부심사권이 헌법재판소의 관할에 속함은 당연한 것으로서 헌법 제107조 제2항의 규정이 이를 배제한 것이라고는 볼 수 없다. 그러므로 법률의 경우와 마찬가지로 명령·규칙 그 자체에 의하여 직접 기본권이 침해되었음을 이유로 하여 헌법소원심판을 청구하는 것은 위 헌법 규정과는 아무런 상관이 없는 문제이다.

1 헌법 제107조 제2항.

2) 행정입법과 헌법소원

법규명령은 헌법소원심판의 대상이 된다. 행정부에서 제정한 시행령이나 시행규칙 및 사법부에서 제정한 규칙 등은 그것들이 별도의 집행행위를 기다리지 않고 직접 기본권을 침해하는 것일 때에는 헌법소원심판의 대상이 될 수 있다.

행정규칙은 내부적인 효력을 가지는 경우에는 헌법소원심판의 대상이 되지 않지만 법규로서의 성질을 가지는 행정규칙은 헌법소원심판의 대상이 된다.

헌재 2007. 8. 30. 2004헌마670

행정규칙이 재량권행사의 준칙으로서 그 정한 바에 따라 되풀이 시행되어 행정관행을 이루게 되어 평등의 원칙이나 신뢰보호의 원칙에 따라 행정기관이 그 상대방에 대한 관계에서 그 규칙에 따라야 할 자기구속을 당하게 되는 경우에는 대외적인 구속력을 갖게 되어 헌법소원의 대상이 된다.

헌재 1990. 9. 3. 90헌마13

행정규칙은 일반적으로 행정조직 내부에서만 효력을 가지는 것이고 대외적인 구속력을 갖는 것이 아니다. 다만, 행정규칙이 법령의 규정에 의하여 행정관청에 법령의 구체적 내용을 보충할 권한을 부여한 경우, 또는 재량권 행사의 준칙인 규칙이 그 정한 바에 따라 되풀이 시행되어 행정관행이 이룩되게 되면 평등의 원칙이나 신뢰보호의 원칙에 따라 행정기관은 그 상대방에 대한 관계에서 그 규칙에 따라야 할 자기구속을 당하게 되는 경우에는 대외적인 구속력을 가지게 된다.

헌재 1992. 6. 26. 91헌마25

법령의 직접적인 위임에 따라 위임행정기관이 그 법령을 시행하는데 필요한 구체적 사항을 정한 것이면, 그 제정형식은 비록 법규명령이 아닌

고시, 훈령, 예규 등과 같은 행정규칙이더라도 그것이 상위법령의 위임 한계를 벗어나지 아니하는 한, 상위법령과 결합하여 대외적인 구속력을 갖는 법규명령으로서 기능하게 된다고 보아야 할 것인바, 청구인이 법령과 예규의 관계규정으로 말미암아 직접 기본권침해를 받았다면 이에 대하여 바로 헌법소원심판을 청구할 수 있다.

(6) 사법입법

사법입법에 대해서도 헌법소원심판을 청구할 수 있다. 헌법재판소도 대법원규칙 그 자체에 의하여 직접 기본권이 침해되었음을 이유로 하는 때에는 헌법소원의 심판대상이 된다[1]고 판시하고 있다.

헌재 1990. 10. 15. 89헌마178

헌법재판소법 제68조 제1항이 규정하고 있는 헌법소원심판의 대상으로서의 "공권력"이란 입법·사법·행정 등 모든 공권력을 말하는 것이므로 입법부에서 제정한 법률, 행정부에서 제정한 시행령이나 시행규칙 및 사법부에서 제정한 규칙 등은 그것들이 별도의 집행행위를 기다리지 않고 직접 기본권을 침해하는 것일 때에는 모두 헌법소원심판의 대상이 될 수 있는 것이다.

(7) 자치입법

조례도 공권력의 행사에 해당하므로 조례에 대해서도 헌법소원심판을 청구할 수 있다. 다만, 대법원의 판례 중에는 조례가 집행행위의 개입 없이 그 자체로서 직접 국민의 구체적인 권리의무나 법적 이익에 영향을 미치는 등의 법률상 효과를 발생하는 경우에는 항고소송의 대상이 되는 행정처분에 해당하고 이때 피고 행정청은 지방의회가 아

1 헌재 1995. 2. 23. 90헌마214.

니라 지방자치단체의 장이라고 판시[1]한 것이 있다. 헌법재판소는 부산광역시 학원의 설립·운영 및 과외교습에 관한 조례 제9조 위헌확인사건에서 "이 사건 조항은 학교교과 교습학원 및 교습소의 교습시간을 제한하고 있을 뿐이므로, 비록 그로 인하여 학원운영자 등이 교습시간을 제한받는다고 하여도 위 조항을 그 상대방과 적용사건이 특정되는 처분적 조례로서 항고소송의 대상이 된다고 볼 수 있을지는 의문이다. 그렇다면 이 사건 조항에 대한 소송을 일반법원에 제기하더라도 이 사건 조항이 항고소송의 대상이 되는 행정처분에 해당하는지 여부가 객관적으로 불확실하고 이 사건 조항에 대하여 법원에서 항고소송의 대상으로 인정받은 적도 없는바, 청구인들에게 항고고송에 의한 권리구제절차를 거치도록 요구하거나 기대할 수 없으므로 보충성의 예외를 인정하여 헌법소원을 허용함이 상당하다"고 판시하였다.[2]

5. 행정작용

행정작용에 대한 헌법소원심판에서는 보충성요건과 재판소원의 금지규정으로 인하여 원칙적으로 행정소송의 대상이 되지 아니하는 행정행위만이 그 대상이 된다.

(1) 행정계획

1) 구속적 행정계획

구속력 있는 행정계획은 행정행위에 해당한다. 구속적 행정계획은 독립행정처분에 해당하므로 항고소송의 방법으로 그 계획의 취소 또는 무효확인을 구할 수 있다. 항고소송의 방법으로 그 취소 또는 무효

1 대판 1996. 9. 20. 95누8003. 대법원은 교육에 관한 조례의 무효확인소송에 있어서는 교육감이 피고적격을 갖는데, 원고가 피고를 경기도의회라고 잘못 지정했다는 이유로 원고의 청구를 각하하였다.
2 헌재 2009. 10. 29. 2008헌마454.

확인을 구할 수 있었음에도, 이러한 절차를 거치지 아니한 채 헌법소원심판을 청구하는 것은 보충성 요건에 반한다.[1] 구속적 행정계획의 성격을 인정하면서도 헌법소원심판절차에서 판단한 경우도 있다.[2]

헌재 2010. 4. 13. 2010헌마154

도시정비법에 따른 주택재건축정비사업조합은 관할 행정청의 감독 아래 도시정비법상 주택재건축사업을 시행하는 공법인으로서, 그 목적 범위 내에서 법령이 정하는 바에 따라 일정한 행정작용을 행하는 행정주체의 지위를 가진다 할 것인데, 이러한 조합이 행정주체의 지위에서 도시정비법에 기초하여 수립한 사업시행계획은 인가·고시되면 이해관계인에 대한 구속적 행정계획으로서 독립된 행정처분에 해당하므로 그 계획이 확정된 후에는 항고소송의 방법으로 계획의 취소 또는 무효확인을 구할 수 있으므로, 청구인은 이 사건 관리처분계획에 대하여 항고소송의 방법으로 그 취소 또는 무효확인을 구할 수 있다. 따라서 청구인은 이 사건 관리처분계획에 대하여 항고소송의 방법으로 그 취소 또는 무효확인을 구할 수 있었음에도, 이러한 절차를 모두 거치지 아니한 채 이 사건 헌법소원심판을 청구한 것이므로 이 사건 심판청구는 다른 법률에 의한 구제절차를 거치지 아니한 것으로서 헌법재판소법 제68조 제1항 단서의 보충성 요건에 반한다.

2) 비구속적 행정계획

비구속적 행정계획이나 행정지침은 원칙적으로 헌법소원의 대상이 되는 공권력의 행사라고 볼 수 없으나, 예외적으로 국민의 기본권에

1 헌재 2010. 4. 13. 2010헌마154.

2 헌재 2003. 6. 26. 2002헌마402. 도시설계는 도시계획구역의 일부분을 그 대상으로 하여 토지의 이용을 합리화하고, 도시의 기능 및 미관을 증진시키며 양호한 도시환경을 확보하기 위하여 수립하는 도시계획의 한 종류로서 도시설계지구 내의 모든 건축물에 대하여 구속력을 가지는 구속적 행정계획의 법적 성격을 갖는다고 할 것이다. 이 사건 규정의 내용은 법규적 효력을 가지는 행정계획이라 할 것인데, … 이로 인한 청구인들의 소유권에 대한 제한도 헌법 제37조 제2항이 정하는 기본권제한의 한계 내에 있다고 할 것이다.

직접적으로 영향을 미치고, 앞으로 법령의 뒷받침에 의하여 그대로 실시될 것이 틀림없을 것으로 예상될 수 있을 때에는 공권력의 행사로서 헌법소원의 대상이 될 수 있다.

헌재 2000. 6. 1. 99헌마538

비구속적 행정계획안이나 행정지침이라도 국민의 기본권에 직접적으로 영향을 끼치고, 앞으로 법령의 뒷받침에 의하여 그대로 실시될 것이 틀림없을 것으로 예상될 수 있을 때에는, 공권력행위로서 예외적으로 헌법소원의 대상이 될 수 있다.

헌재 1992. 10. 1. 92헌마68등

서울대학교의 "'94학년도 대학입학고사 주요요강'은 교육부가 마련한 대학입시제도 개선안에 따른 것으로서 대학입학방법을 규정한 교육법 시행령 규정이 교육부의 개선안을 뒷받침할 수 있는 내용으로 개정될 것을 전제로 하여 제정된 것이고 위 시행령이 아직 개정되지 아니한 현 시점에서는 법적 효력이 없는 행정계획안이어서 이를 제정한 것은 사실상의 준비행위에 불과하고 이를 발표한 행위는 앞으로 그와 같이 시행될 것이니 미리 그에 대비하라는 일종의 사전안내에 불과하지만, "이러한 사실상의 준비행위나 사전안내라도 그 내용이 국민의 기본권에 직접 영향을 끼치는 내용이고 앞으로 법령의 뒷받침에 의하여 그대로 실시될 것이 틀림없을 것으로 예상될 수 있는 것일 때에는 그로 인하여 직접적으로 기본권침해를 받게 되는 사람에게는 사실상의 규범작용으로 인한 위험성이 이미 발생하였다고 보아야 할 것"이므로, 서울대학교가 "94학년도 대학입학고사 주요요강"을 제정·발표한 행위는 헌법소원의 대상이 된다고 판시하였다.

3) 공고의 헌법소원대상성

공고가 어떠한 법률효과를 가지는지에 대해서는 일률적으로 말할 수 없고 개별 공고의 내용과 관련 법령의 규정에 따라 개별적·구체적으로 판단하여야 한다. 공고 등이 법령에 근거하여 법령의 내용을 구체적으로 보충하거나 세부적인 사항을 확정하는 것일 때에는 공권력의 행사에 해당한다. 하지만 그것이 법령에 정해지거나 이미 다른 공권력의 행사를 통하여 결정된 사항을 단순히 알리는 것에 불과하거나 대외적 구속력이 없는 행정관청 내부의 해석지침에 불과한 것인 때에는 공권력의 행사에 해당하지 않는다.

헌재 2001. 9. 27. 2000헌마159

이 사건 공고는 사법시험 등의 시험실시계획을 일반에게 알리는 것을 내용으로 하는 통지행위로서 일반적으로는 행정심판이나 행정쟁송의 대상이 될 수 있는 행정처분이나 공권력의 행사는 될 수 없지만 사전안내의 성격을 갖는 통지행위라도 그 내용이 국민의 기본권에 직접 영향을 끼치는 내용이고 앞으로 법령의 뒷받침에 의하여 그대로 실시될 것이 틀림없을 것으로 예상될 수 있는 것일 때에는 그로 인하여 직접적으로 기본권침해를 받게 되는 사람에게는 사실상의 규범작용으로 인한 위험성이 이미 발생하였다고 보아야 할 것이므로 이러한 것도 헌법소원의 대상이 될 수 있다. 사법시험 응시자격은 구 사법시험령 제 4 조에, 시험방법과 과목은 구 사법시험령 제 5 조와 제 7 조에 이미 규정되어 있으므로 그에 대한 공고는 이미 확정되어 있는 것을 단순히 알리는 데에 지나지 않는다 할 것이나 구체적인 시험일정과 장소는 위 공고에 따라 비로소 확정되는 것이다. 따라서 이 사건 공고는 헌법소원의 대상이 되는 공권력의 행사에 해당한다고 보아야 할 것이다.

헌재 2007. 5. 31. 2006헌마627

피청구인의 이 사건 채용공고는 국가정보원의 시험실시계획을 일반에게 알리는 것을 내용으로 하는 사전안내로서 이러한 사전안내는 원칙적으로 행정심판이나 행정쟁송의 대상이 될 수 있는 행정처분이나 공권력의 행사는 될 수 없다. 그러나 사전안내라도 그 내용이 국민의 기본권에 직접 영향을 미치는 내용이고 앞으로 법령의 뒷받침에 의하여 그대로 실시될 것이 틀림없을 것으로 예상될 수 있는 것일 때에는 그로 인하여 직접적으로 기본권침해를 받게 되는 사람에게는 사실상의 규범작용으로 인한 위험성이 이미 발생하였다고 보아야 할 것이므로 이러한 것도 헌법소원의 대상이 될 수 있다. …군미필자 자격제한에 관련한 사항은 법률상 명시적으로 정해져 있지 않으나, 국가공무원법 제36조는 각종시험에 있어서 담당할 직무수행에 필요한 최소한도의 학력·경력·연령 기타 필요한 자격요건은 대통령령으로 정한다고 하고, 이에 따라 공무원임용시험령 제19조 제 3 항은 시험실시기관의 장은 제한경쟁특별채용의 경우 임용 예정 직위의 직무 수행상 특히 필요하다고 인정되는 때에 한하여 연령·학력 및 거주요건 등 응시자격을 제한하여 시험을 실시할 수 있다고 하며, 국가정보원직원법 시행령 제 3 조는 신규채용경쟁시험을 실시함에 있어서 국가공무원법 제36조의 규정에 의하여 시험실시기관의 장이 직무수행에 필요한 최소한도의 경력 기타 필요한 자격요건을 정할 수 있다고 한다. 그렇다면 이 사건 공고는 법령의 내용을 바탕으로 응시자격을 구체적으로 결정하여 알리는 것이므로 헌법소원의 대상이 되는 공권력의 행사에 해당한다고 보아야 할 것이다.

헌재 2005. 10. 4. 2005헌마848

공고가 어떠한 법률효과를 가지는지에 대해서는 일률적으로 말할 수 없고 개별 공고의 내용과 관련 법령의 규정에 따라 구체적으로 판단하여야 한다. 이 사건 선정공고는 중·저준위방사성폐기물 처분시설의 설치를 위한 유치지역의 선정과 관련한 일련의 절차와 계획을 널리 일반에게 알리는 것을 내용으로 하는 통지행위로서 일반적으로 행정심판이나 행정쟁송의 대상이 되는 행정처분이나 공권력의 행사가 될 수 없지만, 사전안내의 성격을 갖는 통지행위라도 그 내용이 국민의 기본권에 직접 영향을 끼치는 내용이고 앞으로 법령의 뒷받침에 의하여 그대로 실시될 것이 명백히 예상될 수 있을 때에는 그로 인하여 직접 기본권침해를 받게 되는 사람에게는 사실상의 규범작용으로 인한 위험성이 이미 발생하였다고 보아야 할 것이므로 헌법소원의 대상이 될 수 있다. 그런데 유치지역의 선정과 관련한 설명회나 토론회, 유치지역의 선정에 앞서 반드시 거쳐야 하는 주민투표 등 절차에 관한 사항은 특별법 제 7 조에 이미 규정되어 있으므로 그에 대한 공고는 이미 확정되어 있는 것을 단순히 알리는 데 지나지 않는다고 할 것이나, 지방자치단체 장이 유치신청을 하기에 앞서 지방의회의 동의를 얻어야 하는지 또는 주민투표를 구체적으로 언제 실시할 것인지 등에 관한 사항은 이 사건 선정공고에 따라 비로소 확정되는 것이다. 따라서 지방자치단체 장이 유치신청을 하기에 앞서 지방의회의 동의를 얻을 것을 규정한 이 사건 선정공고조항은 헌법소원의 대상이 되는 공권력의 행사에 해당한다고 보아야 할 것이다.

헌재 2004. 3. 25. 2001헌마882

공고는 특정한 사실을 불특정 다수에게 알리는 행위로서, 그것이 어떠한 법률효과를 가지는지는 일률적으로 말할 수 없고 개별 공고의 내용과 관련 법령의 규정에 따라 구체적으로 판단하여야 한다. 그런데 교육공무원임용후보자선정경쟁시험규칙 제8조 제3항은 가산점의 부여 여부와 그 대상자 및 배점에 관한 세부적 내용을 시험실시기관으로 하여금 정하도록 하고 있기 때문에 이 사건 가산점 항목의 공고는 법령에 이미 확정적으로 규정되어 있는 것을 단순히 알리는 데 불과한 것이 아니라 위와 같은 세부적 내용을 구체적으로 확정하는 효과가 있다. 그러므로 이는 국민의 기본권 상황에 변동을 초래하는 공권력의 행사로 볼 수 있다.

헌재 2003. 11. 27. 2003헌마694

국민투표라는 것은 대통령이 그 대상이 되는 사항을 구체적으로 정하여 국민투표안을 공고함으로써 비로소 법적인 절차가 개시되므로, 공고와 같이 국민투표에 관한 절차의 법적 개시로 볼 수 있는 행위가 있을 때에 비로소 법적인 효력을 지닌 공권력의 행사가 있게 되고, 그러한 법적 행위 이전에 국민투표의 실시에 관한 정치적 제안을 하거나 내부적으로 계획을 수립하여 검토하는 등의 조치는 일종의 준비행위에 불과하여 언제든지 변경·폐기될 수 있다. 이 사건 심판의 대상이 된 피청구인의 발언만으로는 국민투표의 실시에 관하여 법적인 구속력 있는 결정이나 조치가 취해진 것이라 할 수 없으며, 그로 인하여 국민들의 법적 지위에 어떠한 영향을 미친다고 볼 수 없다. 그렇다면 비록 피청구인이 대통령으로서 국회 본회의의 시정연설에서 자신에 대한 신임국민투표를 실시하고자 한다고 밝혔다 하더라도, 그것이 공고와 같이 법적인 효력이 있는 행위가 아니라 단순한 정치적 제안의 피력에 불과하다고 인정되는 이상 이를 두고 헌법소원의 대상이 되는 "공권력의 행사"라고 할 수는 없으므로, 이에 대한 취소 또는 위헌확인을 구하는 청구인들의 심판청구는 모두 부적법하다.

4) 공고의 헌법소원대상성이 부인된 사례

헌재 2007. 4. 26. 2003헌마947

이 사건 학점인정기준공고는 사법시험응시예정자의 이해를 돕기 위하여 법령의 내용을 확인한 것에 불과하고, 이 사건 학점인정기준공고가 위 법령에서 규정하고 있는 사항에 대해 아무런 변경을 가져오는 것이 아니어서 청구인들의 기본권을 새로이 침해하는 공권력의 행사에 해당한다고 볼 수 없다. 따라서 이 사건 학점인정기준공고를 대상으로 한 헌법소원심판청구는 부적법하다.

(2) 권력적 사실행위

비권력적 사실행위는 헌법소원심판의 대상이 되는 공권력의 행사에 해당하지 않는다.[1]

권력적 사실행위는 일정한 법률효과를 목적으로 하는 것이 아니라 직접적으로 사실상의 효과만을 가져오는 공권력의 행사를 말하는 것으로 헌법소원심판의 대상이 된다. 헌법재판소는 권력적 사실행위는 행정심판이나 행정소송의 대상이 된다고 단정하기 어렵다거나 또는 행정심판이나 행정소송의 대상이 될 수 있는 경우라고 보더라도 그 권력적 사실행위가 이미 종료되어 행정심판이나 행정소송에서 소의 이익이 없다고 볼 가능성이 있다는 점을 들어 헌법소원심판의 대상성을 인정한다.

1 헌재 2001. 10. 25. 2001헌마113. 학교당국이 미납공과금을 완납하지 아니할 경우에 졸업증의 교부와 증명서를 발급하지 않겠다고 통고한 것은 일종의 비권력적 사실행위로서 헌재법 제68조 제1항의 헌법소원심판 청구대상으로서의 공권력에는 해당된다고 볼 수 없다.

재무부장관의 국제그룹해체지시, 교도소장의 미결수용자의 서신검열·지연발송·지연교부행위, 구치소장의 미결수용자의 재소자용의류착용처분, 경찰서의 유치장 내에 있는 화장실의 사용을 강제한 행위, 경찰이 피의자의 신체를 과잉수색한 행위 등은 헌법재판소가 헌법소원의 대상이 된다고 판시하였다.

헌재 2011. 6. 30. 2009헌마406

서울특별시 서울광장 통행저지행위 위헌확인

통행제지행위는 직접 상대방의 신체 또는 재산에 실력을 가하여 행정상 필요한 상태를 실현하는 행정상의 즉시강제로서 권력적 사실행위에 해당하므로 행정쟁송의 대상이 된다. 그러나 청구인들의 통행이 제지된 다음 날 피청구인이 서울광장을 둘러싸고 있던 경찰버스들을 철수시키고 통행제지행위를 중지함에 따라 청구인들이 행정쟁송을 제기하더라도 소의 이익이 부정될 가능성이 높아 그 절차에 의한 권리구제의 가능성이 거의 없다고 보여지는바, 이러한 경우에도 사전구제절차의 이행을 요구하는 것은 불필요한 우회절차를 강요하는 셈이 되는 것이므로, 청구인들이 행정쟁송 절차를 거치지 아니하고 바로 이 사건 심판청구를 제기하였다고 하더라도 이는 보충성의 예외로서 허용된다고 할 것이다.

헌재 2003. 2. 27. 2002헌마106

피청구인이 2002. 2. 1. 발송한 '선거법위반행위에 대한 중지촉구' 공문은 그 형식에 있어서 '안내' 또는 '협조요청'이라는 표현을 사용하고 있으며, 또한 그 내용에 있어서도 청구인이 계획하는 행위가 공선법에 위반된다는, 현재의 법적 상황에 대한 행정청의 의견을 단지 표명하면서, 청구인이 공선법에 위반되는 행위를 하는 경우 피청구인이 취할 수 있는 조치를 통고하고 있을 뿐이다. 따라서 피청구인의 2002. 2. 1.자 '중지촉구' 공문은 국민에 대하여 직접적인 법률효과를 발생시키지 않는 단순한 권고적·비권력적 행위로서, 헌법소원의 심판대상이 될 수 있는 '공권력의 행사'에 해당하지 않으므로, '선거법위반행위에 대한 중지촉구'에 대한 이 사건 심판청구는 부적법하다.

(3) 검사의 처분

1) 검사의 기소처분 등

검사의 기소처분, 약식명령청구, 공소취소처분, 내사종결처분, 수사재기결정은 헌법소원의 대상이 되는 공권력의 행사라고 할 수 없다.

2) 불기소처분

검사의 불기소처분에 대하여 형사피해자인 고소인은 검찰청에의 항고를 거친 후 고등법원에 재정신청을 제기할 수 있을 뿐 검찰청에의 재항고 내지 헌법재판소에 헌법소원을 제기할 수는 없다.[1] 다만, 고소하지 아니한 형사피해자는 검찰청의 항고를 거쳐 법원에 재정신청을 할 수 없으므로 보충성의 예외가 적용되어 헌법재판소에 바로 헌법소원을 제기할 수 있다.[2]

1 검찰청법 제10조(항고 및 재항고) ① 검사의 불기소처분에 불복하는 고소인이나 고발인은 그 검사가 속한 지방검찰청 또는 지청을 거쳐 서면으로 관할 고등검찰청 검사장에게 항고할 수 있다. 이 경우 해당 지방검찰청 또는 지청의 검사는 항고가 이유 있다고 인정하면 그 처분을 경정(更正)하여야 한다.
② 고등검찰청 검사장은 제 1 항의 항고가 이유 있다고 인정하면 소속 검사로 하여금 지방검찰청 또는 지청 검사의 불기소처분을 직접 경정하게 할 수 있다. 이 경우 고등검찰청 검사는 지방검찰청 또는 지청의 검사로서 직무를 수행하는 것으로 본다.
③ 제 1 항에 따라 항고를 한 자[「형사소송법」 제260조에 따라 재정신청(裁定申請)을 할 수 있는 자는 제외한다. 이하 이 조에서 같다]는 그 항고를 기각하는 처분에 불복하거나 항고를 한 날부터 항고에 대한 처분이 이루어지지 아니하고 3개월이 지났을 때에는 그 검사가 속한 고등검찰청을 거쳐 서면으로 검찰총장에게 재항고할 수 있다. 이 경우 해당 고등검찰청의 검사는 재항고가 이유 있다고 인정하면 그 처분을 경정하여야 한다.

2 형사소송법 제260조(재정신청) ① 고소권자로서 고소를 한 자(「형법」 제123조부터 제125조까지의 죄에 대하여는 고발을 한 자를 포함한다. 이하 이 조에서 같다)는 검사로부터 공소를 제기하지 아니한다는 통지를 받은 때에는 그 검사 소속의 지방검찰청 소재지를 관할하는 고등법원에 그 당부에 관한 재정을 신청할 수 있다.
② 제 1 항에 따른 재정신청을 하려면 「검찰청법」 제10조에 따른 항고를 거쳐야 한다. 다만, 다음 각 호의 어느 하나에 해당하는 경우에는 그러하지 아니하다.
1. 항고 이후 재기수사가 이루어진 다음에 다시 공소를 제기하지 아니한다는 통지를 받은 경우, 2. 항고 신청 후 항고에 대한 처분이 행하여지지 아니하고 3개월이 경과한 경우, 3. 검사가 공소시효 만료일 30일 전까지 공소를 제기하지 아니하는 경우.

3) 기소유예처분, 기소중지처분

범죄혐의가 없음이 명백함에도 불구하고 기소유예처분을 했다면 형사피의자는 자신의 행복추구권, 평등권 및 재판을 받을 권리를 침해하였다는 이유로 헌법소원심판을 제기할 수 있다는 것이 판례의 태도이다. 검사의 기소유예처분은 형사피의자가 다툴 수 있는 사전구제절차가 없으므로 보충성의 예외에 해당하여 형사피의자는 직접 헌법소원심판을 청구할 수 있다.

검사가 기소중지처분을 한 경우 피의자에게는 다시 사건을 재기하여 수사를 한 후 종국처분을 하지 않는 한 범죄의 혐의자라는 법적인 불이익 상태가 그대로 존속된다 할 것이므로 만약 검사가 자의적으로 기소중지처분을 하였다면 그 사건의 피의자도 자기의 평등권과 행복추구권 등이 침해되었음을 이유로 헌법소원을 제기할 수 있다.[1]

그리고 검사가 기소중지처분을 한 사건에 관하여 고소인이나 피의자가 그 기소중지의 사유가 해소되었음을 이유로 수사재기 신청을 하였는데도 검사가 재기불요不要처분을 하였다면 재기불요처분은 실질적으로 그 결정시점에 있어서의 제반 사정 내지 사정변경 등을 감안한 새로운 기소중지처분으로 볼 수 있다. 따라서 검사의 재기불요처분도 헌법소원의 대상이 되는 공권력의 행사에 해당한다.

(4) 원행정처분

법원의 행정재판을 모두 거친 뒤에 그 행정재판의 대상이 되었던 행정처분, 즉 원행정처분을 대상으로 하여 헌법소원을 제기할 수 있는지에 관하여 논란이 있다. 원행정처분에 대한 헌법소원심판의 청구는 법원의 재판을 원칙적으로 헌법소원의 대상에서 제외한 헌재법 제68조 제1항의 입법취지에 비추어 허용되지 않는 것으로 보아야 하지

1 헌재 1997. 2. 20. 95헌마362.

만, 헌법재판소는 예외적으로 이를 인정하고 있다.

헌재 1999. 10. 21. 96헌마61

원처분에 대하여 헌법소원심판청구를 받아들여 이를 취소하는 것은, 원처분을 심판의 대상으로 삼았던 법원의 재판이 예외적으로 헌법소원심판의 대상이 되어 그 재판 자체까지 취소되는 경우에 한하고, 이와는 달리 법원의 재판이 취소되지 아니하는 경우에는 확정판결의 기판력으로 인하여 원처분은 헌법소원심판의 대상이 되지 아니한다.

헌재 1997. 12. 24. 96헌마172

행정처분이 헌법에 위반되는 것이라는 이유로 그 취소를 구하는 행정소송을 제기하였으나 법원에 의하여 그 청구가 받아들여지지 아니한 후 다시 원래의 행정처분에 대하여 헌법소원심판을 청구하는 것이 원칙적으로 허용될 수 있는지의 여부에 관계없이, 이 사건의 경우와 같이 행정소송으로 행정처분의 취소를 구한 청구인의 청구를 받아들이지 아니한 법원의 판결에 대한 헌법소원심판의 청구가 예외적으로 허용되어 그 재판이 헌법재판소법 제75조 제3항에 따라 취소되는 경우에는 원래의 행정처분에 대한 헌법소원심판의 청구도 이를 인용하는 것이 상당하다. 원래 공권력의 행사로 인하여 헌법상 보장된 기본권을 침해받은 자는 원칙적으로 법원의 재판을 제외하고는 헌법재판소에 헌법소원심판을 청구할 수 있는 것이므로, 행정처분에 대하여도 헌법소원심판을 청구할 수 있음이 원칙이라고 하겠다. 다만, 행정소송의 대상이 되는 행정처분의 경우에는, 헌법재판소법 제68조 제1항 단서에 의하여 헌법소원심판을 청구하기에 앞서 행정소송절차를 거치도록 되어 있고, 이러한 경우 행정소송절차에서 선고되어 확정된 판결과 헌법재판소가 헌법소원심판절차에서 선고하게 될 인용결정의 기속력과의 관계, 법원의 재판을 원칙적으로 헌법소원심판의 대상에서 제외한 헌법재판소법 제68조 제1항의 입법취지 등에 비추어 그에 대한 헌법소원심판청구의 적법성이 문제되었던 것이다. 그러나 이 사건의 경우와 같이 법원의 판결에 대한 헌법소원이 예외적으로 허용되는 경우에는 달리 그 판결의 대상이 된 행정처분에 대한 헌법소원심판의 청구가 허용되지 아니한다고 볼 여지가 없다고 하겠다. 뿐만 아니라, 법원의 재판과 행정처분이 다 같이 헌법재판소의 위헌결정으로 그 효력을 상실한 법률을 적용함으로써 청구인의 기본권을 침해한 경우에는 그 처분의 위헌성이 명백하므로 원래의 행정처분까지도 취소하여 보다 신속하고 효율적으로 국민의 기본권을 구제하는 한편, 기본권침해의 위헌상태를 일거에 제거함으로써 합헌적 질서를 분명하게 회복하는 것이 법치주의의 요청에 부응하는 길이기도 하다.

헌재 2008. 7. 29. 2008헌마487

원행정처분에 대한 헌법소원심판청구를 받아들여 이를 취소하는 것은, 원행정처분을 심판대상으로 삼았던 법원의 재판이 예외적으로 헌법소원심판대상이 되어 그 재판 자체까지 취소되는 경우에 한하고, 법원의 재판이 취소되지 아니하는 경우에는 확정판결의 기판력으로 인하여 원행정처분 그 자체는 헌법소원심판의 대상이 되지 아니하며, 이와 같은 법리는 검사의 불기소처분에 대하여 법원의 재정신청절차를 거친 경우에도 마찬가지로 적용되어야 한다.

(5) 그 밖의 행정관청의 처분과 헌법소원심판

1) 헌법소원심판의 대상이 되는 처분

① 국가인권위원회의 진정각하결정

(i) 국가인권위원회는 공권력을 행사하는 주체에 해당하므로, 피청구인 국가인권위원회의 진정각하결정은 헌재법 제68조 제1항에서 규정하는 공권력의 행사로서 헌법소원심판의 대상이 된다.[1]

(ii) 국가인권위원회는 국가인권위원회법에 따라서 설립된 인권보호기구이자 독립된 국가기관으로서 공권력을 행사하는 주체에 해당하므

1 헌재 2009. 9. 24. 2009헌마63.

로, 피청구인의 이 사건 결정은 헌재법 제68조 제1항에서 규정하는 공권력의 행사로서 헌법소원심판의 대상이 된다. 우리 재판소는 국가인권위원회의 진정각하 혹은 기각결정에 대한 헌법소원심판청구에 대하여, 국가인권위원회의 결정도 헌법소원의 대상이 된다는 전제하에 본안판단을 한 다음 심판청구를 기각해 오고 있다.[1]

② 감사원 국민감사청구기각결정

감사원의 국민감사청구에 대한 기각결정은 공권력의 주체인 감사원의 고권적 처분이라는 점에서 헌법소원심판의 대상이 될 수 있다.[2]

③ 경찰서장 집회신고 반려행위

경찰서장의 옥외집회신고서 반려행위는 청구인들의 입장에서는 접수거부나 집회의 금지통고로 보지 않을 수 없고 그 결과 형사적 처벌이나 집회의 해산을 받지 않기 위하여 집회의 개최를 포기할 수밖에 없기 때문에 청구인들의 집회의 자유를 침해하였다고 할 것이므로 옥외집회신고서 반려행위는 기본권침해 가능성이 있는 공권력의 행사에 해당한다.[3]

④ 선거관리위원회의 경고

선거관리위원회법 제14조의2의 '경고'는 선거법 위반행위에 대한 제재적 조치의 하나로서 법률에 규정된 것이므로 피경고자는 이러한 경고를 준수하여야 할 의무가 있고, 피경고자가 경고를 불이행하는 경우 선거관리위원회 위원·직원에 의하여 관할 수사기관에 수사의뢰 또는 고발될 수 있으므로, 위 경고가 청구인의 법적 지위에 영향을 주지 않는다고는 할 수 없다. 중앙선거관리위원회 위원장이 중앙선거관리위원회 전체회의의 심의를 거쳐 대통령의 위법사실을 확인한 후 그 재발방지를 촉구하는 내용의 이 사건 조치를 청구인인 대통령에

1 헌재 2008. 11. 27. 2006헌마440.
2 헌재 2006. 2. 23. 2004헌마414.
3 헌재 2008. 5. 29. 2007헌마712.

대하여 직접 발령한 것이 단순한 권고적·비권력적 행위라든가 대통령인 청구인의 법적 지위에 불리한 효과를 주지 않았다고 보기는 어렵다.[1]

2) 헌법소원심판의 대상이 되지 않는 처분

① 선거관리위원회의 선거법위반행위 중지촉구

선거관리위원회의 선거법위반행위에 대한 중지촉구공문은 국민에 대하여 직접적인 법률효과를 발생시키지 않는 단순한 권고적·비권력적 행위로서 헌법소원심판의 대상이 될 수 있는 공권력의 행사에 해당하지 않으므로 선거법위반행위에 대한 중지촉구에 대한 헌법소원심판청구는 부적법하다.[2]

② 대통령의 통치행위

(i) 국무회의의 이 사건 파병동의안 의결이 이러한 공권력의 행사인지의 점에 관하여 살피건대, 국군을 외국에 파견하려면, 대통령이 국무회의의 심의를 거쳐 국회에 파병동의안 제출, 국회의 동의, 대통령의 파병결정, 국방부장관의 파병명령, 파견대상 군참모총장의 구체적·개별적 인사명령의 절차를 거쳐야 하는바, 이러한 절차에 비추어 파병은 대통령이 국회의 동의를 얻어 파병결정을 하고, 이에 따라 국방부장관 및 파견대상 군참모총장이 구체적·개별적인 명령을 발함으로써 비로소 해당 국민, 즉 파견군인 등에게 직접적인 법률효과를 발생시키는 것이고, 대통령이 국회에 파병동의안을 제출하기 전에 대통령을 보좌하기 위하여 파병정책을 심의·의결한 국무회의의 의결은 국가기관의 내부적 의사결정행위에 불과하여 그 자체로 국민에 대하여 직접적인 법률효과를 발생시키는 행위가 아니므로 헌재법 제68조 제1항에서 말하는 공권력의 행사에 해당하지 아니한다.[3]

1 헌재 2008. 1. 17. 2007헌마700.
2 헌재 2003. 3. 27. 2002헌마106.
3 헌재 2003. 12. 18. 2003헌마225.

(ii) 이 사건 파견결정은 그 성격상 국방 및 외교에 관련된 고도의 정치적 결단을 요하는 문제로서, 헌법과 법률이 정한 절차를 지켜 이루어진 것임이 명백하므로, 대통령과 국회의 판단은 존중되어야 하고 헌법재판소가 사법적 기준만으로 이를 심판하는 것은 자제되어야 한다. 이에 대하여는 설혹 사법적 심사의 회피로 자의적 결정이 방치될 수도 있다는 우려가 있을 수 있으나 그러한 대통령과 국회의 판단은 궁극적으로는 선거를 통해 국민에 의한 평가와 심판을 받게 될 것이다.[1]

③ 대통령의 법률안 제출행위

공권력의 행사에 대하여 헌법소원심판을 청구하기 위하여는, 공권력의 주체에 의한 공권력의 발동으로서 국민의 권리의무에 대하여 직접적인 법률효과를 발생시키는 행위가 있어야 한다. 그런데 대통령의 법률안 제출행위는 국가기관 간의 내부적 행위에 불과하고 국민에 대하여 직접적인 법률효과를 발생시키는 행위가 아니므로 헌재법 제68조에서 말하는 공권력의 행사에 해당되지 않는다.[2]

④ 한국증권거래소의 주권상장폐지결정

한국증권거래소의 주권상장폐지확정결정은 헌법소원의 대상이 되는 공권력의 행사에 해당하지 않는다.[3]

6. 사법작용

(1) 법원의 재판에 대한 헌법소원

헌재법 제68조 제1항은 법원의 재판을 헌법소원의 대상에서 제외하고 있다. 따라서 법원의 재판인 판결·결정·명령 자체를 대상으로 하여 헌법소원을 제기한다면 이는 부적법하다. 헌법재판소는 헌재법

1 헌재 2004. 4. 29. 2003헌마814.
2 헌재 1994. 8. 31. 92헌마174.
3 헌재 2005. 2. 24. 2004헌마442.

제68조 제1항의 재판소원금지규정에 따라 법원의 재판에 대한 헌법소원심판에 대하여 각하결정을 해 왔다. 그 후 헌재법 제68조 제1항에 대한 위헌확인사건에서 "헌법재판소법 제68조 제1항이 원칙적으로 헌법에 위반되지 아니한다고 하더라도, 법원이 헌법재판소가 위헌으로 결정하여 그 효력을 전부 또는 일부 상실하거나 위헌으로 확인된 법률을 적용함으로써 국민의 기본권을 침해한 경우에도 법원의 재판에 대한 헌법소원이 허용되지 않는 것으로 해석한다면, 위 법률조항은 그러한 한도 내에서 헌법에 위반된다"고 결정하였다.[1]

헌재 1997. 12. 24. 96헌마172

1. 헌법재판소법 제68조 제1항이 원칙적으로 헌법에 위반되지 아니한다고 하더라도, 법원이 헌법재판소가 위헌으로 결정하여 그 효력을 전부 또는 일부 상실하거나 위헌으로 확인된 법률을 적용함으로써 국민의 기본권을 침해한 경우에도 법원의 재판에 대한 헌법소원이 허용되지 않는 것으로 해석한다면, 위 법률조항은 그러한 한도내에서 헌법에 위반된다.
2. 헌법소원이 단지 주관적인 권리구제절차일 뿐이 아니라 객관적 헌법질서의 수호와 유지에 기여한다는 이중적 성격을 지니고 있으므로, 헌법재판소는 본안판단에 있어서 모든 헌법규범을 심사기준으로 삼음으로써 청구인이 주장한 기본권의 침해여부에 관한 심사에 한정하지 아니하고 모든 헌법적 관점에서 심판대상의 위헌성을 심사한다. 따라서 헌법재판소법 제68조 제1항이 비록 청구인이 주장하는 기본권을 침해하지는 않지만, 헌법 제107조 및 제111조에 규정된 헌법재판소의 권한규범에 부분적으로 위반되는 위헌적인 규정이므로, 이 사건 헌법소원은 위에서 밝힌 이유에 따라 한정적으로 인용될 수 있는 것이다.
3. 헌법재판소의 법률에 대한 위헌결정에는 단순위헌결정은 물론, 한정합헌, 한정위헌결정과 헌법불합치결정도 포함되고 이들은 모두 당연히 기속력을 가진다.
4. 이 사건 대법원판결은 헌법재판소가 이 사건 법률조항에 대하여 한

1 헌재 1997. 12. 24. 96헌마172.

정위헌결정을 선고함으로써 이미 부분적으로 그 효력이 상실된 법률조항을 적용한 것으로서 위헌결정의 기속력에 반하는 재판임이 분명하므로 이에 대한 헌법소원은 허용된다 할 것이고, 또한 이 사건 대법원판결로 말미암아 청구인의 헌법상 보장된 기본권인 재산권 역시 침해되었다 할 것이다. 따라서 이 사건 대법원판결은 헌법재판소법 제75조 제3항에 따라 취소되어야 마땅하다.

(2) 헌법소원의 대상이 되는 법원의 재판

1) 헌법소원의 대상이 되는 법원의 재판의 범위

법률에 대한 위헌결정에 반하는 법원의 재판에 대해서는 헌법소원을 제기할 수 있는데, 위헌으로 결정된 법률조항은 그 결정이 있은 날로부터 효력을 상실하기 때문에 원칙적으로 위헌결정일 이후의 재판이 이에 해당한다.[1] 따라서 헌법재판소가 한정위헌결정을 하기 이전에 선고한 대법원의 판결은 헌법재판소가 위헌으로 결정한 법령을 적용하여 국민의 기본권을 침해한 재판에 해당한다고 볼 수 없다.[2]

2) 반대의견

헌법소원의 대상이 되는 법원의 재판의 의미와 관련하여, 헌법재판소는 헌법소원심판청구가 취하되어 심판절차종료선언결정을 하면서, 재판관 2인의 반대의견을 통하여 재판관 전원일치의견의 평의결과를 밝힌 바 있다. 즉, 헌법재판소는 "법 제68조 제1항 본문의 '법원의 재판'에 헌법재판소가 위헌으로 결정한 법령을 적용함으로써 국민의 기본권을 침해한 재판도 포함되는 것으로 해석하는 한도 내에서 법 제68조 제1항은 헌법에 위반된다"는 한정위헌결정의 주문은 그 문언의 표현을 넘어서 "헌법재판소의 위헌결정에 반하여 그 효력을 부

1 헌재 1998. 4. 30. 92헌마239.
2 헌재 1998. 6. 25. 92헌마261; 헌재 1998. 7. 16. 95헌마77.

인하는 모든 재판을 포함"하는 것으로 이해해야 한다고 하였다.[1] 즉, 헌법소원심판의 대상이 되는 재판이란 헌법재판소가 위헌으로 결정한 법령을 적용한 재판에 한정되는 것이 아니라 헌법재판소의 위헌결정의 기속력을 부인하는 모든 재판을 포함한다는 것이다. 법원의 판단이 헌법재판소의 위헌결정에 반하는 한 헌법재판소의 위헌결정이 법원의 판결 이전에 선고되는가 아니면 이후에 선고되는가 하는 우연적 요소에 의하여 헌법소원의 대상이 되는 재판의 범위가 달라질 수 없는 것이라고 판시하고 있다.[2]

7. 공권력의 불행사

(1) 입법부작위

1) 입법부작위의 의의

입법부작위에는 단순입법부작위, 진정입법부작위, 부진정입법부작위 등이 있다. 단순입법부작위는 단순히 입법을 하지 않고 있는 것으로 국회에 입법의무가 존재하지 않는 경우를 말한다. 진정입법부작위는 입법자가 헌법상 입법의무가 있는 어떤 사항에 관하여 전혀 입법

1 헌재 2003. 4. 24. 2001헌마386. 헌법재판소는 1997. 12. 24. 선고된 96헌마172·173(병합) 사건에서 법 제68조 제1항 본문에 대하여 "법 제68조 제1항 본문의 '법원의 재판'에 헌법재판소가 위헌으로 결정한 법령을 적용함으로써 국민의 기본권을 침해한 재판도 포함되는 것으로 해석하는 한도 내에서, 법 제68조 제1항은 헌법에 위반된다"는 주문의 한정위헌결정을 한 바 있고, 이미 위에서 서술한 바와 같이, 위 결정의 주문은 문언의 표현을 넘어서 '헌법재판소의 위헌결정에 반하여 그 효력을 부인하는 모든 재판'을 포함하는 것으로 이해되어야 한다. 따라서 법 제68조 제1항 본문의 위헌여부에 대한 이 사건 심판청구는, 헌법재판소가 이미 헌재 96헌마172·173(병합) 사건에서 한정위헌결정을 선고함으로써 위헌성이 제거된 부분에 대하여 다시 위헌선언을 구하는 청구로서 부적법하다.

2 헌재 2003. 4. 24. 2001헌마386. 아울러 이 사건에서는 평의결과에 따라 "법 제75조 제7항이 원칙적으로 헌법에 위반되는 것은 아니지만 '법 제68조 제2항의 헌법소원이 인용된 경우'에 한정위헌결정이 포함되지 않는다고 해석하는 한도 내에서 위헌임을 선언하고, 헌법재판소의 한정위헌결정의 효력을 부인하여 청구인의 재심청구를 기각한 이 사건 대법원판결을 취소"해야 한다는 재판관 2인의 반대의견이 제시되었다.

을 하지 아니함으로써 "입법행위의 흠결이 있는 경우," 즉 입법권의 불행사를 의미한다. 부진정입법부작위는 입법자가 어떤 사항에 관하여 입법은 하였으나 그 입법의 내용·범위·절차 등이 당해 사항을 불완전, 불충분 또는 불공정하게 규율함으로써 "입법행위에 결함이 있는 경우," 즉 결함이 있는 입법권의 행사를 말한다.

2) 입법부작위와 헌법소원

"진정입법부작위," 즉 본래의 의미에서의 입법부작위를 대상으로 하여 헌법소원을 제기하려면 헌법에서 기본권보장을 위하여 법령에 명시적인 입법위임을 하였음에도 불구하고 입법자가 상당한 기간 내에 이를 이행하지 아니하거나 또는 헌법의 해석상 특정인에게 구체적인 기본권이 생겨 이를 보장하기 위한 국가의 행위의무 내지 보호의무가 발생하였음이 명백함에도 불구하고 입법자가 아무런 입법조치를 취하지 않고 있는 경우이어야 한다.

"부진정입법부작위"를 대상으로, 즉 입법의 내용·범위·절차 등의 결함을 이유로 헌법소원을 제기하려면 이 경우에는 결함이 있는 당해 입법규정 그 자체를 대상으로 하여 그것이 평등의 원칙에 위배된다는 등 헌법위반을 내세워 적극적인 헌법소원을 제기하여야 하며, 이 경우에는 헌재법 소정의 제소기간청구기간을 준수하여야 한다.

3) 진정입법부작위와 부진정입법부작위의 구별

① 법률의 일부삭제 또는 전부 폐지

법률의 일부 개정의 경우 삭제된 부분과 삭제 후 남은 부분이 질적인 관계에 있으면 부진정입법부작위의 문제가 된다는 견해가 있다.[1] 전부폐지와 같이 양적 개념인 경우에는 원래 입법의무를 이행하고 있지 않은 상태가 되므로 진정입법부작위의 문제가 된다.[2]

1 정종섭, 앞의 책, 603면.
2 정종섭, 앞의 책, 603면.

② 특정집단의 배제

입법자가 혜택부여규정에서 일정 인적 집단을 배제한 경우, 그 규정의 인적 대상범위의 확대를 구하는 헌법소원은 비록 외형적으로는 진정입법부작위에 대한 소원과 흡사하나, 실질은 그러하지 아니하다. 입법자의 하자 있는 행위는 언제나 올바른 행위의 부작위로 해석될 수 있다는 의미에서 이러한 부작위는 입법자가 혜택부여규정의 제정을 통하여 내린 적극적인 결정의 반사적 효과일 뿐이기 때문이다. 다시 말하면, 평등원칙에 위배된 경우 평등원칙에 합치하는 상태를 실현할 입법자의 의무는 헌법이 직접 부과한 구체적인 의무가 아니고, 단지 입법자의 잘못된 입법에 의하여 비로소 발생하는 것이므로 입법을 통한 평등원칙의 위반에 따른 결과일 뿐, 헌법위임에 의한 것이 아니라는 것이다.

그러므로 이러한 입법부작위는 헌법적 입법의무에 근거한 것이 아니라 단지 혜택부여규정의 인적 범위의 제한에 따른 결과에 지나지 아니하여 이른바 '부진정 부작위'에 해당하기 때문에 입법부작위위헌확인심판의 대상이 되지 아니한다.[1]

③ 경과규정의 흠결

경과규정의 흠결은 특별한 사정이 없는 한 해당 법률조항의 불충분함과 불완전함이 문제가 되는 경우이므로 부진정입법부작위의 문제가 된다.

4) 진정입법부작위와 헌법적 입법의무

입법부작위에 의하여 기본권이 침해되기 위해서는 명시적인 입법위임이나 또는 헌법해석을 통하여 입법의무가 있을 것을 전제로 한다.

① 평등권과 입법의무

입법에 있어서 평등원칙 또는 평등권 규정에 위반되었다고 하여 입

1 헌재 1996. 11. 28. 93헌마258.

법원칙 등에 부합되게 처음부터 다시 입법하도록 하는 입법의무가 발생하는 것은 아니다. 평등원칙은 원칙적으로 입법자에게 헌법적으로 아무런 구체적인 입법의무를 부과하지 않기 때문이다. 다만, 입법자가 평등원칙에 반하는 일정 내용의 입법을 하게 되면, 이로써 피해를 입게 된 자는 직접 당해 법률조항을 대상으로 하여 평등원칙의 위반여부를 다툴 수 있을 뿐이다.[1] 평등원칙의 위반문제는 진정입법부작위가 아닌 부진정입법부작위, 즉 법률에 대한 헌법소원심판이 문제된다.

② 자유권과 입법의무

자유권은 국가에 대한 부당한 침해를 금하는 소극적 방어권으로서의 성격을 갖기 때문에 적극적인 어떤 입법을 요구할 수 있는 것은 아니다. 물론 자유권의 본질적 내용을 침해하지 않도록 입법을 해야 할 의무는 있지만, 입법이 없을 경우 적극적인 입법의무를 부과한다고 보기는 어렵다.

5) 행정입법부작위

행정입법부작위의 경우에도 진정입법부작위와 부진정입법부작위에 대한 법리가 그대로 적용된다. 행정기관이 행정입법을 할 작위의무가 있음에도 불구하고 행정입법을 하지 아니하여 기본권을 침해한 경우에는 헌법소원심판을 통하여 다툴 수 있다. 행정입법의 부작위에는 시행령 입법부작위, 시행규칙 입법부작위, 행정규칙 입법부작위 등이 있다.

헌재 2005. 12. 22. 2004헌마66(행정입법의 작위의무)

행정입법의 지체가 위법으로 되어 그에 대한 법적 통제가 가능하기 위하여는, 우선 행정청에게 시행명령을 제정(개정)할 법적 의무가 있어야 하고, 상당한 기간이 지났음에도 불구하고, 명령제정(개정)권이 행사되

1 헌재 1996. 11. 28. 93헌마258.

지 않아야 한다. 삼권분립의 원칙, 법치행정의 원칙을 당연한 전제로 하고 있는 우리 헌법 하에서 행정권의 행정입법 등 법집행의무는 헌법적 의무라고 보아야 할 것이다. 그런데 이는 행정입법의 제정이 법률의 집행에 필수불가결한 경우로서 행정입법을 제정하지 아니하는 것이 곧 행정권에 의한 입법권 침해의 결과를 초래하는 경우를 말하는 것이므로, 만일 하위 행정입법의 제정 없이 상위 법령의 규정만으로도 집행이 이루어질 수 있는 경우라면 하위 행정입법을 하여야 할 헌법적 작위의무는 인정되지 아니한다고 할 것이다.

헌재 1998. 7. 16. 96헌마246(행정입법부작위에 대한 헌법소원과 보충성)

입법부작위에 대한 행정소송의 적법여부에 관하여 대법원은 "행정소송은 구체적 사건에 대한 법률상 분쟁을 법에 의하여 해결함으로써 법적 안정을 기하자는 것이므로 부작위위법확인소송의 대상이 될 수 있는 것은 구체적 권리의무에 관한 분쟁이어야 하고, 추상적인 법령에 관하여 제정의 여부 등은 그 자체로서 국민의 구체적인 권리의무에 직접적 변동을 초래하는 것이 아니어서 행정소송의 대상이 될 수 없다"고 판시하고 있다. 그 밖에 입법부작위에 대한 국가배상의 청구가 가능한지도 문제되지만, 헌법재판소법 제68조 제1항 단서 소정의 "다른 권리구제절차"라 함은 공권력의 행사 또는 불행사를 직접 대상으로 하여 그 효력을 다툴 수 있는 권리구제절차를 의미하고 사후적·보충적 구제수단을 뜻하는 것은 아니므로, 설사 국가배상청구가 가능하다고 할지라도 이를 사전구제절차로 볼 수는 없다.

헌재 1998. 7. 16. 96헌마246(시행규칙 입법부작위)

치과의사로서 전문의가 되고자 하는 자는 대통령령이 정하는 수련을 거쳐 보건복지부장관의 자격인정을 받아야 하고(의료법 제55조 제1항) 전문의의 자격인정 및 전문과목에 관하여 필요한 사항은 대통령령으로 정하는바(동조 제3항), 위 대통령령인 '규정' 제2조의2 제2호(개정 1995. 1. 28)는 치과전문의의 전문과목을 "구강악안면외과·치과보철과·치과교정과·소아치과·치주과·치과보존과·구강내과·구강악안면방사선과·구강병리과 및 예방치과"로 정하고, 제17조(개정 1994. 12. 23)에서는 전문의자격의 인정에 관하여 "일정한 수련과정을 이수한 자로서 전문의 자격시험에 합격"할 것을 요구하고 있는데도, '시행규칙'이 위 규정에 따른 개정입법 및 새로운 입법을 하지 않고 있는 것은 진정입법부작위에 해당하므로 이 부분에 대한 심판청구는 청구기간의 제한을 받지 않는다.

헌재 2002. 7. 18. 2000헌마707(행정규칙 입법부작위)

이 사건의 경우 법률인 산업재해보상보험법 및 대통령령인 근로기준법 시행령이 정하는 경우에 관하여 노동부장관이 평균임금을 결정·고시하는 내용의 규정이 있음에도 불구하고 노동부장관이 이에 따른 행정입법권을 행사하지 아니하고 있는 것이므로 이는 진정입법부작위에 속한다.

6) 사법입법부작위

사법입법의 경우에도 입법의무를 이행하지 아니하는 때에는 헌법소원심판으로 다툴 수 있다. 대법원규칙을 제정할 의무가 있음에도 이를 제정하지 않는 경우에는 헌법소원심판으로 다툴 수 있다.

헌재 1997. 5. 29. 96헌마4

압류명령이 제3채무자에게 송달되지 아니한 경우 압류명령의 신청인에게 그 사실을 통지하거나 주소보정을 명하도록 하는 내용의 대법원규칙을 제정하도록 위임하고 있는 명시적 헌법이나 법률규정이 없을 뿐만 아니라 헌법이나 법률의 해석상으로도 그와 같은 대법원규칙을 제정하여야 할 의무가 발생한다고도 할 수 없으므로, 이러한 의무의 존재를 전제로 한 이 사건 헌법소원은 헌법소원심판의 대상이 될 수 없는 사안에 대한 헌법소원으로서 부적법하다.

7) 자치입법부작위

지방자치단체가 조례를 제정하지 아니하는 부작위도 헌법소원의 대상이 된다.

헌재 2009. 7. 30. 2006헌마358

'국가공무원 복무규정' 제28조는 국가공무원 중에서 '사실상 노무에 종사하는 국가공무원의 범위'를 정하고 있을 뿐이어서 지방공무원에게 준용될 여지가 없다. 그러므로 피청구인들은 지방공무원 중 '사실상 노무에 종사하는 지방공무원의 범위'를 전혀 정하지 않았다고 봄이 상당하고, 결국 청구인들의 이 사건 심판청구는 그러한 진정입법부작위의 기본권 침해 여부를 다투는 것이라고 할 것이다.

(2) 입법부부작위

1) 국회의장의 청원심사부작위

국회는 청원에 대하여 심사할 의무를 지고 청구인에게는 심사를 요구할 수 있는 권리가 있으므로 국회가 청구인의 청원에 대한 심사를 게을리하였는지 여부는 헌법소원의 대상이 된다.[1]

헌재 2000. 6. 1. 2000헌마18

청원권이라 함은 국민이 공권력과의 관계에서 일어나는 여러 가지 이해관계 또는 국정에 관해서 자신의 의견이나 희망을 진술할 수 있는 권리로서, 헌법 제26조는 모든 국민은 법률이 정하는 바에 의하여 국가기관에 문서로 청원할 권리를 가지며 국가는 청원에 대하여 심사할 의무를 진다고 하여 모든 국민의 청원권을 보장하고 청원을 수리한 국가기관은 청원에 대하여 심사하여야 할 의무를, 청원법과 국회법 제123조 이하는 청원의 처리결과에 대하여 통지하여야 할 의무를 각 규정하고 있는데, 청원에 대한 심사 및 통지의무는 재판청구권 및 기타 준사법적인 구제청구와 그 성질을 달리하므로 이러한 의무는 청원을 수리한 국가기관이 이를 성실, 공정, 신속히 심사·처리하여 그 결과를 청원인에게 통지하는 이상의 의무를 요구하는 것은 아니다. 한편 공권력의 불행사에 대한 헌법소원은 공권력의 주체에게 헌법에서 유래하는 작위의무가 특별히 구체

1 헌재 2000. 6. 1. 2000헌마18.

적으로 규정되어 이에 의거하여 기본권의 주체가 그 공권력의 행사를 청구할 수 있음에도 공권력의 주체가 그 의무를 해태하는 경우에 허용되는 것인데, 앞에서 본 바와 같이 국회는 청원에 대하여 심사할 의무를 지고 청구인에게는 심사를 요구할 수 있는 권리가 있으므로, 나아가 국회가 청구인의 청원에 대한 심사의무를 해태하였는지에 관하여 보기로 한다.

2) 탄핵소추의결부작위

국회의 탄핵소추의결부작위에 대한 위헌확인을 구하는 헌법소원은 부적법하다.

헌재 1996. 2. 29. 93헌마186

부작위위헌확인소원은 기본권보장을 위하여 헌법상 명문으로 또는 헌법의 해석상 특별히 공권력 주체에게 작위의무가 규정되어 있어 청구인에게 그와 같은 작위를 청구할 헌법상 기본권이 인정되는 경우에 한하여 인정되는 것인바, 헌법 제65조 제1항은 국회의 탄핵소추의결이 국회의 재량행위임을 명문으로 밝히고 있고 헌법해석상으로도 국정통제를 위하여 헌법상 국회에게 인정된 다양한 권한 중 어떠한 것을 행사하는 것이 적절한 것인가에 대한 판단권은 오로지 국회에 있다고 보아야 할 것이며, 나아가 청구인에게 국회의 탄핵소추의결을 청구할 권리에 관하여도 아무런 규정이 없고 헌법해석상으로도 그와 같은 권리를 인정할 수 없으므로, 국회에게 대통령의 헌법 등 위배행위가 있을 경우에 탄핵소추의결을 하여야 할 헌법상 작위의무가 있다 할 수 없어 국회의 탄핵소추의결 부작위에 대한 위헌확인소원은 부적법하다.

(3) 행정부작위

1) 작위의무

행정부작위에 대해서도 헌법소원심판을 제기할 수 있다. 행정권력의 부작위에 대한 헌법소원은 공권력의 주체에게 헌법에서 유래하는 작위의무가 특별히 구체적으로 규정되어 이에 의거하여 기본권의 주체가 행정행위 내지 공권력의 행사를 청구할 수 있음에도 공권력의 주체가 그 의무를 게을리하는 경우에만 허용된다. "공권력의 주체에게 헌법에서 유래하는 작위의무가 특별히 구체적으로 규정되어"가 의미하는 바는, 첫째, 헌법상 명문으로 공권력 주체의 작위의무가 규정되어 있는 경우, 둘째, 헌법의 해석상 공권력 주체의 작위의무가 도출되는 경우, 셋째, 공권력 주체의 작위의무가 법령에 구체적으로 규정되어 있는 경우 등을 포괄하고 있는 것으로 볼 수 있다.[1]

2) 보충성

행정청의 부작위에 대해서는 원칙적으로 행정심판과 행정소송 등의 구제절차가 마련되어 있다. 행정청의 부작위의 경우 부작위위법확인소송이 가능하기 때문에 부작위위법확인소송을 거치지 않고 헌법소원을 제기하는 경우에는 보충성의 원칙에 위배될 가능성이 있다. 다만, 전심절차로 권리가 구제될 가능성이 거의 없거나 권리구제절차가 허용되는지의 여부가 객관적으로 불확실하여 전심절차 이행 가능성이 없을 때에는 보충성의 예외로서 행정부작위에 대한 헌법소원이 적법할 수 있다.

3) 거부처분

거부처분은 행정부작위에 해당하지 않는다.

헌재 1993. 5. 10. 93헌마92

청구인의 이 사건 예비적 심판청구에 대하여 보건대 피청구인의 거부처분이 있고 그 거부처분은 공권력의 행사임이 명백하므로 청구인으로서는 그 거부처분의 취소를 구하는 헌법소원심판을 청구함으로 족하다고 할 것이고, 이와 병행하여 국가기관의 공권력의 불행사를 이유로 부작

1 헌재 2004. 10. 28. 2003헌마898; 헌재 2011. 8. 30. 2006헌마788.

위위헌확인 심판청구를 하는 것은 허용되지 않는다고 할 것이므로 이 사건 예비적 심판청구는 결국 헌법소원심판청구의 대상이 아닌 것에 대한 헌법소원으로서 역시 부적법하다고 할 것이다.

(4) 사법부작위

1) 사법부작위의 헌법소원대상성[1]

헌재법 제68조 제1항 본문에 의하면 "공권력의 행사 또는 불행사로 인하여 헌법상 보장된 기본권을 침해받은 자는 법원의 재판을 제외하고는 헌법재판소에 헌법소원심판을 청구할 수 있다"라고 규정하고 있다. 따라서 법원이 판결을 잘못함으로써 기본권을 침해받았다고 주장하여 헌법소원심판을 청구하는 경우 헌법소원심판청구의 대상에서 제외된 법원의 재판 그 자체를 대상으로 한 것이므로 부적법하다.

2) 판단유탈

대법원이 판단하여야 할 사항의 일부에 관하여 판결의 주문에서 빠뜨리고 판결한 것이라면 탈루한 부분은 여전히 법원에 계속되어 있는 것이고, 그렇지 아니하고 공격방어방법에 관한 판단을 빠뜨린 것이라면 재심의 소에 의하여 구제받을 수 있으므로 그러한 절차를 생략한 채 바로 헌법재판소에 헌법소원을 청구하여 재판의 취소를 구하거나 추가재판을 구하는 것은 허용되지 않는다.[2]

1 헌재 1992. 6. 26. 89헌마271. 재판장의 소송지휘권의 행사에 관한 사항은, 그 자체가 재판장의 명령으로서 법원의 재판에 해당하거나, 또는 그것이 비록 재판의 형식이 아닌 사실행위로 행하여졌다고 하더라도 위와 같이 항소심의 종국판결이 선고된 이후에는 위 종국판결에 흡수, 포함되어 그 불복방법은 위 항소심 판결에 대한 상고에 의하여만 가능하다 할 것이다. 따라서 재판장의 변론지휘권의 부당한 행사를 그 대상으로 하는 헌법소원심판청구는, 결국 헌법소원청구의 대상에서 제외된 법원의 재판을 직접 그 대상으로 하여 헌법소원심판을 청구한 경우에 해당하므로 부적법하다 할 것이다.

2 헌재 1996. 4. 25. 92헌바30.

3) 재판지연

헌법재판소는 재판지연행위에 대하여 재판에 대한 헌법소원의 문제로 보고 각하한 결정이 있다.

헌재 1998. 5. 28. 96헌마46

헌법재판소법 제68조 제1항 본문에 의하면 공권력의 행사 또는 불행사로 인하여 헌법상 보장된 기본권을 침해받은 자는 법원의 재판을 제외하고는 헌법재판소에 헌법소원심판을 청구할 수 있다고 규정하고 있으므로, 원칙적으로 법원의 재판을 대상으로 하는 헌법소원 심판청구는 허용되지 아니하고, 위 규정의 '법원의 재판'에는 재판 자체뿐만 아니라 재판절차에 관한 법원의 판단도 포함되는 것으로 보아야 할 것이다. 그런데 청구인이 기본권침해사유로 주장하는 재판의 지연은 결국 법원의 재판절차에 관한 것이므로 헌법소원의 대상이 될 수 없는 것이다.

II. 기본권의 침해

1. 헌법상 보장된 기본권의 침해

(1) 기본권의 침해란 공권력의 주체가 기본권의 내용 내지 보호영역에 대하여 제한을 가하는 것이라거나 또는 공권력의 행사 또는 불행사로 인하여 자유의 제한, 의무의 부과, 권리 또는 법적 지위의 박탈이 생긴 경우라고 정의된다.

헌법상의 기본권이 침해되어야 하므로 헌법상의 권리가 아닌 권리침해에 대해서는 헌법소원심판절차를 통해서 다툴 수 없다. 다만 헌법상의 권리가 아닌 경우에도 평등권의 침해가 문제되는 경우에는 비교대상이 되는 권리는 기본권이 아니라고 하더라도 평등권이 기본권이기 때문에 헌법소원심판절차를 통하여 다툴 수 있다.

헌재 2007. 6. 28. 2004헌마643

주민투표권은 헌법상의 열거되지 아니한 권리 등 그 명칭의 여하를 불문하고 헌법상의 기본권성이 부정된다는 것이 우리 재판소의 일관된 입장이라 할 것인데, 이 사건에서 그와 달리 보아야 할 아무런 근거를 발견할 수 없다. 그렇다면 이 사건 심판청구는 헌법재판소법 제68조 제1항의 헌법소원을 통해 그 침해 여부를 다툴 수 있는 기본권을 대상으로 하고 있는 것이 아니므로 그러한 한에서 이유 없다. 하지만 주민투표권이 헌법상 기본권이 아닌 법률상의 권리에 해당한다 하더라도 비교집단 상호간에 차별이 존재할 경우에 헌법상의 평등권 심사까지 배제되는 것은 아니다.

(2) 기본권침해의 주장과 심사

기본권침해의 문제가 되지 않는 헌법상의 원리, 원칙, 방침의 위반·침해에 대해서는 헌법소원심판을 통하여 다툴 수 없다. 기본권침해의 가능성이 없이 단순히 일반 헌법규정이나 헌법원칙에 위반된다는 주장은 기본권침해에 대한 구제라는 헌법소원의 적법요건을 충족시키지 못하는 것이다.[1] 그리고 공권력행사가 헌법의 기본원리에 위반된다는 주장만으로 헌법상 보장된 기본권의 주체가 아닌 자가 헌법소원을 청구할 수도 없다.

기본권침해의 주장이 있으면 헌법재판소는 공권력의 행사가 기본권을 보장하는 헌법조항에 위반되는지의 여부를 심사한다. 그런데 헌법소원심판의 심판대상인 공권력의 행사가 기본권보장 규정이 아닌 헌법조항이나 헌법상의 원리에 위반되느냐의 여부도 심사할 수 있는가가 문제된다. 헌법재판소는 헌법소원심판 과정에서 공권력의 행사

1 헌재 2006. 2. 23. 2005헌마268.

또는 불행사가 위헌인지 여부를 판단함에 있어서 국민주권주의, 법치주의, 적법절차의 원리 등 헌법의 기본원리 위배여부를 그 기준으로 적용할 수는 있다고 판시한다. 그뿐만 아니라 헌법재판소는 헌법소원이 갖는 주관적 권리구제의 측면뿐만 아니라 객관적 헌법질서의 수호·유지라는 이중적 성격을 지니고 있으므로, 헌법재판소는 본안판단에 있어서 모든 헌법규범을 심사기준으로 삼음으로써 청구인이 주장한 기본권의 침해여부에 관한 심사에 한정하지 아니하고 모든 헌법적 관점에서 심판대상의 위헌성을 심사한다고 판시하고 있다.

헌재 1998. 10. 29. 96헌마186

공권력의 행사 또는 불행사로 헌법의 기본원리 혹은 헌법상 보장된 제도의 본질이 훼손되었다고 하여 그 점만으로 바로 국민의 기본권이 직접 현실적으로 침해된 것이라고 할 수는 없다. 따라서 청구인들 주장과 같은 피청구인의 행위로 국민주권주의라든지 복수 정당제도가 훼손될 수 있는지의 여부는 별론으로 하고 그로 인하여 바로 헌법상 보장된 청구인들의 구체적 기본권이 침해당하는 것은 아닐 뿐만 아니라, 국민주권주의, 복수정당제도의 훼손만 주장할 뿐 이로 인한 구체적 기본권의 침해 또는 침해의 가능성을 전혀 주장조차 하지 않고 있는 청구인들은 주장 자체로 이미 청구인적격이 없다.

헌재 1995. 2. 23. 90헌마125

헌법소원심판 과정에서 공권력의 행사 또는 불행사가 위헌인지 여부를 판단함에 있어서 국민주권주의, 법치주의, 적법절차의 원리 등 헌법의 기본원리 위배 여부를 그 기준으로 적용할 수는 있으나, 공권력의 행사 또는 불행사로 헌법의 기본원리가 훼손되었다고 하여 그 점만으로 국민의 기본권이 직접 현실적으로 침해된 것이라고 할 수는 없고 또한 공권력행사가 헌법의 기본원리에 위반된다는 주장만으로 헌법상 보장된 기본권의 주체가 아닌 자가 헌법소원을 청구할 수도 없는 것이므로, 설사 피청구인의 불법적인 의안처리행위로 헌법의 기본원리가 훼손되었다고 하더라도 그로 인하여 헌법상 보장된 구체적 기본권을 침해당한 바 없는 국회의원인 청구인들에게 헌법소원심판청구가 허용된다고 할 수는 없다.

(3) 기본권침해가 없는 경우

헌법소원심판은 기본권의 침해가 있는 경우에 이를 구제하기 위한 제도이다. 그러므로 기본권이 침해받을 가능성이 없는 경우에는 헌법소원심판청구가 부적법하다. 공권력의 행사로 인하여 헌법소원을 청구하고자 하는 자의 법적 지위에 아무런 영향이 미치지 않는다면 애당초 기본권침해의 가능성이나 위험성이 없으므로 그 공권력의 행사를 대상으로 헌법소원을 청구하는 것은 허용되지 않는다는 것이 판례의 태도이다.[1] 하지만 우리 헌법재판소의 결정 중에는 기본권침해의 판단 없이 객관적인 헌법원리 위반을 이유로 인용결정을 한 예가 있다.

헌재 1997. 12. 24. 96헌마172등

헌법소원이 단지 주관적인 권리구제절차일 뿐이 아니라 객관적 헌법질서의 수호와 유지에 기여한다는 이중적 성격을 지니고 있으므로, 헌법재판소는 본안판단에 있어서 모든 헌법규범을 심사기준으로 삼음으로써 청구인이 주장한 기본권의 침해여부에 관한 심사에 한정하지 아니하고 모든 헌법적 관점에서 심판대상의 위헌성을 심사한다. 따라서 헌법재판소법 제68조 제1항이 비록 청구인이 주장하는 기본권을 침해하지는 않지만, 헌법 제107조 및 제111조에 규정된 헌법재판소의 권한규범에 부분적으로 위반되는 위헌적인 규정이므로, 이 사건 헌법소원은 위에서 밝힌 이유에 따라 한정적으로 인용될 수 있는 것이다.

1 헌재 2008. 11. 27. 2008헌마517.

(4) 간접적 이익

기본권을 침해받은 자란 공권력의 행사 또는 불행사로 인하여 기본권을 직접적으로 침해받은 자를 의미한다. 따라서 간접적·사실적 또는 경제적 이해관계가 있을 뿐인 제3자나 반사적으로 불이익을 받은 자는 헌법소원청구인적격이 없다.

2. 기본권을 침해받은 자

헌법소원심판의 청구인이 될 수 있는 능력을 가진 자는 헌법상 보장된 기본권의 주체이다. 그렇지만 헌법소원심판절차에서 청구인능력을 가진 자의 청구가 언제나 적법한 것은 아니다. 헌법상 기본권을 침해당한 자의 청구만이 정당하고 적법하게 되는데, 정당한 청구인이 될 수 있는 자격을 청구인적격이라고 한다. 헌법소원은 자신의 기본권이 현재 그리고 직접 침해당한 경우에만 청구할 수 있다.

(1) 청구인능력과 청구인적격

청구인능력이라 함은 헌법소원심판절차에서 청구인이 될 수 있는 능력을 말한다. 헌재법은 공권력의 행사 또는 불행사로 인하여 헌법상 보장된 기본권을 침해받은 경우에 헌법소원심판을 청구할 수 있다고 정하고 있으므로 헌법소원심판의 청구인이 될 수 있는 능력을 가진 자는 헌법상 보장된 기본권의 주체이다. 그렇지만 헌법소원심판절차에서 청구인능력을 가진 자의 청구가 언제나 적법한 것은 아니다. 헌법상 기본권을 침해당한 자의 청구만이 정당하고 적법하게 되는데, 정당한 청구인이 될 수 있는 자격을 청구인적격이라고 한다.

(2) 자연인과 법인

1) 대한민국 국민

대한민국 국적을 가진 모든 자연인은 기본권의 주체가 된다. 자연인은 원칙적으로 살아 있는 동안 기본권의 주체가 되고, 사망으로 기본권능력은 소멸한다. 사자의 경우나 출생 이전의 태아 등이 기본권능력을 갖는가가 문제된다.

① 사 자

헌법소원심판 계속 중에 청구인이 사망하면 청구인능력이 상실되어 일신전속적 권리의 구제를 위한 경우라면 심판절차는 종료한다.[1] 사자의 경우 기본권이 인정되는 범위에서는 헌법소원심판의 청구가 가능하다는 견해가 있다. 공권력이 죽은 사람의 명예를 심하게 훼손한 경우 죽은 사람의 이름으로 헌법소원을 제기할 수는 없지만 유가족이 죽은 사람의 명예회복을 위한 헌법소원을 제기할 수 있다고 한다.[2] 실제로 사자의 명예를 위하여 유가족이 사신의 기본권침해를 이유로 헌법소원심판을 제기한 경우가 있다.[3]

1 헌재 1994. 12. 29. 90헌바13. 청구인은 이 사건 헌법소원심판절차가 계속 중인 1990. 12. 4. 사형집행에 의하여 사망한 사실이 인정된다. 청구인이 이 사건 헌법소원심판을 청구할 당시의 전제되는 재판이었던 대법원 90도319 사건은 앞서 본 바와 같이 1990. 4. 24. 상고기각판결에 의하여 종료되었지만, 헌법소원이 인용되는 경우 헌재법 제75조 제 7 항에 의하여 유죄의 확정판결에 대하여 재심을 청구할 수 있으므로 같은 법 제40조, 민사소송법 제211조 제 1 항에 따라 청구인의 사망 후에 재심을 청구할 수 있는 자는 이 사건 헌법소원심판절차를 수계할 수 있지만, 수계할 당사자가 없거나 수계의사가 없는 경우에는 청구인의 사망에 의하여 헌법소원심판절차는 원칙적으로 종료된다고 할 것이고, 다만 수계의사표시가 없는 경우에도 이미 결정을 할 수 있을 정도로 사건이 성숙되어 있고 그 결정에 의하여 유죄판결의 흠이 제거될 수 있음이 명백한 경우 등 특별히 유죄판결을 받은 자의 이익을 위하여 결정의 필요성이 있다고 판단되는 때에 한하여 종국결정을 할 수 있다고 할 것이다. 그런데 이 사건 헌법소원심판절차에서는 청구인이 사망한 지 4년이나 지났는데도 수계신청이 없을 뿐만 아니라 특별히 종국결정을 할 필요성이 있는 경우에 해당한다고 보이지도 아니한다. 그러므로 이 사건 헌법소원은 청구인의 사망으로 말미암아 그 심판절차가 종료되었다고 할 것이다.

2 허영, 앞의 책, 349면.

3 헌재 2009. 9. 24. 2006헌마1298. 헌법재판소는 위헌법률심판사건과 규범통제형 헌법소원심판사건인 2007헌가23 사건(헌재 2010. 10. 28. 2007헌가23)과 2008헌바111 사건(헌재 2011.

헌재 2009. 9. 24. 2006헌마1298

헌법 제10조로부터 도출되는 일반적 인격권에는 개인의 명예에 관한 권리도 포함된다. 심판대상조항인 반민규명법 제 2 조에 근거하여 반민규명위원회의 친일반민족행위결정이 이루어지고 반민규명법 제25조 내지 제27조에 따라 반민규명위원회가 작성한 조사보고서 및 사료가 일반에 공개되면, 조사 대상자에 대한 사회적 평가가 침해되어 조사 대상자는 헌법 제10조에서 유래하는 일반적 인격권을 제한받는다고 할 수 있다. 다만 이 사건 결정의 조사 대상자인 이○면, 이○용은 이미 모두 사망하였지만, 사자(死者)의 경우에도 인격적 가치에 대한 중대한 왜곡으로부터 보호되어야 하고, 이와 같은 사자인 조사 대상자에 대한 사회적 명예와 평가의 훼손은 사자와의 관계를 통하여 스스로의 인격상을 형성하고 명예를 지켜온 그들의 후손의 인격권, 즉 유족의 명예 또는 유족의 사자에 대한 경애추모의 정을 침해한다고 할 것이므로, 반민규명위원회에 의하여 친일반민족행위를 한 것으로 결정된 망 이○면, 이○용의 직계비속인 청구인은 헌법 제10조에서 유래하는 인격권을 제한받는다고 할 것이다.

② 태아와 배아

출생 중의 생명에 대해서 일정한 예외적인 경우 기본권주체성이 긍정될 수 있다. 헌법재판소도 형성 중의 생명인 태아에 대하여 헌법상 생명권의 주체가 되며, 국가는 헌법 제10조에 따라 태아의 생명을 보호할 의무가 있다고 보고 있다.[1] 다만 출생 전 형성 중의 생명에 대해서 헌법적 보호의 필요성이 크고 일정한 경우 기본권주체성이 긍정

3. 31. 2008헌바111)에서는 사자와 유족의 인격권 제한 가능성은 인정하였다.

1 헌재 2008. 7. 31. 2004헌바81. 인간의 생명은 고귀하고, 이 세상에서 무엇과도 바꿀 수 없는 존엄한 인간 존재의 근원이다. 이러한 생명에 대한 권리, 즉 생명권은 비록 헌법에 명문의 규정이 없다 하더라도 인간의 생존본능과 존재목적에 바탕을 둔 선험적이고 자연법적인 권리로서 헌법에 규정된 모든 기본권의 전제로서 기능하는 기본권 중의 기본권이다. 모든 인간은 헌법상 생명권의 주체가 되며, 형성 중의 생명인 태아에게도 생명에 대한 권리가 인정되어야 한다. 따라서 태아도 헌법상 생명권의 주체가 되며, 국가는 헌법 제10조에 따라 태아의 생명을 보호할 의무가 있다.

된다고 하더라도 어느 시점부터 기본권주체성이 인정되는지, 어떤 기본권에 대하여 기본권주체성이 긍정되는지는 생명의 근원에 대한 생물학적 인식을 비롯한 자연과학·기술발전의 성과와 그에 터잡은 헌법의 해석으로부터 도출되는 규범적 요청을 고려하여 판단해야 한다고 하면서, 초기배아에 대한 국가적 보호필요성이 있음은 별론으로 하더라도 초기배아의 기본권주체성은 인정하기 어렵다고 판시하였다.

헌재 2010. 5. 27. 2005헌마346

헌법재판소법 제68조 제1항은 공권력의 행사 또는 불행사로 인하여 기본권을 침해받은 자가 헌법소원의 심판을 청구할 수 있다고 규정하고 있으므로, 기본권의 주체가 될 수 있는 자만이 헌법소원을 청구할 수 있고, 이때 기본권의 주체가 될 수 있는 '자'라 함은 통상 출생 후의 인간을 가리키는 것이다. 그런데 존엄한 인간 존재와 그 근원으로서의 생명 가치를 고려할 때 출생 전 형성 중의 생명에 대해서는 일정한 예외적인 경우 기본권 주체성이 긍정될 수 있다. 헌법재판소도 형성 중의 생명인 태아에 대하여 헌법상 생명권의 주체가 되며, 국가는 헌법 제10조에 따라 태아의 생명을 보호할 의무가 있음을 밝힌 바 있다(헌재 2008. 7. 31. 2004헌바81). 다만, 출생 전 형성 중의 생명에 대해서 헌법적 보호의 필요성이 크고 일정한 경우 그 기본권 주체성이 긍정된다고 하더라도, 어느 시점부터 기본권 주체성이 인정되는지, 또 어떤 기본권에 대해 기본권 주체성이 인정되는지는 생명의 근원에 대한 생물학적 인식을 비롯한 자연과학·기술 발전의 성과와 그에 터 잡은 헌법의 해석으로부터 도출되는 규범적 요청을 고려하여 판단하여야 할 것이다. (중략)

초기배아는 수정이 된 배아라는 점에서 형성 중인 생명의 첫걸음을 떼었다고 볼 여지가 있기는 하나 아직 모체에 착상되거나 원시선이 나타나지 않은 이상 현재의 자연과학적 인식 수준에서 독립된 인간과 배아 간의 개체적 연속성을 확정하기 어렵다고 봄이 일반적이라는 점, 배아의 경우 현재의 과학기술 수준에서 모태 속에서 수용될 때 비로소 독립적인 인간으로의 성장가능성을 기대할 수 있다는 점, 수정 후 착상 전의 배아가 인간으로 인식된다거나 그와 같이 취급하여야 할 필요성이 있다는 사회적 승인이 존재한다고 보기 어려운 점 등을 종합적으로 고려할 때, 기본권 주체성을 인정하기 어렵다.

2) 외국인

외국인이나 무국적 자연인의 경우에도 예외적으로 기본권의 주체가 될 수 있다. 우리 헌법재판소도 국민과 유사한 지위에 있는 외국인은 기본권의 주체가 될 수 있다고 판시하고 있다. 외국인이 예외적으로 기본권의 주체가 된다고 하더라도 모든 기본권의 침해에 대하여 헌법소원심판을 청구할 수 있는 것은 아니다. 자연권적 성질의 기본권과 기본권의 성질상 외국인에게도 인정될 수 있는 기본권이 침해된 경우에 헌법소원심판을 청구할 수 있다. 우리 헌법재판소는 "외국인에게는 모든 기본권이 무한정 인정될 수 있는 것이 아니라 '인간의 권리'의 범위 내에서만 인정되는 것"[1]이라고 판시하고 있다.

헌법재판소는 근로의 권리와 관련하여 "근로의 권리가 '일할 자리에 관한 권리'만이 아니라 '일할 환경에 관한 권리'도 함께 내포하고 있는바, 후자는 인간의 존엄성에 대한 침해를 방어하기 위한 자유권적 기본권의 성격도 갖고 있어 건강한 작업환경, 일에 대한 정당한 보수, 합리적인 근로조건의 보장 등을 요구할 수 있는 권리 등을 포함한다고 할 것이므로 외국인 근로자라고 하여 이 부분에까지 기본권 주체성을 부인할 수는 없다. 즉 근로의 권리의 구체적인 내용에 따라, 국가에 대하여 고용증진을 위한 사회적·경제적 정책을 요구할 수 있는 권리는 사회권적 기본권으로서 국민에 대하여만 인정해야 하지만, 자본주의 경제질서하에서 근로자가 기본적 생활수단을 확보하고 인간의 존엄성을 보장받기 위하여 최소한의 근로조건을 요구할 수 있는 권리는 자유권적 기본권의 성격도 아울러 가지므로 이러한 경우 외국인 근로

1 헌재 2011. 9. 29. 2009헌마230.

자에게도 그 기본권 주체성을 인정함이 타당하다"고 판시하였다.[1]

또 헌법재판소는 직장선택의 자유와 관련하여 "직장 선택의 자유는 인간의 존엄과 가치 및 행복추구권과도 밀접한 관련을 가지는 만큼 단순히 국민의 권리가 아닌 인간의 권리로 보아야 할 것이므로 권리의 성질상 참정권, 사회권적 기본권, 입국의 자유 등과 같이 외국인의 기본권주체성을 전면적으로 부정할 수는 없고, 외국인도 제한적으로라도 직장 선택의 자유를 향유할 수 있다고 보아야 한다"고 판시하였다.

헌재 2001. 11. 29. 99헌마494

우리 재판소는 헌법재판소법 제68조 제1항 소정의 헌법소원은 기본권을 침해받은 자만이 청구할 수 있고, 여기서 기본권을 침해받은 자만이 헌법소원을 청구할 수 있다는 것은 곧 기본권의 주체라야만 헌법소원을 청구할 수 있고 기본권의 주체가 아닌 자는 헌법소원을 청구할 수 없다고 한 다음, '국민' 또는 국민과 유사한 지위에 있는 '외국인'은 기본권의 주체가 될 수 있다 판시하여 원칙적으로 외국인의 기본권 주체성을 인정하였다. 청구인들이 침해되었다고 주장하는 인간의 존엄과 가치, 행복추구권은 대체로 '인간의 권리'로서 외국인도 주체가 될 수 있다고 보아야 하고, 평등권도 인간의 권리로서 참정권 등에 대한 성질상의 제한 및 상호주의에 따른 제한이 있을 수 있을 뿐이다. 이 사건에서 청구인들이 주장하는 바는 대한민국 국민과의 관계가 아닌, 외국국적의 동포들 사이에 재외동포법의 수혜대상에서 차별하는 것이 평등권 침해라는 것으로서 성질상 위와 같은 제한을 받는 것이 아니고 상호주의가 문제되는 것도 아니므로, 청구인들에게 기본권주체성을 인정함에 아무런 문제가 없다.

헌재 2011. 9. 29. 2009헌마230

외국인에게는 모든 기본권이 무한정 인정될 수 있는 것이 아니라 '인간의 권리'의 범위 내에서만 인정되는 것이므로, 먼저 이 사건 법률조항이

1 헌재 2007. 8. 30. 2004헌마670.

제한하고 있는 것이 어떤 기본권과 관련되는 것인지를 확정하고, 그 기본권이 권리성질상 외국인인 청구인에게 기본권 주체성을 인정할 수 있는 것인지 살펴야 할 것이다. … 직업의 자유는 자신이 원하는 직업 내지 직종을 자유롭게 선택하는 직업선택의 자유와 자신이 선택한 직업을 자기가 결정한 방식으로 자유롭게 수행할 수 있는 직업수행의 자유를 모두 포함하는 것으로 보아야 한다. 이러한 직업의 선택 혹은 수행의 자유는 각자의 생활의 기본적 수요를 충족시키는 방편이 되고 또한 개성신장의 바탕이 된다는 점에서 헌법 제10조의 행복추구권과 밀접한 관련을 갖는다. 또한 개개인이 선택한 직업의 수행에 의하여 국가의 사회질서와 경제질서가 형성된다는 점에서, 직업의 자유는 사회적 시장경제질서라고 하는 객관적 법질서의 구성요소이기도 하다. 직업의 자유 중 이 사건에서 문제되는 직장 선택의 자유는 인간의 존엄과 가치 및 행복추구권과도 밀접한 관련을 가지는 만큼 단순히 국민의 권리가 아닌 인간의 권리로 보아야 할 것이므로 권리의 성질상 참정권, 사회권적 기본권, 입국의 자유 등과 같이 외국인의 기본권주체성을 전면적으로 부정할 수는 없고, 외국인도 제한적으로라도 직장 선택의 자유를 향유할 수 있다고 보아야 한다. 한편 기본권 주체성의 인정문제와 기본권 제한의 정도는 별개의 문제이므로, 외국인에게 직장 선택의 자유에 대한 기본권주체성을 인정한다는 것이 곧바로 이들에게 우리 국민과 동일한 수준의 직장 선택의 자유가 보장된다는 것을 의미하는 것은 아니라고 할 것이다.

(3) 국가기관과 공법인

1) 국가기관

① 국가기관이나 국가기관의 일부는 기본권을 보호하여야 할 의무를 지는 지위에 있기 때문에 헌법소원심판을 청구할 수 없다.[1] 국가기관은 기본권의 '수범자Adressat'이지 기본권의 주체로서 그 '소지자Trager'가 아니고 오히려 국민의 기본권을 보호 내지 실현해야 할

1 헌재 2000. 8. 31. 2000헌마156.

'책임'과 '의무'를 지니고 있는 지위에 있기 때문이다.[1]

② 헌법재판소는 개인의 지위를 겸하는 국가기관의 기본권주체성은 긍정하고 있다. 헌법재판소는 대통령에 대하여 사인으로서 헌법소원 심판을 청구할 수 있는 청구인적격을 제한적으로 인정한 이후, 국가기관이나 공법인 등도 사적인 영역에서는 기본권의 주체가 된다고 판시하고 있다.

헌재 2008. 1. 17. 2007헌마700

청구인은 국가기관으로서의 대통령이 아닌 국민 또는 자연인으로서 정치적 표현의 자유를 침해받았다고 주장하고 있으므로, 개인의 지위를 겸하는 국가기관이 기본권의 주체로서 헌법소원을 제기할 적격이 있는지를 살핀다. 원칙적으로 국가나 국가기관 또는 국가조직의 일부나 공법인은 공권력 행사의 주체이자 기본권의 '수범자'로서 기본권의 '소지자'인 국민의 기본권을 보호 내지 실현해야 할 책임과 의무를 지니고 있을 뿐이므로, 헌법소원을 제기할 수 있는 청구인적격이 없다. 그러나 국가기관의 직무를 담당하는 자연인이 제기한 헌법소원이 언제나 부적법하다고 볼 수는 없다. 만일 심판대상 조항이나 공권력 작용이 넓은 의미의 국가 조직영역 내에서 공적 과제를 수행하는 주체의 권한 내지 직무영역을 제약하는 성격이 강한 경우에는 그 기본권 주체성이 부정될 것이지만, 그것이 일반 국민으로서 국가에 대하여 가지는 헌법상의 기본권을 제약하는 성격이 강한 경우에는 기본권 주체성을 인정할 수 있다. 결국 개인의 지위를 겸하는 국가기관이 기본권의 주체로서 헌법소원의 청구적격을 가지는지 여부는, 심판대상조항이 규율하는 기본권의 성격, 국가기관으로서의 직무와 제한되는 기본권 간의 밀접성과 관련성, 직무상 행위와 사적인 행위 간의 구별가능성 등을 종합적으로 고려하여 결정되어야 할 것이다. 그러므로 대통령도 국민의 한 사람으로서 제한적으로나마 기본권의 주체가 될 수 있는바, 대통령은 소속 정당을 위하여 정당활동을 할 수 있는 사인으로서의 지위와 국민 모두에 대

1 헌재 1994. 12. 29. 93헌마120.

한 봉사자로서 공익실현의 의무가 있는 헌법기관으로서의 지위를 동시에 갖는데 최소한 전자의 지위와 관련하여는 기본권 주체성을 갖는다고 할 수 있다.

헌재 2009. 3. 26. 2007헌마843

국가 및 그 기관 또는 조직의 일부나 공법인은 원칙적으로는 기본권의 '수범자'로서 기본권의 주체가 되지 못하고, 다만 국민의 기본권을 보호 내지 실현하여야 할 책임과 의무를 지니는 데 그칠 뿐이므로, 공직자가 국가기관의 지위에서 순수한 직무상의 권한행사와 관련하여 기본권 침해를 주장하는 경우에는 기본권의 주체성을 인정하기 어렵다 할 것이나, 그 외의 사적인 영역에 있어서는 기본권의 주체가 될 수 있는 것이다. 청구인은 선출직 공무원인 하남시장으로서 이 사건 법률 조항으로 인하여 공무담임권 등이 침해된다고 주장하여, 순수하게 직무상의 권한행사와 관련된 것이라기보다는 공직의 상실이라는 개인적인 불이익과 연관된 공무담임권을 다투고 있으므로, 이 사건에서 청구인에게는 기본권의 주체성이 인정된다 할 것이다.

③ 국가기관의 일부인 국회의 노동위원회는 기본권의 주체가 될 수 없고,[1] 국회 구성원인 국회의원은 국회의장의 의안처리행위로 인하여 자신의 권한이 침해되고 헌법상의 기본원리가 훼손되었다는 이유로 헌법소원을 제기할 수 없다.[2]

2) 공법인

공법인은 원칙적으로 그 성질상 기본권의 주체가 될 수 없다. 다만 지방자치단체, 국·공립대학, 국·공립공영방송사, 국책은행 등과 같이 예외적으로 특정한 사항에서는 기본권의 주체로서 기본권을 주장할

1 헌재 1994. 12. 29. 93헌마120. 청구인은 국회의 노동위원회로 그 일부조직인 상임위원회 가운데 하나에 해당하는 것으로 국가기관인 국회의 일부조직이므로 기본권의 주체가 될 수 없고 따라서 헌법소원을 제기할 수 있는 적격이 없다고 할 것이다.

2 헌재 1995. 2. 23. 90헌마125.

수 있다. 공법인이 기본권의 주체가 되는 범위에서는 헌법소원심판을 청구할 수 있다.

① 지방자치단체

공법인인 지방자치단체, 지방자치단체 장,[1] 지방의회[2]는 헌법소원심판청구인이 될 수 없다는 것이 우리 헌법재판소의 태도이다. 다만 공직자가 국가기관의 지위에서 순수한 직무상의 권한행사와 관련하여 기본권침해를 주장하는 경우에는 기본권의 주체성을 인정하기 어렵지만, 그 외의 사적인 영역에 있어서는 기본권의 주체가 될 수 있다는 것이 판례의 태도이다. 선출직 공무원인 하남시장이 주민소환법 관련 조항으로 인하여 공무담임권 등이 침해된다고 주장하는 경우 순수하게 직무상의 권한행사와 관련된 것이라기보다는 공직의 상실이라는 개인적인 불이익과 연관된 공무담임권을 다투고 있기 때문에 기본권의 주체성이 인정된다고 판시하였다.[3]

헌재 2006. 12. 28. 2006헌마312
혁신도시 최종입지공표행위

1. 지방자치단체는 기본권의 주체가 될 수 없다는 것이 헌법재판소의 입장이며, 이를 변경해야 할 만한 사정이나 필요성이 없으므로 지방자치단체인 춘천시의 헌법소원 청구는 부적법하다.
2. 강원도지사가 혁신도시 입지로 원주시를 선정한 것은 국가균형발전특별법 제18조 등에 따른 것으로서 지방의 균형발전을 위한 공공정책으로서 계획되었다. 이로 인해 해당 지역 주민들이 받는 이익 내지 혜택은 공공정책의 실행으로 인하여 주어지는 사실적·경제적인 것이며, 청구인들이 그러한 이익 내지 혜택에서 배제되었다 해서 기본권이 침해되었다

1 헌재 1997. 12. 24. 96헌마365.
2 헌재 1998. 3. 26. 96헌마345. 국가나 국가기관 또는 국가조직의 일부나 공법인은 기본권의 수범자이지 기본권의 주체로서 그 소지자가 아니고 오히려 국민의 기본권을 보호 내지 실현해야 할 책임과 의무를 지니고 있는 지위에 있을 뿐이므로 공법인인 지방자치단체의 의결기관인 청구인의 회는 기본권의 주체가 될 수 없고 따라서 헌법소원을 제기할 수 있는 적격이 없다고 할 것이다.
3 헌재 2009. 3. 26. 2007헌마843.

할 수 없다. 따라서 청구인들의 심판청구는 기본권 침해의 가능성 내지 자기관련성이 없어 부적법하다.

② 대학의 기본권주체성

헌법재판소는 서울대학교의 학문의 자유 및 대학의 자치와 관련한 기본권주체성을 긍정하였다.[1] 그 후 대학의 자치의 주체를 기본적으로 대학으로 본다고 하더라도 교수나 교수회의 주체성이 부정된다고 볼 수는 없고, 대학, 교수, 교수회가 단독 혹은 중첩적으로 주체가 된다고 판시하였다.

헌재 2006. 4. 27. 2005헌마1047

1. 헌법재판소는 대학의 자율성은 헌법 제22조 제1항이 보장하고 있는 학문의 자유의 확실한 보장수단으로 꼭 필요한 것으로서 대학에게 부여된 헌법상의 기본권으로 보고 있다. 그러나 대학의 자치의 주체를 기본적으로 대학으로 본다고 하더라도 교수나 교수회의 주체성이 부정된다고 볼 수는 없고, 가령 학문의 자유를 침해하는 대학의 장에 대한 관계에서는 교수나 교수회가 주체가 될 수 있고, 또한 국가에 의한 침해에 있어서는 대학 자체 외에도 대학 전구성원이 자율성을 갖는 경우도 있을 것이므로 문제되는 경우에 따라서 대학, 교수, 교수회 모두가 단독, 혹은 중첩적으로 주체가 될 수 있다고 보아야 할 것이다.
2. 나아가 전통적으로 대학자치는 학문활동을 수행하는 교수들로 구성된 교수회가 누려오는 것이었고, 현행법상 국립대학의 장 임명권은 대통령에게 있으나, 1990년대 이후 국립대학에서 총장 후보자에 대한 직접선거방식이 도입된 이래 거의 대부분 대학 구성원들이 추천하는 후보자 중에서 대학의 장을 임명하여 옴으로써 대통령이 대학총장을 임명함에 있어 대학교원들의 의사를 존중하여 온 점을 고려하면, 청구인들에게 대학총장 후보자 선출에 참여할 권리가 있고 이 권리는 대학의 자치의 본질적인 내용에 포함된다고 할 것이므로 결국 헌법상의 기본권으로 인정할 수 있다.

1 헌재 1992. 10. 1. 92헌마68.

(4) 사 법 인

법인에게 기본권이 인정되는 경우에는 법인도 헌법소원심판을 청구할 수 있다. 법인이나 단체는 단체 자신의 기본권을 직접 침해당한 경우에만 그의 이름으로 헌법소원심판을 청구할 수 있고, 그 구성원을 위하여 또는 구성원을 대신하여 헌법소원심판을 청구할 수 없다.[1]

(5) 권리능력 없는 사단·재단

권리능력 없는 사단이나 재단의 경우에도 헌법에서 인정하고 있는 기본권을 보유하고 있는 경우에는 헌법소원심판을 청구할 수 있다.

헌재 1995. 7. 21. 92헌마177등

청구인협회는 언론인들의 협동단체로서 법인격은 없으나, 대표자와 총회가 있고, 단체의 명칭, 대표의 방법, 총회 운영, 재산의 관리 기타 단체의 중요한 사항이 회칙으로 규정되어 있는 등 사단으로서의 실체를 가지고 있으므로 권리능력 없는 사단이라고 할 것이고, 따라서 기본권의 성질상 자연인에게만 인정될 수 있는 기본권이 아닌 한 기본권의 주체가 될 수 있으며, 헌법상의 기본권을 향유하는 범위 내에서는 헌법소원심판청구능력도 있다고 할 것이다.

(6) 정 당

정당도 사법상의 사단이라고 볼 수 있고, 기본권을 보유하고 있는 한 헌법소원심판을 청구할 수 있다. 정당법상 등록이 취소된 경우에 정당은 기본권의 향유주체가 될 수 없다는 것이 우리 헌법재판소의 견해이다.[2] 다만 등록이 취소된 정당이 정당법상 정당등록요건을 다

1 헌재 2007. 7. 26. 2003헌마377.

2 헌재 2006. 2. 23. 2004헌마208. 청구인 녹색사민당은 정당법상 등록된 정당이었으나 2004

투는 경우에는 권리능력 없는 사단으로서의 실질을 유지하고 있어 헌법소원 청구인능력이 인정된다고 판시하고 있다.

헌재 2006. 3. 30. 2004헌마246

1. 사건의 개요

정당법이 개정되어 정당의 등록요건으로 제17조에서 "정당은 5 이상의 시·도당을 가져야 한다"고 규정하였고, 제18조에서는 "시·도당은 1천인 이상의 당원을 가져야 한다"고 규정하고 있다. 그리고 부칙에서 동법 시행 당시 종전의 규정에 의하여 등록된 정당은 개정규정에 의한 법정 시·도당 수 및 법정당원 수에 흠결이 있는 때에는 동법 시행일부터 180일 이내에 이를 보완하여야 하고, 보완하지 아니한 정당에 대하여는 선거관리위원회가 등록을 취소하도록 규정되어 있다. 청구인은 정당법의 개정으로 인하여 정당등록이 취소되었다. 이에 청구인은 정당설립의 자유, 평등권, 결사의 자유가 침해되었다고 주장하면서 헌법재판소법 제68조 제1항에 따라 이 사건 헌법소원심판을 청구하였다.

2. 결정요지

(1) 청구인(사회당)은 등록이 취소된 이후에도, 취소 전 사회당의 명칭을 사용하면서 대외적인 정치활동을 계속하고 있고, 대내외 조직 구성과 선거에 참여할 것을 전제로 하는 당헌과 대내적 최고의사결정기구로서 당대회와, 대표단 및 중앙위원회, 지역조직으로 시·도위원회를 두는 등 계속적인 조직을 구비하고 있는 사실 등에 비추어 보면, 청구인은 등록이 취소된 이후에도 '등록정당'에 준하는 '권리능력 없는 사단'으로서의 실질을 유지하고 있다고 볼 수 있으므로 이 사건 헌법소원의 청구인능력을 인정할 수 있다. 또한, 정당설립의 자유는 그 성질상 등록된 정당에게만 인정되는 기본권이 아니라 청구인과 같이 등록정당은 아니지만 권리능력 없는 사단의 실체를 가지고 있는 정당에게도 인정되는 기본권이라고 할 수 있고, 청구인이 등록정당으로서의 지위를 갖추지 못한 것

년 4월 실시된 총선거에 참여, 유효투표총수의 100분의 2 이상을 득표하지 못하여 2004. 4. 20. 정당법 제44조 제1항 제3호에 의하여 정당등록이 취소되었다. 그렇다면 청구인 녹색사민당은 더 이상 등록된 정당이 아니어서 기본권을 향유할 수 있는 주체가 될 수 없다고 할 것이고, 따라서 청구인 녹색사민당의 심판청구는 부적법하다.

은 결국 이 사건 법률조항 및 같은 내용의 현행 정당법(제17조, 제18조)의 정당등록요건규정 때문이고, 장래에도 이 사건 법률조항과 같은 내용의 현행 정당법 규정에 따라 기본권제한이 반복될 위험이 있으므로, 심판청구의 이익을 인정할 수 있다.

(2) 정당설립의 자유는 비록 헌법 제8조 제1항 전단에 규정되어 있지만 국민 개인과 정당의 '기본권'이라 할 수 있고, 당연히 이를 근거로 하여 헌법소원심판을 청구할 수 있다. 정당법상 정당등록요건을 다투는 정당(청구인)이 청구한 사건에서도 헌법 제21조 제1항 결사의 자유의 특별규정[1]으로서, 헌법 제8조 제1항 전단의 '정당설립의 자유'가 침해 여부가 문제되는 기본권이라고 할 것이다. 한편, 이 사건 법률조항은 정당의 등록요건을 설정해 놓은 것이고 이 규정은 모든 국민이나 정당에게 차별 없이 적용된다. 그러므로 그 요건을 충족하기 어려운 개인이나 정당의 입장에서 이 규정으로 말미암아 정당으로 등록하지 못하거나 또는 정당의 지위를 유지하지 못하게 되는 것은 이 규정이 적용된 결과일 뿐이고, 이로 말미암아 정당설립의 자유가 침해되는가는 별론으로 하고 평등권침해 문제가 따로 제기되는 것은 아니라고 할 것이다.

(7) 소송참가

헌법소원심판에서는 공동참가나 보조참가 등이 인정된다. 공동청구인으로 소송참가를 하려고 하는 경우에는 청구기간 내에 참가신청을 하여야 적법하며, 공동청구인으로서의 참가가 청구기간 내에 이루어지지 않은 경우에는 보조참가로 인정한 경우가 있다.

1 헌재 1999. 12. 23. 99헌마135. 정당에 관한 한, 헌법 제8조는 일반결사에 관한 헌법 제21조에 대한 특별규정이므로, 정당의 자유에 관하여는 헌법 제8조 제1항이 우선적으로 적용된다. 그러나 정당의 자유를 규정하는 헌법 제8조 제1항이 기본권의 규정형식을 취하고 있지 아니하고 또한 '국민의 기본권에 관한 장'인 제2장에 위치하고 있지 아니하므로, 이 사건 법률조항으로 말미암아 침해된 기본권은 '정당의 설립과 가입의 자유'의 근거규정으로서, '정당설립의 자유'를 규정한 헌법 제8조 제1항과 '결사의 자유'를 보장하는 제21조 제1항에 의하여 보장된 기본권이라 할 것이다.

헌재 2008. 2. 28. 2005헌마872

헌법재판소의 심판절차에 관하여는 헌법재판소법에 특별한 규정이 있는 경우를 제외하고는 헌법재판의 성질에 반하지 아니하는 한도 내에서 민사소송에 관한 법령의 규정을 준용하고, 헌법소원심판의 경우에는 행정소송법을 함께 준용한다(헌법재판소법 제40조 제1항). 현재 타인이 제기한 헌법소원심판에 제3자가 자기의 이익을 옹호하기 위하여 관여하는 경우, 헌법재판소법에는 공동심판참가나 보조참가 등에 관한 규정이 없으므로 민사소송법과 행정소송법 중 관련규정의 준용을 검토해야 한다. 그런데 행정소송법상 제3자의 소송참가(제16조)는 소송의 결과에 따라 권리 또는 이익의 침해를 받을 제3자가 관련 행정소송에 참가하는 것이다. 법령에 의하여 헌법상 보장된 기본권이 침해되었음을 이유로 헌법소원이 청구된 경우, 기존의 청구인과 법적 지위를 같이 하는 제3자의 입장에서는 헌법소원이 인용되면 기본권의 구제를 받게 되고, 설령 헌법소원이 각하·기각되더라도 그로 인하여 권리 또는 이익의 침해를 받는 것은 아니다. 그러므로 현재 계속 중인 헌법소원심판에 청구인과 법적 지위를 같이 하는 제3자가 자기의 이익을 옹호하기 위하여 관여하는 경우 행정소송법은 준용될 여지가 없고 민사소송법만이 준용된다. 따라서 법령에 대한 헌법소원심판에서 그 목적이 청구인과 제3자에게 합일적으로 확정되어야 할 경우, 그 제3자는 공동 청구인으로서 심판에 참가할 수 있다 할 것이다(헌법재판소법 제40조 제1항, 민사소송법 제83조 제1항). 다만 공동심판참가인은 별도의 헌법소원을 제기하는 대신에 계속중인 심판에 공동 청구인으로서 참가하는 것이므로 그 참가신청은 헌법소원 청구기간 내에 이루어져야 한다.

헌재 2009. 4. 30. 2007헌마106

헌법소원이 인용되어 이 사건 심판대상 조항이 위헌으로 결정되면, 그 결정은 모든 국가기관과 지방자치단체를 기속하기 때문에 청구인들뿐만 아니라 청구인추가신청을 한 제3자들도 제정 게임법령의 규제를 받지 않는 효력이 생긴다. 즉, 위헌결정의 효력이 사실상 위 신청들에게도 미치므로 합일확정의 필요가 있는 경우라 할 것이다. 따라서 위 신청인들은 이 사건 심판대상 조항에 대하여 헌법소원심판을 청구할 당사자적격을 갖춘 사람들로서 헌법소원 청구기간 내에 '소변경(청구인 추가)신청서'를 제출한 점을 감안하여, 위 '소변경(청구인 추가)신청'을 헌법재판소법 제40조 제1항, 민사소송법 제83조에 의한 적법한 공동심판참가신청으로 본다.

3. 기본권침해의 법적 관련성

(1) 자기관련성

1) 자기관련성의 원칙

자신의 기본권이 침해당한 경우에 헌법소원을 제기할 수 있다. 제3자의 기본권침해에 대해서는 원칙적으로 헌법소원심판을 청구할 수 없다. 제3자는 자신의 이름으로 타인의 이익을 위하여 헌법소원을 제기할 수 없다. 예컨대, 단체는 단체 자신의 기본권이 직접 침해당한 경우에만 헌법소원심판을 청구할 수 있을 뿐이며, 그 구성원을 위하여 또는 구성원을 대신하여 헌법소원심판을 청구할 수 없다.

2) 자기관련성의 예외

공권력 작용의 직접 상대방이 아닌 제3자라도 공권력 작용으로 인하여 직접적이고 법적인 이해관계를 가지고 있으면 예외적으로 자기관련성이 인정된다. 헌법재판소는 형벌조항에 대하여 그 수범자가 헌법소원심판을 청구한 경우,[1] 일반소비자인 청구인이 미국산 쇠고기 수입위생고시에 대하여 위헌확인을 청구한 경우[2] 등에서 자기관련성을 인정하고 있다.

1 헌재 2007. 7. 26. 2003헌마377.
2 헌재 2008. 12. 26. 2008헌마419.

헌재 2008. 11. 27. 2008헌마372

헌법재판소법 제68조 제1항에서 '공권력의 행사 또는 불행사로 인하여 기본권의 침해를 받은 자'라 함은 공권력의 행사 또는 불행사로 말미암아 자기의 기본권을 현재 그리고 직접적으로 침해받은 경우를 의미하므로 원칙적으로 공권력의 행사 또는 불행사의 직접적인 상대방만이 이에 해당한다고 할 것이고, 공권력의 작용에 단순히 간접적, 사실적 또는 경제적인 이해관계가 있을 뿐인 제3자는 이에 해당되지 않는다. 다만 어떠한 경우에 제3자의 자기관련성을 인정할 수 있는가의 문제는 입법의 목적, 실질적인 규율대상, 법 규정에서의 제한이나 금지가 제3자에게 미치는 효과나 진지성의 정도 및 규범의 직접적인 수규자에 의한 헌법소원제기의 기대가능성 등을 종합적으로 고려하여 판단해야 한다. 이 사건 예비인가 배제결정의 직접적 규율대상은 법학전문대학원의 설치인가 신청을 한 학교법인 국민학원이다. 청구인들은 학교법인 국민학원의 구성원도 아니고 단지 학교법인 국민학원과의 계약관계에 의하여 국민대학에 근무하는 교수들이므로 이 사건 예비인가 배제결정이 규율하려는 직접적 상대방이 아닌 제3자에 불과하다.

3) 혜택부여규정에서의 자기관련성

헌재 2011. 6. 30. 2008헌마715

일반적으로 침해적 법률에 있어서는 법률의 수규자가 당사자로서 자신의 기본권 침해를 주장하게 되지만, 이 사건에서와 같이 혜택을 주는 법규정 또는 공권력 행사의 경우에는 수혜범위에서 제외된 청구인이 국가가 다른 집단에게 부여한 혜택으로부터 자신이 속한 집단을 평등원칙에 위배되게 배제하였다는 주장을 할 수 있고, 헌법재판소가 심판대상의 평등권 위반을 확인한다면 그 결과로 혜택규정에 의하여 배제되었던 혜택에 참여할 가능성이 있는 경우에는 청구인의 자기관련성을 인정할 수 있다. 청구인들이 이 사건 부칙조항의 규율에 의하여 직접 권리를 침해당하는 것은 아니지만, 만약 헌법재판소가 고엽제후유의증환자의 유족 중 일부에게 혜택부여를 제한하는 이 사건 부칙조항에 관하여 위헌선언을 한다면, 청구인들이 종래 이 사건 부칙조항에 의하여 배제되어 있던 교육지원과 취업지원의 혜택에 참여하게 될 가능성이 있으므로 앞서 본 법리에 따라 자기관련성을 인정할 수 있다.

4) 고소·고발과 자기관련성[1]

① 구체적 사례

사례 1

갑은 을이 운전하는 자동차에 동승하였으며, 병이 유발한 교통사고로 인하여 을은 사망하고 갑은 심한 상해를 입었다. 이 교통사고는 경찰인지사건으로 수사해서 검찰에 송치되었으나, 검찰은 불기소처분을 하였다. 갑은 고소·고발한 사실이 없으며, 바로 헌법소원심판을 청구하였다.

사례 2

갑은 병이 유발한 교통사고로 인하여 아들 을을 잃은 아버지이다. 을을 사망하게 한 교통사고는 경찰인지사건으로 수사해서 검찰에 송치되었으나, 검찰은 불기소처분을 하였다. 갑은 병을 고소·고발한 사실이 없으며, 곧바로 헌법소원심판을 청구하였다.

사례 3

위의 경우 병이 유발한 교통사고로 인하여 을은 중대한 상해를 입게 되자, 을의 아버지인 갑이 자신의 이름으로 병을 고소하였고, 검사가 불기소처분을 하였다. 갑이 취할 수 있는 권리구제절차는? 이 경우 상해를 입은 을이 미성년자일 경우에는 어떠한 권리구제절차를 고려할 수 있는가?

1 형사소송법 제223조(고소권자) 범죄로 인한 피해자는 고소할 수 있다.
제225조(비피해자인 고소권자) ① 피해자의 법정대리인은 독립하여 고소할 수 있다.
② 피해자가 사망한 때에는 그 배우자, 직계친족 또는 형제자매는 고소할 수 있다. 단, 피해자의 명시한 의사에 반하지 못한다.

② 판례의 태도

헌재 1992. 7. 23. 91헌마142

범죄피해자는 그가 고소를 제기한 바 없었어도 불기소처분에 대하여 헌법소원심판을 청구할 자격이 있고 그는 고소인이 아니므로 불기소처분에 대하여 항고 및 재항고의 제기에 의한 구제를 받을 방법이 없으므로 불기소처분에 대하여 곧바로 헌법소원심판을 청구할 수 있다.[1]

헌재 1993. 3. 11. 92헌마48

헌법 제27조 제 5 항에서 형사피해자의 재판절차진술권을 독립된 기본권으로 보장한 취지는 피해자 등에 의한 사인소추를 전면 배제하고 형사소추권을 검사에게 독점시키고 있는 현행 기소독점주의의 형사소송체계 아래에서 형사피해자로 하여금 당해 사건의 형사재판절차에 참여할 수 있는 청문의 기회를 부여함으로써 형사사법의 절차적 적정성을 확보하기 위한 것이므로, 위 헌법조항의 형사피해자의 개념은 반드시 형사실체법상의 보호법익을 기준으로 한 피해자개념에 한정하여 결정할 것이 아니라 형사실체법상으로는 직접적인 보호법익의 향유주체로 해석되지 않는 자라 하더라도 문제된 범죄행위로 말미암아 법률상 불이익을 받게 되는 자의 뜻으로 풀이하여야 할 것이다. 교통사고로 사망한 사람의 부모는 형사소송법상 고소권자의 지위에 있을 뿐만 아니라, 비록 교통사고처리특례법의 보호법익인 생명의 주체는 아니라고 하더라도, 그 교통사고로 자녀가 사망함으로 인하여 극심한 정신적 고통을 받은 법률상 불이익을 입게 된 자임이 명백하므로, 헌법상 재판절차진술권이 보장되는 형사피해자의 범주에 속한다. 형사피해자인 청구인들이 고소를 제기함이 없이 사법경찰관의 인지에 의하여 수사와 처분이 종결된 사건에 있어서, 반드시 청구인들로 하여금 새로이 당해 피의사건에

1 헌재 1992. 1. 28. 90헌마227. 청구인이 피의사건의 범죄피해자로서 피청구인의 불기소처분으로 말미암아 헌법상 재판절차진술권과 평등권을 침해받았다고 주장하고 있으며, 청구인이 피의사건에 관하여 고소를 제기한 바 없어 피청구인의 불기소처분에 대하여 헌법소원을 제기하는 수단 이외에 달리 검찰청법에 정한 항고, 재항고의 제기에 의한 구제를 받을 방법도 없다고 한다면, 청구인은 피의사건에 대하여 고소를 제기하든가 피청구인의 불기소처분에 대하여 헌법소원심판을 청구할 수 있다.

대하여 별도의 고소를 제기하게 하고 그 처리결과에 따라 항고, 재항고의 절차를 거친 다음 헌법소원심판을 청구할 것을 요구하는 것은 청구인들의 권리구제나 공권력의 효율적 집행면에서도 아무런 실익이 없는 경우가 있을 것이므로, 청구인들은 별도로 고소를 제기함이 없이 곧바로 검사의 불기소처분에 대하여 헌법소원심판을 청구할 수 있다.

헌재 1993. 11. 25. 93헌마81

이 사건 심판청구인 중 청구인 갑은 이 사건 의료사고의 피해자인 을의 아버지일 뿐 의료사고의 직접적인 법률상의 피해자가 아니므로 결국 청구인 갑은 이 사건 불기소처분으로 인하여 자기의 헌법상 보장된 기본권을 직접 침해받은 자가 아니며 이 사건 불기소처분에 대하여 자기관련성이 없는 자라 할 것이고 따라서 청구인 갑의 심판청구 부분은 심판청구를 할 적격 없는 자의 청구로서 부적법하다.

헌재 1990. 11. 19. 89헌마116

이류사고로 인한 뇌성마비의 상태에 있는 3세의 어머니

우리나라에서는 형사소추절차에 있어서 기소독점주의 및 기소편의주의를 채택하고 있지만 범죄의 피해자인 고소인은 헌법 제11조 제1항에서 규정한 평등권에 기하여 국가기관인 검사에 대하여 수사상 엄정중립의 자세로 공평무사한 수사를 해 줄 것을 요구할 권리와 헌법 제27조 제5항에서 규정한 재판절차진술권에 기하여 공판정에서 피해상황에 대하여 진술할 권리가 보장되어 있는데 피청구인이 충분히 수사를 펴보지도 않은 채 미진한 상태에서 만연히 피의자 등에게 유리한 결론을 내렸다면 고소인은 평등권과 재판절차진술권이 각 침해되었다고 할 것이므로 이러한 검사의 불기소처분에 대하여 고소인인 청구인은 당연히 헌법소원심판을 청구할 수 있는 것이다.

③ 사례에 대한 검토

사례 1에서 갑은 형사피해자로서 직접 헌법소원의 청구가 가능하다. 검사의 불기소처분에 대하여 고소인은 검찰청에의 항고를 거쳐 재정신청을 할 수 있을 뿐 헌법소원심판을 청구할 수 없으나, 갑은 고소를 한 바 없는 형사피해자이므로 직접 헌법소원심판을 청구할 수 있다. 마찬가지로 사례 2에서 사망한 아들 을의 부모인 갑은 형사피해자로서 고소권자의 지위에 있고, 검사의 불기소처분에 대하여 고소를 한 바 없어 항고나 재정신청 등의 절차를 거칠 수 없으므로 직접 헌법소원을 청구할 수 있다. 사례 3에서 상해를 입은 아들 을의 부모는 법정대리인이 아닌 경우 단순한 고발인의 지위에 설 뿐이기 때문에, 헌법소원심판을 청구하는 경우 자기관련성이 인정되기 어렵다. 만약 아들 을이 미성년자라면 부모 갑은 고소인의 지위에 있기 때문에 자신의 고소에 대한 검사의 불기소처분에 대하여는 검찰청에의 항고를 거쳐 재정신청이 가능하다.

5) 자기관련성의 구비방법

자기관련성이 있는가에 관한 판단의 문제는 권리귀속에 대한 소명만으로 자기관련성의 구비여부를 판단할 수 있다고 보는 것이 헌법재판소의 견해이다.

헌재 1994. 12. 29. 89헌마2

누구에게 권리가 귀속하는가를 둘러싸고 다툼이 있을 때에 그 중 한 사람이 헌법소원을 청구하였다면 어떤 방법으로 청구인의 주장을 인정하여 자기관련성을 구비한 여부를 판단할 수 있을 것인가가 문제될 뿐이다. 이는 자기에게 권리귀속이 된 것이라고 주장하는 것 자체만으로써 족하다, 엄격한 증명이 필요하다, 소명만으로써 족하다는 등의 견해가 나뉠 수 있으나, 헌법재판소는 일반법원과는 달리 일반법률의 해석이나 사실인정의 문제를 다루는 기관이 아니라 헌법재판소가 사실문제 판단에 깊이 관여할 수 없는 헌법해석기관이며 헌법소원의 기능이 주관적 기본권보장과 객관적 헌법보장기능을 함께 가지고 있으므로 권리귀속에 대한 소명만으로써 자기관련성을 구비한 여부를 판단할 수 있다고 할 것이다.

(2) 직 접 성

1) 직접성의 의의

기본권침해는 침해를 야기한 공권력의 행사 그 자체로 인하여 청구인에게 발생하는 침해이어야 한다. 심판대상인 공권력 작용 외의 다른 공권력 작용이 매개되어야만 기본권의 침해가 발생한다면 기본권침해의 직접성은 인정되지 않는다.

공권력의 불행사로 인하여 기본권이 침해가 발생한 경우에는 직접성은 언제나 충족된다. 따라서 부작위에 대한 헌법소원심판에서는 직접성의 요건을 적용할 여지가 없다.

2) 법령소원에서의 직접성

① 구체적 집행행위와 직접성의 결여

직접성이 실제로 의미를 가지는 것은 집행행위가 따르는 법령과 같은 법규범에 대하여 헌법소원심판을 청구하는 경우이다. 법률 또는 법률조항 자체가 헌법소원의 대상이 될 수 있으려면 그 법률 또는 법률조항에 의하여 구체적인 집행행위를 기다리지 않고 직접, 현재, 자기의 기본권을 침해받아야 하는 것을 요건으로 한다. 여기서 기본권침해의 직접성이라 함은 자유의 제한, 의무의 부과, 권리 또는 법적 지위의 박탈이 집행행위에 의하지 아니하고 법규범 그 자체에 의하여 생기는 것을 뜻한다. 따라서 구체적인 집행행위를 통하여 비로소 당해 법률 또는 법률조항에 의한 기본권침해의 법률효과가 발생하는 경우에는 직접성 요건이 결여된다.

② 집행행위로서의 입법행위

집행행위에는 입법행위도 포함된다. 상위규범이 하위규범에 어떠한 사항을 위임하고 있는 경우에 상위규범인 위임규정은 원칙적으로 직접성을 갖지 못한다. 그러나 하위규범의 시행을 예정하고 있더라도 권리제한·의무부과가 법률 자체에서 직접 이루어지는 경우에는 기본권침해의 직접성이 인정된다. 또한 어떤 법률 규정이 하위법령에 그 규정의 구체화를 위하여 내용의 일부를 위임하고 있는 경우라 하더라도 수권조항과 시행령조항이 서로 불가분의 관계를 이루면서 전체적으로 하나의 규율내용을 형성하고 있고, 수권조항과 시행령조항을 분리하여서는 규율내용의 전체를 파악하기 어려운 경우에는 수권조항과 시행령조항 모두에 대해 불가분의 일체로서 기본권침해의 직접성을 인정할 수 있다.[1]

헌재 2004. 1. 29. 2001헌마894

법령의 위헌확인을 구하는 헌법소원은 법령이 직접 기본권을 침해하는 경우에 한하여 허용되는바, 이러한 기본권침해의 직접성은 집행행위에 의하지 아니하고 법령 그 자체에 의하여 직접 자유의 제한·의무의 부과·권리 또는 법적 지위의 박탈이 생긴 경우를 뜻하므로, 구체적인 집행행위를 통하여 비로소 당해 법령에 의한 기본권침해의 법률효과가 발생하는 경우에는 직접성의 요건이 결여된다. … 청소년유해매체물의 표시방법을 하위규범인 대통령령에 위임하고 있어 직접성 요건이 흠결된 것이 아닌가 하는 의문이 제기될 수 있다. 그러나 이 조항은 청소년유해매체물의 표시의무를 부과하면서 다만 그 구체적인 방법을 대통령령에게 위임하고 있는 것이므로, '표시의무의 부과'라는 금지의무의 설정이 동 법률조항에서 직접 이루어지고 있다는 관점에서 볼 때, 동 조항은 직접 기본권(표현의 자유)을 제한하고 있는 것이므로 '직접성'이 인정된다.

③ 집행행위로서의 재판

집행행위에는 사법작용인 재판도 포함될 수 있다. 재판이 예정되어 있는 법규범에 대하여는 직접성이 인정되는지 여부가 문제될 수 있다.

1 헌재 2002. 6. 27. 99헌마480; 헌재 2008. 6. 26. 2005헌마506.

(i) 재판규범의 직접성이 인정되지 않는 경우

헌재 1997. 9. 25. 96헌마41

재판장의 인지보정명령이 있음에도 이를 보정하지 아니한 경우 재판장의 명령으로 소장을 각하하도록 한 민사소송법 제231조 제1항·제2항은 그 자체로서 국민의 기본권에 직접 관련지어지는 법규범이 아니고, 구체적인 소송사건에서 법원에 의한 해석 적용이 되는 이른바 재판규범으로서 법원의 구체적인 집행행위의 매개를 거쳐 비로소 특정인의 기본권에 영향을 미치게 되는 법규범이므로, 법원에 의한 해석 적용을 기다리지 아니하고 바로 위 조항 자체로 인하여 청구인의 기본권이 직접 침해된 것이라고는 볼 수 없다.[1]

(ii) 재판규범의 직접성이 인정되는 경우

헌재 1996. 2. 29. 94헌마213

법률 또는 법률조항이 구체적인 집행행위를 예정하고 있는 경우에는 직접성의 요건이 결여된다. 그러나 국민에게 행위의무 또는 금지의무를 부과한 후 그 위반행위에 대한 제재로서 형벌, 행정벌 등을 부과할 것을 정한 경우에 그 형벌이나 행정벌의 부과를 위 직접성에서 말하는 집행행위라고는 할 수 없다. 국민은 별도의 집행행위를 기다릴 필요 없이 제재의 근거가 되는 법률의 시행 자체로 행위의무 또는 금지의무를 직접 부담하는 것이기 때문이다.

헌재 2003. 7. 24. 2003헌마3

구체적 집행행위가 존재한 경우라고 하여 언제나 반드시 법령자체에 대한 헌법소원심판청구의 적법성이 부정되는 것은 아니다. 즉, 집행행위가 존재하는 경우라도 그 집행행위를 대상으로 하는 구제절차가 없거나 구

1 이 사건 법률조항은 그 자체로서 국민의 기본권에 직접 관련지어지는 법규범이 아니고 구체적인 소송사건에서 법원에 의한 해석 적용이 되는 이른바 재판규범으로서 법원의 구체적인 집행행위의 매개를 거쳐 비로소 특정인의 기본권에 영향을 미치게 되는 법규범이다. 그렇다면 재판장의 인지보정명령이나 소장각하명령 등의 구체적인 집행행위, 즉 법원에 의한 해석 적용을 기다리지 아니하고 바로 이 사건 법률조항 자체로 인하여 청구인의 기본권이 직접 침해된 것이라고는 볼 수 없다.

제절차가 있다고 하더라도 권리구제의 기대가능성이 없고 다만 기본권침해를 당한 청구인에게 불필요한 우회절차를 강요하는 것밖에 되지 않는 경우에는 당해 법령을 직접 헌법소원의 대상으로 삼을 수 있다. 그리고 법령의 집행행위를 기다렸다가 그 집행행위에 대한 권리구제절차를 밟을 것을 국민에게 요구할 수 없는 경우에도 예외적으로 기본권침해의 직접성이 인정될 수 있다. 예컨대, 형법상의 법률조항은 엄밀한 의미에서 법률 그 자체에 의하여 국민의 신체의 자유를 제한하는 것이 아니라 넓은 의미의 재량행위(법관의 양형)의 하나인 형법조항의 적용행위라는 구체적인 집행행위를 통하여 비로소 국민의 기본권이 제한되는 것이지만, 국민에게 그 합헌성이 의심되는 형법조항에 대하여 위반행위를 우선 범하고 그 적용·집행행위인 법원의 판결을 기다려 헌법소원심판을 청구할 것을 요구할 수는 없다. 따라서 이러한 경우에는 예외적으로 집행행위가 재량행위임에도 불구하고 법령에 의한 기본권침해의 직접성을 인정할 수 있다.

3) 직접성과 보충성

법령에 대한 헌법소원은 보충성의 예외에 해당한다. 법령에 의한 직접적인 기본권의 침해가 문제되는 경우에는 법령 자체의 효력을 직접 다투는 것을 소송물로 하여 일반법원에 소송을 제기하는 길이 없어 다른 법률에 구제절차가 있는 경우가 아니므로 바로 헌법소원을 청구할 수 있다.

하지만 보충성의 예외가 곧 직접성의 인정을 의미하는 것은 아니다.[1] 보충성의 원칙이 적용되지 않는다고 하여 법령에 대한 헌법소원심판이 아무런 조건 없이 허용되는 것은 아니고 기본권침해의 직접성의 요건을 갖추어야 한다. 법령에 대한 헌법소원에서 법령의 위헌여부에 대하여 다툴 수 있는 다른 구제절차가 없으므로 사전구제절차를 거쳐야 한다는 의미에서 보충성은 요구되지 않지만, 법령을 집행하는 집행행위가 존재하는 경우에는 바로 법령에 대하여 헌법소원을 청구

1 김현철, 앞의 책, 450면.

할 수 없고, 원칙적으로 집행행위에 대하여 다투어야 한다는 의미에서 직접성의 요건을 갖추어야 한다.

4) 직접성의 예외

① 집행행위를 대상으로 한 구제절차의 부재

집행행위를 대상으로 하는 구제절차가 없거나 있다고 하더라도 권리구제의 기대가능성이 없고, 다만 청구인에게 불필요한 우회절차를 강요하는 것밖에 되지 않는 경우에는 법률을 직접 헌법소원의 대상으로 삼을 수 있다.

② 집행기관의 재량의 여지없이 일정한 집행행위를 해야 할 경우

법령이 일의적이고 명백해서 집행기관이 재량의 여지없이 그 법령에 따라 일정한 집행행위를 하여야 하는 경우에는 당해 법령을 헌법소원의 대상으로 삼을 수 있다. 집행행위가 재량행위인 경우에는 직접성이 인정되지 않지만 집행행위가 기속행위인 경우에는 직접성이 인정된다.

③ 집행행위에 대한 권리구제절차를 밟을 것을 요구할 수 없는 경우

형벌조항과 같이 법령의 집행행위를 기다렸다가 그 집행행위형벌부과에 대한 권리구제절차를 밟을 것을 국민에게 요구할 수 없는 경우에도 예외적으로 기본권침해의 직접성이 인정된다.

헌재 2003. 7. 24. 2003헌마3

법령에 대한 헌법소원에 있어서 '기본권침해의 직접성'을 요구하는 이유는, 법령은 일반적으로 구체적인 집행행위를 매개로 하여 비로소 기본권을 침해하게 되므로 기본권의 침해를 받은 개인은 먼저 일반 쟁송의 방법으로 집행행위를 대상으로 하여 기본권침해에 대한 구제절차를 밟는 것이 헌법소원의 성격상 요청되기 때문이다. 특히, 법령에 근거한 구체적인 집행행위가 "재량행위"인 경우에는 법령은 집행기관에게 기본권침해의 가능성만을 부여할 뿐 법령 스스로가 기본권의 침해행위를 규정하고 행정청이 이에 따르도록 구속하는 것이 아니고, 이 때의 기본권의 침해는 집행기관의 의사에 따른 집행행위, 즉 재량권의 행사에 의하

여 비로소 이루어지고 현실화되므로 이러한 경우에는 법령에 의한 기본권침해의 직접성이 인정될 여지가 없다. 그러나 구체적 집행행위가 존재한 경우라고 하여 언제나 반드시 법령자체에 대한 헌법소원심판청구의 적법성이 부정되는 것은 아니다. 즉, 집행행위가 존재하는 경우라도 그 집행행위를 대상으로 하는 구제절차가 없거나 구제절차가 있다고 하더라도 권리구제의 기대가능성이 없고 다만 기본권침해를 당한 청구인에게 불필요한 우회절차를 강요하는 것밖에 되지 않는 경우에는 당해 법령을 직접 헌법소원의 대상으로 삼을 수 있다.

그리고 법령의 집행행위를 기다렸다가 그 집행행위에 대한 권리구제절차를 밟을 것을 국민에게 요구할 수 없는 경우에도 예외적으로 기본권침해의 직접성이 인정될 수 있다. 예컨대, 형법상의 법률조항은 엄밀한 의미에서 법률 그 자체에 의하여 국민의 신체의 자유를 제한하는 것이 아니라 넓은 의미의 재량행위(법관의 양형)의 하나인 형법조항의 적용행위라는 구체적인 집행행위를 통하여 비로소 국민의 기본권이 제한되는 것이지만, 국민에게 그 합헌성이 의심되는 형법조항에 대하여 위반행위를 우선 범하고 그 적용·집행행위인 법원의 판결을 기다려 헌법소원심판을 청구할 것을 요구할 수는 없다. 따라서 이러한 경우에는 예외적으로 집행행위가 재량행위임에도 불구하고 법령에 의한 기본권침해의 직접성을 인정할 수 있다.

④ 집행행위 이전에 법규범에 의한 권리관계가 확정상태에 있는 경우

집행행위 이전에 이미 국민의 권리관계를 직접 변동시키거나 국민의 법적 지위를 결정적으로 정하는 것이어서 국민의 권리관계가 집행행위의 유무나 내용에 의하여 좌우될 수 없을 정도로 확정된 상태라면 그 법규범의 직접성은 인정된다.

헌재 1997. 7. 16. 97헌마38

법규범이 집행행위를 예정하고 있더라도 법규범의 내용이 집행행위 이전에 이미 국민의 권리관계를 직접 변동시키거나 국민의 법적 지위를 결정적으로 정하는 것이어서 국민의 권리관계가 집행행위의 유무나 내용에 의하여 좌우될 수 없을 정도로 확정된 상태라면 그 법규범의 권리 침해의 직접성이 인정된다.

(3) 현 재 성

1) 현재성의 의미

기본권침해의 현재성이라 함은 청구인의 기본권이 공권력의 행사 또는 불행사로 인하여 현재 침해되어야 한다는 뜻이다. 단순히 미래에 발생할 잠재적인 침해를 이유로 한 헌법소원심판청구는 허용되지 않는다.

2) 현재성의 예외

헌법소원심판에서 요구되는 현재성의 요건에서 '현재'라는 의미는 언제나 헌법소원심판을 청구하는 바로 그 시각을 의미하는 것은 아니다. 즉, 헌법소원심판을 청구하는 모든 경우에 예외 없이 기본권의 침해가 청구 시에 현존하고 있어야 하는 것은 아니라는 의미이다.[1]

① 침해행위가 예상되는 경우

기본권의 침해가 아직 발생하지 않았으나 장래 기본권의 침해가 발생될 것이 확실히 예상되는 경우에는 현재성을 인정할 수 있다.

헌재 1997. 7. 16. 97헌마38

헌법소원 청구인은 공권력 작용과 현재 관련이 있어야 하며, 청구인이 장차 언젠가는 특정 법률의 규정으로 인하여 권리침해를 받을 우려가 있다 하더라도 그러한 권리침해의 우려는 단순히 장래 잠재적으로 나타날 수도 있는 것에 불과하여 권리침해의 현재성을 구비하였다고 할 수 없다. 다만 기본권침해가 장래에 발생하더라도 그 침해가 틀림없을 것으로 현재 확실히 예측된다면 기본권구제의 실효성을 위하여 침해의 현재성이 인정된다.

1 정종섭, 앞의 책, 686면.

② 침해행위가 종료된 경우

과거의 행해진 공권력 작용의 경우 그 침해가 청구 당시에도 계속 유지되고 있거나, 여전히 기본권침해의 효과를 나타내고 있으면 현재성이 인정된다.[1] 다만 이미 기본권침해 행위는 종료되었지만 과거의 공권력 작용이 반복될 가능성이 있는 경우에는 현재성의 예외로 이해하는 견해[2]가 있다. 현재성의 예외로 인정하는 견해에 의하면 헌법소원심판청구 시에 기본권을 침해한 행위가 이미 종료되어 권리보호이익이 인정되지 않아 각하되어야 하지만, 예외적으로 심판의 이익이 인정되어 본안판단을 하는 경우가 있는데, 이러한 경우에는 현재성의 예외가 된다고 한다.

3) 현재성과 청구기간

법령에 대한 헌법소원심판의 청구에서 청구기간을 적용하는 것은 헌법소원심판을 청구하는 당시에 기본권의 침해가 현존하는 때에 한하고, 장차 기본권의 침해가 발생할 것이 확실히 예상되어 기본권이 현실적으로 침해되는 시점보다 앞당겨 헌법소원심판을 청구하는 경우에는 청구기간을 적용할 수 없다.

헌재 1996. 3. 28. 93헌마198

기본권의 침해가 확실히 예상되는 때부터 청구기간을 기산하면 청구기간의 기산점이 불명확할 뿐만 아니라 청구기간을 단축하는 결과가 되어 국민에게 불리하고, 기본권의 침해가 확실히 예상되는 때에는 이미 헌법판단에 적합할 정도의 실체적 요건이 성숙한 것으로 본다는 취지의 이른바 상황성숙성 이론은, 법령에 대한 헌법소원을 기본권침해를 받은 때를 기다렸다가 청구하라고만 요구한다면 기본권구제의 실효성을 기대할 수 없는 경우가 있으므로, 헌법소원의 적법요건 중 하나인 현재성

1 허영, 앞의 책, 395면.
2 정종섭, 앞의 책, 687면.

요건과 관련하여 구체적인 기본권의 침해가 있기 전이라도 그 침해가 확실히 예상될 때에는 미리 헌법소원을 청구할 수 있도록 하여 국민의 기본권보장의 실효성을 높이자는 것으로서, 법령에 대한 헌법소원의 청구기간의 기산점과 관련하여 이를 적용할 것은 아닌 것이다.

III. 보충성의 원칙

1. 보충성의 원칙의 의의

헌재법에서는 헌법소원심판을 청구하고자 하는 경우에는 "다른 법률에 구제절차가 있는 경우에는 그 절차를 모두 거친 후가 아니면 청구할 수 없다"라고 정하고 있다. 헌법소원심판청구에서 사전구제절차를 밟을 것을 청구인측에 요구하고 있는 입법취지는 효율성의 측면에서 볼 때 우선 처분기관 자체에서 스스로 시정할 수 있는 기회를 갖도록 하는 데 그 본래의 뜻이 있다고 보아야 할 것이고 일반 국민이 국민의 헌법소원심판청구의 길을 가급적 제한하거나 억제하는 데 그 본래의 취지가 있는 것은 아니다.[1] 따라서 헌법소원심판을 청구하기 전에 통상의 권리구제절차를 거치지 않고 헌법소원심판을 청구하면 그 청구는 부적법한 것이 된다.

2. 사전구제절차

(1) 직접적 구제절차

헌법소원심판을 청구하기 전에 먼저 거쳐야 하는 통상의 권리구제

1 헌재 1992. 10. 1. 91헌마31.

절차는 침해된 기본권을 직접 구제할 수 있는 절차를 말한다. 공권력의 행사 또는 불행사를 직접 대상으로 하여 그 효력을 다툴 수 있는 적법한 권리구제절차를 의미하는 것이지 공권력의 행사 또는 불행사의 결과 생긴 효과를 원상복귀 시키거나 사후적·보충적 구제수단인 손해배상청구나 손실보상청구를 의미하는 것은 아니다.

(2) 적법한 구제절차

헌법소원심판청구에서 요구되는 사전구제절차는 적법한 것이어야 한다. 예컨대 사전구제절차에 신청기간이 정해져 있음에도 불구하고 그 기간을 넘겨 신청하였다면 그 구제절차는 적법하게 거친 것이 아니므로 보충성의 요건을 갖추지 못하여 부적법한 것이 된다. 또한 과세처분의 취소를 구하는 행정소송을 제기하였다가 그 소송을 취하하였거나 취하간주된 경우 그 과세처분의 취소를 구하는 헌법소원심판청구는 다른 법률에 의한 적법한 구제절차를 거쳤다고 볼 수 없어 부적법하다.[1]

사전구제절차가 적법한 것이 아니라고 하더라도 된다고 한다면 청구인이 고의로 적법하지 않은 구제절차를 거침으로써 청구기간을 부당하게 연장할 수 있게 되어 청구기간 한정의 취지를 몰각시켜 버릴 염려가 있기 때문이다.[2]

(3) 보충성요건 흠결의 치유

헌법재판소는 보충성의 요건 흠결의 치유를 인정하고 있다. 청구인이 심판을 청구한 후 헌법재판소의 심리종결 시까지 사전구제절차를 거칠 것을 충족시키면 심판청구는 보충성요건을 갖추었다고 할 수 있다.

1 헌재 1999. 9. 16. 98헌마265.
2 헌재 1993. 7. 29. 91헌마47.

3. 보충성의 예외

보충성의 원칙을 지나치게 엄격하게 적용할 경우에는 헌법소원의 대상이 극히 협소해지고 헌법소원제도가 갖는 기본권보장의 기능이 약화될 수 있다. 그 때문에 헌법재판소는 명문의 규정이 없음에도 불구하고 보충성의 원칙에 대한 예외를 인정하고 있다.

(1) 법령에 대한 헌법소원

법령 자체에 의한 직접적인 기본권침해가 문제되는 경우 법령 자체의 효력을 직접 다투는 것을 소송물로 하여 일반법원에 소송을 제기하는 길이 없으므로 바로 헌법소원을 청구할 수 있다.

입법부작위에 대한 헌법소원심판의 청구도 보충성의 예외에 해당한다. 입법부작위에 대한 행정소송의 적법여부에 관하여 대법원은 "행정소송은 구체적 사건에 대한 법률상 분쟁을 법에 의하여 해결함으로써 법적 안정을 기하자는 것이므로 부작위위법확인소송의 대상이 될 수 있는 것은 구체적 권리의무에 관한 분쟁이어야 하고, 추상적인 법령에 관하여 제정의 여부 등은 그 자체로서 국민의 구체적인 권리의무에 직접적 변동을 초래하는 것이 아니어서 행정소송의 대상이 될 수 없다"고 판시하고 있다.[1]

(2) 권리구제절차의 부재 등

다른 권리구제절차가 없는 경우, 청구인의 귀책사유로 돌릴 수 없는 정당한 이유로 전심절차를 밟지 않은 경우, 통상의 권리구제절차로 권리가 구제될 가능성이 희박한 경우, 특정한 경우에 통상의 권리구제절차가 허용되는지가 객관적으로 분명하지 않은 경우, 기타 전심

1 헌재 1998. 7. 16. 96헌마246.

절차를 거칠 것을 기대하기 어려운 경우 등에는 보충성의 예외가 인정된다.

IV. 권리보호이익

1. 권리보호이익의 필요성

헌법소원심판제도는 국민의 기본권을 구제하는 기능을 가지고 있으므로 헌법소원심판을 청구하려면 권리보호이익이 있어야 한다.

(1) 헌법재판소가 헌법불합치결정을 한 법률조항에 대하여 헌법소원심판을 청구한 경우 위헌으로 결정된 법률조항에 대한 헌법소원심판청구이기 때문에 권리보호이익이 존재하지 않는다.

헌재 2011. 8. 30. 2008헌마343

헌법불합치결정 당시 헌법재판소에 계속 중인 이 사건 법률조항에 대한 청구 부분은 이 사건 법률조항의 위헌여부가 쟁점이 되어 '헌법재판소에 계속 중인 사건'으로서 위 헌법불합치결정의 소급효가 미친다고 할 것이어서, 위 헌법불합치결정에 따른 개선입법이 시행된 2010. 1. 1.부터는 이 사건 법률조항은 효력을 상실하고 개선입법만이 청구인에게 적용된다. 따라서 이 사건 법률조항에 의한 기본권침해는 더 이상 존재하지 않게 되므로 청구인에게 권리보호이익이 없어 부적법하다.

(2) 헌재법 제68조 제 2 항의 헌법소원심판에서 헌법재판소가 이미 법률에 대하여 위헌결정을 한 경우에는 위헌확인결정을 한 예가 있다.

헌재 2006. 6. 29. 2005헌마44

헌법재판소는 이미 2006. 2. 23. 2004헌마675등 사건에서 이 사건 가산점부여조항에 관하여 헌법불합치결정을 하면서, 이 사건 가산점부여조항은 2007. 6. 30.을 시한으로 입법자가 개정할 때까지 계속 적용된다는 내용의 결정을 선고하였다(헌재 2006. 2. 23. 2004헌마675등). 헌법불합치결정도 위헌결정의 일종이므로, 이 사건 가산점부여조항은 이미 위헌으로 결정된 것으로 보아야 하고, 따라서 이 사건 가산점부여조항에 대한 헌법소원심판청구 부분은 이미 위헌으로 결정된 법률조항에 대한 헌법소원심판청구로서 권리보호의 이익이 없어 부적법하다 할 것이다.

헌재 1999. 6. 24. 96헌바67

청구인들이 헌법재판소법 제68조 제2항에 따라 헌법소원심판청구를 한 이 사건 법률조항은 이 사건 심판계속 중 이미 헌법재판소가 1997. 12. 24. 96헌가19등 사건에서 위헌결정을 선고한 바가 있으므로, 이 사건 법률조항에 대하여는 위헌임을 확인하는 결정을 하기로 한다.[1]

2. 권리보호이익의 존속

권리보호이익은 헌법소원 제기 당시뿐만 아니라 헌법재판소가 결정한 시점에도 존재하여야 한다. 헌법소원 제기 당시에는 권리보호이익이 인정되더라도 사실관계 또는 법령제도의 변동과 같이 사정의 변경 등으로 인하여 침해의 원인이 된 공권력의 행사가 취소되거나 침해행위가 이미 종료하여 이를 취소할 여지가 없기 때문에 헌법소원이 주관적 권리구제에 별 도움이 안 되는 경우 등에는 권리보호이익이 없게 되어 헌법소원심판청구는 부적법하다.

1 위헌법률심판절차에서는 부적법 각하결정을 하고 있다. 헌재 1994. 8. 31. 91헌가1. 이 사건 법률조항의 본문 중 "으로부터 1년"이라는 부분에 관하여는 당 재판소가 1991. 11. 25. 선고한 91헌가6 사건의 결정에서 그 부분은 헌법에 위반된다고 선고한 바 있으므로 헌재법 제47조 제2항에 의하여 그 부분 법률규정은 그날로부터 효력을 상실하였다 할 것이고 따라서 그 부분의 위헌여부는 더 이상 위헌여부심판의 대상이 될 수 없다고 할 것이므로 이 부분에 대한 위헌여부심판의 제청은 부적법하다.

3. 심판의 이익

헌법소원심판에서는 통상의 재판과 달리 주관적 권리보호이익이 존재하지 않더라도 예외적으로 심판의 이익이 인정되는 경우가 있다. 헌법소원이 청구인의 주관적 권리구제에는 별 도움이 안 되는 경우라도 그러한 침해행위가 앞으로도 반복될 위험이 있거나 당해 분쟁의 해결이 헌법질서의 수호유지를 위하여 긴요한 사항으로서 헌법적으로 그 해명이 중대한 의미를 지니고 있는 경우에는 심판청구의 이익을 인정할 수 있다.[1] 다만 기본권침해 행위의 반복위험성의 존재를 입증해야 할 책임을 누가 부담해야 하는가는 문제이다. 헌법재판소가 헌법과 기본권을 보호하는 기관으로서 스스로 판단해야 할 사항이라고 하는 견해[2]가 있지만, 헌법재판소는 입증책임을 청구인에게 부담시키고 있다.

헌재 1991. 7. 8. 89헌마181

체포 또는 구속당한 피의자·피고인의 변호인접견교통권은 헌법 제12조 제4항에서 정해 놓은 변호인의 조력을 받을 권리를 실질적으로 보장하기 위한 것으로 국가가 최대한 보장해야 할 의무를 지는 기본권의 하나이고 구속피의자에 대한 접견이 접견신청일로부터 상당한 기간이 경과되도록 허용되지 않고 있는 것은 접견불허처분과 동일시할 것으로 이는 곧 기본권의 침해가 된다는 것은 판례나 학설을 통해 이미 밝혀져서 헌

1 헌재 1994. 8. 31. 92헌마126. 헌법소원제도는 국민의 기본권침해를 구제하는 제도이므로, 그 심판청구가 적법하다고 하려면 그 제도의 목적상 권리보호의 이익이 있어야 한다. 그러므로 심판청구 당시 권리보호의 이익이 인정되더라도, 심판 계속 중에 생긴 사정변경, 즉 사실관계 또는 법령제도의 변동으로 말미암아 권리보호의 이익이 소멸 또는 제거된 경우에는, 원칙적으로 심판청구는 부적법하게 된다. 다만, 그와 같은 경우에도 그러한 기본권침해 행위가 반복될 위험이 있거나, 그러한 분쟁의 해결이 헌법질서의 수호·유지를 위하여 긴요한 사항이어서 헌법적으로 그 해명이 중대한 의미를 지니고 있는 경우에는, 예외적으로 심판청구의 이익이 있다고 볼 수는 있다.

2 정종섭, 앞의 책, 675면.

법문제로서는 이미 해명된 과제인 것이며, 나아가 피청구인측이 앞으로도 청구인들의 접견교통권을 침해할 반복의 위험성이 있는가를 본다면 반복의 위험성이란 어디까지나 추상적이거나 이론적 가능성이 아니라 구체적인 것이어야 할 것인바, 청구인들의 경우에 피청구인측에 의하여 청구인들의 접견교통권이라는 기본권이 반복적으로 침해될 위험성이 존재하고 또한 그 위험성이 다른 국민보다 더 크다 할 구체적 사정이 있다는 점에 관하여는 청구인측의 입증이 없다. 그렇다면 청구인들의 심판청구 부분은 그 주관적 목적이 이루어졌고 또 사정변경이 생겼음에도 불구하고, 불분명한 헌법문제의 해명, 침해반복의 위험 등을 이유로 심판의 이익이 있다 할 특별한 경우에 해당한다고 할 수 없을 것이며 이밖에 달리 이 부분 청구에 관한 심판의 이익 또는 그 필요가 있다고 볼 아무런 자료가 없으므로, 이 부분 심판청구 역시 더 나아가 살필 필요도 없이 부적법함을 면치 못할 것이다.

V. 청구기간

1. 청구기간에 관한 헌재법 규정

제69조(청구기간) ① 제68조 제1항에 따른 헌법소원의 심판은 그 사유가 있음을 안 날부터 90일 이내에, 그 사유가 있는 날부터 1년 이내에 청구하여야 한다. 다만, 다른 법률에 따른 구제절차를 거친 헌법소원의 심판은 그 최종결정을 통지받은 날부터 30일 이내에 청구하여야 한다.

② 제68조 제2항에 따른 헌법소원심판은 위헌 여부 심판의 제청신청을 기각하는 결정을 통지받은 날부터 30일 이내에 청구하여야 한다.

제70조(국선대리인) ① 헌법소원심판을 청구하려는 자가 변호사를 대리인으로 선임할 자력이 없는 경우에는 헌법재판소에 국선대리인을 선임하여 줄 것을 신청할 수 있다. 이 경우 제69조에 따른 청구기간은 국선대리인의 선임신청이 있는 날을 기준으로 정한다.

② 제1항에도 불구하고 헌법재판소가 공익상 필요하다고 인정할 때에는 국선대리인을 선임할 수 있다.

③ 헌법재판소는 제1항의 신청이 있는 경우 또는 제2항의 경우에는 헌법재판소규칙으로 정하는 바에 따라 변호사 중에서 국선대리인을 선정한다. 다만, 그 심판청구가 명백히 부적법하거나 이유 없는 경우 또는 권리의 남용이라고 인정되는 경우에는 국선대리인을 선정하지 아니할 수 있다.

④ 헌법재판소가 국선대리인을 선정하지 아니한다는 결정을 한 때에는 지체 없이 그 사실을 신청인에게 통지하여야 한다. 이 경우 신청인이 선임신청을 한 날부터 그 통지를 받은 날까지의 기간은 제69조의 청구기간에 산입하지 아니한다.

2. 청구기간 기산의 기준점

(1) 도달주의 원칙

헌법소원심판의 청구가 청구기간의 요건을 갖추었는가는 특별한 규정이 없는 한 심판청구서가 헌법재판소에 도달한 날을 기준으로 하여 계산한다.[1]

1 헌재 1990. 5. 21. 90헌마78.

(2) 청구취지의 변경

청구취지의 변경이 이루어진 경우 청구기간의 준수여부는 헌재법 제40조 제1항의 준용규정에 따라 민사소송법 제265조에 의하여 그 청구취지를 변경하는 청구서가 제출된 시점을 기준으로 한다. 심판청구를 교환적으로 변경한 경우에는 변경에 의한 신청구의 청구변경서가 제출된 시점을 기준으로 하여 청구기간의 도과여부를 판단한다. 청구의 추가적 변경의 경우에 그 추가된 청구의 제소기간 준수여부는 바로 그 추가적 청구의 제소시점을 기준으로 산정해야 한다. 예컨대 법률의 시행과 동시에 기본권의 침해가 발생한 경우, 그 법률에 대한 헌법소원을 제기한 후 법률시행일로부터 1년이 경과한 시점에 청구취지를 추가하였다면 추가된 부분은 청구기간을 도과한 것이 된다.

헌재 1992. 6. 26. 91헌마134

청구인은 처음 이 사건 소원내상을 87형제13180호 사건에 관한 대전지방검찰청의 기소중지처분으로 하였다가 뒤에 청구취지 등 정정서를 내어 90형제2349호 사건에 관한 대전지방검찰청 천안지청의 기소중지처분으로 교환적 변경을 하였는데, 이처럼 심판청구를 변경하였다면 변경에 의한 신청구는 그 청구변경서를 제출한 때에 제기한 것이라 볼 것이고, 따라서 이 시점을 기준으로 하여 청구기간의 준수 여부를 가려야 할 것이다.

헌재 2003. 9. 25. 2001헌마93

헌법소원심판청구에 대한 청구취지변경이 이루어진 경우 청구기간의 준수여부는 헌법재판소법 제40조 제1항 및 민사소송법 제265조에 의하여 그 청구취지를 변경하는 청구서가 제출된 시점을 기준으로 판단하여야 한다. 그런데 청구인들은 2002. 4. 26. 접수한 '헌법소원심판청구취지 및 원인변경신청'에서 새로이 공무원연금법 제61조의2 제2항의 위헌확인을 청구취지에 추가하였고, 또 2002. 6. 1. 접수한 '헌법소원심판변경청구서'에서 공무원연금법 제46조 제4항, 제5항의 위헌확인을 청구취지에 추가하였으며, 그리고 2003. 4. 2. 접수한 '헌법소원심판변경청구서'에서 연금법시행령 제52조의3의 위헌확인을, 같은 해 6. 2. 접수한 '헌법소원심판변경청구서'에서 공무원연금법 제46조 제7항의 위헌확인을 각 청구취지에 추가하였다. 이와 같이 추가된 심판대상조항들은 2001. 1. 1. 또는 그 이전부터 시행된 것이고, 청구인들은 그 시행과 동시에 기본권침해를 받은 경우이므로 늦어도 그 시행일부터 1년 이내에 그 위헌여부의 헌법소원심판청구를 제기하였어야 한다. 그러나 위 심판청구부분은 청구인들의 기본권침해의 사유가 발생한 위 법률조항의 시행일부터 1년이 경과한 후에 제기되었음이 역수상 명백하다.

헌재 1998. 9. 30. 96헌바88

청구인의 위 심판청구 부분이 법령을 대상으로 한 헌법재판소법 제68조 제1항 소정의 헌법소원심판청구라고 본다 하더라도, 앞서 본 바와 같이 심판청구를 변경하였다면 변경에 의한 신청구는 그 청구변경서를 제출한 때에 제기한 것이라 볼 것이고, 따라서 이 시점을 기준으로 하여 청구기간의 준수 여부를 가려야 할 것인바, 청구의 추가적 변경으로 1998. 2. 7.에 이르러서야 비로소 심판의 대상이 된 위 심판청구 부분은 청구인의 기본권침해의 사유가 발생한 이후인 당해사건의 소제기일(1995. 9.)부터 기산한다 하더라도 헌법재판소법 제69조 제1항이 정한 180일의 청구기간이 경과한 뒤 제기되었음이 역수상 명백하므로 이 또한 부적법하다 할 것이다.

(3) 대리인과 청구기간

1) 본인명의로 헌법소원심판을 청구한 후 대리인을 선임하였다면 본인이 청구한 시점이 기준점이 된다.[1]

2) 헌법소원심판을 청구하고자 하는 자가 헌법재판소에 국선대리인을 선임하여 줄 것을 신청하는 경우에는 청구기간은 국선대리인의 선

1 헌재 1992. 12. 24. 92헌마186.

임신청이 있는 날을 기준으로 정한다. 선임된 국선대리인이 심판청구서를 제출한 날이 아니라 본인이 국선대리인 선임신청을 한 날에 헌법소원심판을 청구한 것으로 하여 청구기간의 경과를 계산한다.

3. 사전구제절차의 존재여부

(1) 다른 법률에 의한 구제절차를 거친 경우

1) 다른 법률에 의한 구제절차를 거친 경우에는 헌법소원심판의 청구는 최종결정의 통지를 받은 날로부터 30일 이내에 청구하여야 한다.

2) 다른 법률에 의한 구제절차는 적법한 구제절차임을 전제로 하므로 다른 구제절차를 적법하게 거치지 않은 경우에는 30일의 청구기간을 적용해서는 안 된다. 그렇게 보지 않을 경우 부적법한 구제절차를 거침으로써 부당하게 청구기간을 연장할 수 있기 때문이다.[1] 헌법재판소는 행정청의 거부행위에 대하여 행정소송을 제기하였으나 행정소송의 대상이 되는 처분이 아니라는 이유로 각하판결을 받은 후 헌법소원을 제기하는 경우 청구기간의 기산점은 원래의 거부행위가 있었던 날이라고 하여 헌재법 제69조 제1항 본문을 적용하고 있다.

헌재 2003. 9. 25. 2002헌마789

지목변경신청을 거부한 행정청의 행위는 재산권을 침해할 수 있는 행위로서 헌법소원의 대상이 되지만, 이 사건에서 청구인은 이에 대하여 행정소송을 거쳐 헌법소원을 청구하였는바, 청구기간 산정에 있어 헌법재판소법 제69조 제1항 본문이 적용될 것인지 아니면 단서가 적용될 것인지가 문제된다. 그런데 행정청이 지목변경신청을 거부하는 행위는 행정소송의 대상이 되는 행정처분이 아니라는 것이 법원의 일관

1 헌재 1993. 7. 29. 91헌마47.

된 판례[1]이며, 헌법재판소도 수차에 걸쳐 그러한 점을 선언한 바 있어, 그러한 행위는 법원의 재판관할에 속하지 아니하는 것이 명백하므로, 이에 대하여 행정소송을 제기한 것은 헌법재판소법 제69조 제1항 단서가 말하는 "다른 법률에 의한 구제절차"를 거친 것이라고 보기 어렵고, 청구인이 지목변경거부행위에 대하여 행정소송을 거쳤다고 하더라도 이는 구제절차가 될 수 없는 무익한 절차를 거친 것에 불과하다. 그렇다면 이 사건에서 청구기간의 산정은 헌법재판소법 제69조 제1항 단서가 아니라 본문의 규정에 의하여야 할 것인데, "사유가 있은 날로부터 1년"이 경과하였으므로 이 사건 심판청구는 청구기간이 경과되어 부적법하다.

(2) 다른 법률에 의한 구제절차를 거치지 않은 경우

다른 법률에 의한 구제절차가 없거나 보충성 요건에 대한 예외가 인정되어 다른 법률에 의한 구제절차를 거칠 필요가 없는 경우에는 그 사유가 있음을 안 날부터 90일 이내에, 그 사유가 있는 날부터 1년 이내에 청구하여야 한다. 헌법소원의 사유가 있음을 '안 날'로부터 90일, '있은 날'로부터 1년이라는 두 기간은 모두 지켜져야 하므로 어느 한 기간이라도 도과하면 심판청구는 부적법하게 된다.

여기서 그 사유가 '있은 날'이란 공권력의 행사에 의해서 기본권침해가 발생한 날을 말한다. 사유가 있음을 '안 날'이란 적어도 공권력의 행사에 의한 기본권침해의 사실관계를 특정할 수 있을 정도로 현실적으로 인식하여 심판청구가 가능해진 경우를 뜻한다.

헌재 1993. 11. 25. 89헌마36

청구기간의 기산점인 안 날이라 함은 법령의 제정 등 공권력의 행사에 의한 기본권침해의 사실관계를 안 날을 뜻하는 것이지, 법률적으로 평

1 그 후 대법원은 판례를 변경하여 지목변경신청 반려(거부)행위도 항고소송의 대상이 되는 행정처분에 해당한다고 판시하였다. 대판 2004. 4. 22. 2003두9015.

가하여 그 위헌성 때문에 헌법소원의 대상이 됨을 안 날을 뜻하는 것은 아니라 할 것으로, 이는 청구기간을 도과한 헌법소원을 허용할 "정당한 사유"의 평가자료로 참작됨은 별론이로되 청구기간의 기산점 자체와는 무관한 사항일 것이며, 따라서 청구인의 청구기간의 기산점에 관한 위 주장은 그 이유 없다고 할 것이다.

4. 법령에 대한 헌법소원심판의 청구기간

(1) 법령의 시행과 동시에 기본권침해를 당한 경우

법령에 대한 헌법소원의 경우 원칙적으로 법령이 제정·시행됨과 동시에 기본권을 침해받게 되었다고 할 것이므로 그 법령이 시행된 사실을 안 날로부터 90일 이내, 그 법령이 시행된 날로부터 1년 이내 헌법소원심판을 청구해야 한다.

(2) 법령이 시행된 후에 비로소 그 법령에 해당하는 사유가 발생하여 기본권침해를 받게 된 경우

법령이 시행된 뒤에 그 법령에 해당하는 사유가 발생하여 기본권의 침해를 받게 된 자는 그 사유가 발생하였음을 안 날로부터 90일 이내, 그 사유가 발생한 날로부터 1년 이내에 헌법소원심판을 청구하여야 한다. 법령에 해당하는 사유가 발생한 날이란 법령의 규율을 구체적이고 현실적으로 적용받게 된 최초의 날을 의미한다.

헌재 2006. 7. 27. 2004헌마655

법령에 대한 헌법소원심판에 있어서, 청구기간의 기산점이 되는 '법령에 해당하는 사유가 발생한 날'이란 법령의 규율을 구체적이고 현실적으로 적용받게 된 최초의 날을 의미하는 것으로 보는 것이 상당하다. 즉, 일단 '법령에 해당하는 사유가 발생'하면 그 때로부터 당해 법령에 대한 헌법소원의 청구기간의 진행이 개시되며, 그 이후에 새로이 '법령에 해당하는 사유가 발생'한다고 하여서 일단 개시된 청구기간의 진행이 정지되고 새로운 청구기간의 진행이 개시된다고 볼 수는 없다.

(3) 상황성숙성이론과 청구기간

헌법재판소는 상황성숙성이론에 입각하여 청구인이 법령에 의하여 아직 구체적으로 기본권을 현실적으로 침해받지 아니한 경우에도 그 침해가 확실히 예상되는 등 실체적 요건이 성숙하여 헌법판단에 적합하게 된 때에는 현재성 요건이 충족된 것으로 보고 있다. 헌법재판소 초기의 결정에서는 상황성숙성이론에 기초하여 청구기간의 기산점을 판단한 결정이 있다.[1] 이러한 초기의 판례에 의하면 청구기간의 기산점이 단축되는 결과를 초래하게 되기 때문에 헌법재판소는 상황성숙성이론과 청구기간의 기산점을 분리시키는 방향으로 이전의 판례를 변경하였다. 즉, 청구기간은 기본권의 침해가 확실히 예상되는 때로부터 기산할 것이 아니라 당해 법률이 청구인의 기본권을 명백히 구체적·현실적으로 침해한 때로부터 청구기간을 기산해야 한다고 판시하였다.[2]

1 헌재 1990. 6. 25. 89헌마220. 법률에 대한 헌법소원의 제소기간은 그 법률의 공포와 동시에 기본권침해를 당한 자는 그 법률이 공포된 사실을 안 날로부터 60일 이내에, 아니면 법률이 공포된 날로부터 180일 이내에, 그렇지 아니하고 법률공포 후 그 법률에 해당되는 사유가 발생하여 비로서 기본권의 침해를 받게 된 자는 그 사유가 발생하였음을 안 날로부터 60일 이내에, 아니면 그 사유가 발생한 날로부터 180일 이내에 헌법소원을 제기하여야 할 것이며 "사유가 발생한 날"은 당해법률이 청구인의 기본권을 명백히 구체적으로 현실 침해하였거나 그 침해가 확실히 예상되는 등 실체적 제요건이 성숙하여 헌법판단에 적합하게 된 때를 말한다.

2 헌재 1996. 3. 28. 93헌마198. 기본권의 침해가 확실히 예상되는 때부터 청구기간을 기산하면 청구기간의 기산점이 불명확할 뿐만 아니라 청구기간을 단축하는 결과가 되어 국민에게 불리하고, 기본권의 침해가 확실히 예상되는 때에는 이미 헌법판단에 적합할 정도의 실체적 요건이 성숙한 것으로 본다는 취지의 이른바 상황성숙성 이론은, 법령에 대한 헌법소원을 기본권침해를 받은 때를 기다렸다가 청구하라고만 요구한다면 기본권구제의 실효성을 기대할 수 없는 경우가 있으므로, 헌법소원의 적법요건 중 하나인 현재성 요건과 관련하여 구체적인 기본권의 침해가 있기 전이라도 그 침해가 확실히 예상될 때에는 미리 헌법소원을 청구할 수

(4) 법령의 시행에 유예기간을 둔 경우

입법자가 기본권을 제한하면서 일정한 유예기간을 두는 경우, '법령의 시행과 동시에 기본권이 침해당하는 것인지' 아니면 '법령이 시행된 후에 비로소 그 법령에 해당하는 사유가 발생하여 기본권의 침해를 받게 되는 것인지', 즉 기본권의 침해를 받은 때가 법령의 시행일인지 아니면 유예기간이 경과한 때인지가 문제된다. 이와 관련하여 법률의 시행에 유예기간을 둔 경우 유예기간과 관계없이 기본권의 침해를 받은 것으로 보아 시행일이 청구기간의 기산점이 된다는 것이 우리 헌법재판소의 태도이다.

헌재 1996. 3. 28. 93헌마198

의료기관의 개설자에 대하여는 의약품도매상의 허가를 하지 아니한다고 규정한 제37조 제4항 제4호가 신설된 개정 약사법은 공포 후 6월이 경과한 1992. 7. 1.부터 시행되어(부칙 제1조), 의료기관의 개설자인 위 청구인은 의약품도매상의 허가를 받을 수 없게 되었고 종전의 허가에 의하여도 부칙 제3조에 의하여 이 법 시행일로부터 1년이 되는 1993. 6. 30 까지만 의약품도매상을 할 수 있고 그 이후부터 영업을 할 수 없도록 기간을 제한받은 것이므로 위 청구인은 개정 약사법 시행일에 부칙 제3조에 의한 유예기간과 관계없이 기본권의 침해를 받은 것으로 보아야 할 것이다. 따라서 위 청구인은 개정 약사법 시행일인 1992. 7. 1.부터 늦어도 180일 이내에 헌법소원심판을 청구하여야 할 것인데도 위 청구인의 이 사건 심판청구는 위 청구기간이 지난 1993. 8. 27. 청구된 것으로서 부적법하다.

있도록 하여 국민의 기본권보장의 실효성을 높이자는 것으로서, 법령에 대한 헌법소원의 청구기간의 기산점과 관련하여 이를 적용할 것은 아닌 것이다. 따라서 종전에 이와 견해를 달리하여 법령에 대한 헌법소원의 청구기간의 기산점에 관하여 기본권의 침해가 확실히 예상되는 때로부터 청구기간을 기산한다는 취지로 판시한 우리 재판소의 의견은(헌재 1990. 6. 25. 89헌마220; 헌재 1996. 2. 29. 94헌마213) 이를 변경하기로 한다.

(5) 정년단축과 청구기간

법률의 개정으로 공무원의 정년이 단축 또는 연장된 경우 정년규정에 대한 헌법소원심판청구의 기산점이 문제될 수 있다. 우리 헌법재판소는 법률조항의 시행과 동시에 정년이 단축되었으므로 법률의 시행일이 헌법소원청구기간의 기산점이 된다고 판시하고 있다.

헌재 2002. 1. 31. 2000헌마274

이 사건 법률조항은 1999. 1. 29. 공포되어 같은 날 시행되었고 청구인은 그로부터 180일이 경과한 2000. 4. 24. 이 사건 헌법소원심판을 청구하였으므로, 이 사건 법률조항의 시행일로부터 기산하면, 청구기간이 이미 도과되었다고 할 것이다. 그런데, 청구인은 이 사건 법률조항이 시행되고 나서 청구인이 그에 따른 정년퇴직을 한 2000. 2. 29.에야 비로소 기본권의 침해를 받았고, 그로부터 기산하여 60일 이내에 청구된 이 사건 심판청구는 적법한 것이라고 주장하면서 우리재판소의 결정례(헌재 1996. 3. 28. 93헌마198)를 인용하고 있다. 살피건대, 위 결정례는, 법령에 대한 헌법소원의 청구기간은 법령이 시행된 후에 비로소 그 법령에 해당하는 사유가 발생한 경우에는 언제나 법령 시행일이 아닌 해당사유발생일로부터 기산하여야 한다는 것이 아니라, 법령시행일을 청구기간 기산일로 하는 것이 기본권구제의 측면에서 부당하게 청구기간을 단축하는 결과가 되거나, 침해가 확실히 예상되는 때로부터 기산한다면, 오히려 기산일을 불확실하게 하여 청구권의 유무를 불안정하게 하는 결과를 가져올 경우 등에는, 법령시행일이 아닌 법령이 적용될 해당사유가 발생하여 기본권침해가 비로소 현실화된 날부터 기산함이 상당하다는 취지라고 할 것이다. 이는 또한 자기관련성의 요건과 관련하여 볼 때 청구인이 법령의 적용을 장차 받게 될 것인지 여부가 명백하지 않은 경우까지도 법령시행일로부터 청구기간을 준수하여 다툴 것을 요구할 수 없다고 할 것이지만, 이미 법령의 적용을 받아 자신의 지위에 변동을 받고 있는 경우에까지 이를 확대하여 청구기간의 기산점을 늦추라는 취지로 볼 것은 아니다. 그렇다면, 이 사건에서 청구인은 이 사건 법률조항의 시행으로 인하여 그 즉시 정년이 62세로 단축된 중등교원의 지위를 갖게 되는 효과를 받게 된 것이지, 이후 62세에 달하여 실제 정년퇴직에 이르러서야 비로소 기본권의 제한을 받게 되었다고 할 것은 아니므로, 청구기간의 기산점은 이 사건 법률조항의 공포일(시행일)로 보는 것이 타당하다. 그렇게 보아도 이 사건 청구인의 청구기간이 부당히 단축되었다거나 청구기간의 기산일이 불확실하게 된다고 볼 수 없을 뿐만 아니라, 거꾸로 이 사건 법률조항에 의한 초중등교원의 실제퇴직일부터 기산하는 경우에는 이 사건 법률조항 시행 당시 이미 임용 중이던 초중등교원들이 향후 수십년간 정년퇴직할 때마다 이 사건과 동일한 취지의 헌법소원을 청구기간을 준수하여 적법하게 청구할 수 있다고 보아야 할 것이므로 오히려 법적 안정성을 해치는 결과가 되기 때문이다.

헌재 2008. 10. 30. 2006헌마217

기능직 공무원의 정년은 1998. 2. 24. 개정된 위 법률조항에 의하여 종래 최장 61세이던 것이 최장 57세로 단축되었다. 그런데, 청구인은 1998. 2. 24. 이전부터 기능직 공무원으로 근무하였으므로 1998. 2. 24. 위 법률조항의 시행과 동시에 정년이 단축되었으므로, 그 날부터 위 법률조항에 대한 헌법소원 청구기간이 기산된다고 할 것이다.

5. 부작위에 대한 헌법소원심판청구기간

공력력의 불행사에 대한 헌법소원심판의 청구에서는 그 성질상 청구기간을 적용할 여지가 없다. 다만 부진정 입법부작위의 경우에는 불완전한 입법규정 그 자체가 헌법위반이라는 적극적인 헌법소원을 제기해야 하므로 청구기간의 적용을 받는다.

6. 청구기간 도과

헌법소원심판의 청구에서 청구기간을 준수하지 않고 이를 도과하여 심판청구가 행해진 경우 그 청구는 부적법하다. 다만 청구인에게 귀책사유가 없는 정당한 사유가 있는 경우에는 청구기간의 도과에도 불구하고 헌법소원심판청구는 적법한 것으로 인정될 수 있다.

헌재 1993. 7. 29. 89헌마31

헌법재판소법 제40조 제1항에 의하면 행정소송법이 헌법소원심판에 준용되는 것이므로, 정당한 사유가 있는 경우 제소기간을 도과한 행정소송을 허용하는 행정소송법 제20조 제2항 단서가 헌법소원심판에도 준용된다고 할 것이고, 따라서 정당한 사유가 있는 경우에는 청구기간의 도과에도 불구하고 헌법소원심판청구는 적법하다고 해석하여야 할 것이다. 그런데 여기의 정당한 사유라 함은 청구기간도과의 원인 등 여러 가지 사정을 종합하여 지연된 심판청구를 허용하는 것이 사회통념상으로 보아 상당한 경우를 뜻한다고 할 것인데, … 심판청구의 지연이 기존의 법제도의 부지·혼선으로 인한 일반적인 경우와는 달리 생소한 새 제도의 내용불명 때문에 생긴 경우라면 정당한 사유의 존부는 원칙으로 돌아가 사회통념에 의거하여 사안을 보아가며 개별적으로 판단하여야 할 문제라고 할 것이며, 이는 민사소송법 제160조 소정의 불귀책사유보다도 더 넓게 보아야 할 정당한 사유에 관한 해석상 당연한 것이라 하겠고, 더구나 행정소송에 비해 청구기간이 단기간이어서 입법론상 문제가 있는 헌법소원에 있어서 국민의 권리구제의 길을 넓히기 위하여 특히 필요한 것이라 하겠다.

제 3 절 헌법소원심판의 심리

Ⅰ. 직권심리주의

헌법소원심판은 청구인의 침해된 권리와 침해의 원인이 되는 공권력의 행사 또는 불행사에 대하여 직권으로 조사·판단하는 것을 원칙으로 하고 있다.

헌재 1993. 5. 13. 91헌마190

헌법소원심판제도는 변호사 강제주의, 서면심리주의, 직권심리주의, 국가비용부담 등의 소송구조로 되어 있어서 민사재판과 같이 대립적 당사자 간의 변론주의 구조에 의하여 당사자의 청구취지 및 주장과 답변만을 판단하면 되는 것이 아니고, 헌법상 보장된 기본권을 침해받은 자가 변호사의 필요적 조력을 받아 그 침해된 권리의 구제를 청구하는 것이므로 소송비용과 청구양식에 구애되지 않고 청구인의 침해된 권리와 침해의 원인이 되는 공권력의 행사 또는 불행사에 대하여 직권으로 조사 판단하는 것을 원칙으로 하고 있다. 따라서 헌법소원심판은 그 청구서와 결정문에 반드시 피청구인을 특정하거나 청구취지를 기재하여야 할 필요가 없다. 그러므로 헌법소원심판청구서에 피청구인을 특정하고 있더라도 피청구인의 잘못된 표시는 헌법소원심판청구를 부적법하다고 각하할 사유가 되는 것이 아니며 소원심판대상은 어디까지나 공권력의 행사 또는 불행사인 처분 자체이기 때문에 심판청구서에서 청구인이 피청구인(처분청)이나 청구취지를 잘못 지정한 경우에도 권리구제절차의 적법요건에 흠결이 있는 것이 아니어서 직권으로 불복한 처분(공권력)에 대하여 정당하게 책임져야 할 처분청(피청구인)을 지정하여 정정할 수도 있고 처분청을 기재하지 아니할 수도 있다. 따라서 헌법재판소는 청구인의 심판청구서에 기재된 피청구인이나 청구취지에 구애됨이 없이 청구인의 주장요지를 종합적으로 판단하여야 하며 청구인이 주장하는 침해된 기본권과 침해의 원인이 되는 공권력을 직권으로 조사하여 피청구인과 심판대상을 확정하여 판단하여야 하는 것이다.

II. 서면심리

헌재법 제30조 제2항에서 헌법소원심판은 서면심리에 의하되 다만, 재판부가 필요하다고 인정하는 경우에는 변론을 열어 당사자·이해관계인 기타 참고인의 진술을 들을 수 있도록 규정하고 있다. 서면심리는 공개하지 않는다.

제4절 헌법소원심판의 결정

I. 결정정족수

전원재판부가 심리를 마친 때에는 종국결정을 한다. 종국결정은 종국심리에 관여한 재판관의 과반수의 찬성으로 한다. 다만 인용결정을 하는 경우와 종전에 헌법재판소가 판시한 헌법 또는 법률의 해석적용에 관한 의견을 변경하는 경우에는 재판관 6인 이상의 찬성이 있어야 한다.

II. 결정의 유형

1. 각하결정

(1) 각하결정의 사유

각하결정은 형식적·절차적 요건에 흠결이 있는 경우 내리는 결정형식이다. 청구인능력이 인정되지 않거나, 공권력의 행사 또는 불행사로 인정하기 어렵거나, 침해되었다고 주장하는 것이 헌법상 보장된 기본권이 아니거나, 기본권침해의 자기관련성, 현재성, 직접성이 인정되지 않거나, 보충성의 요건을 충족하지 못하거나, 권리보호이익이 없거나, 청구기간을 도과하여 청구하였거나, 변호사를 선임하지 아니한 경우 등에는 각하결정을 한다.

(2) 지정재판부의 각하결정

지정재판부는 사전심사를 한 결과 다음의 각 경우에 해당하는 때에는 지정재판부 재판관 전원의 일치된 의견에 의한 결정으로 각하한다. ㉠ 다른 법률에 의한 구제절차가 있는 경우 그 절차를 모두 거치지 않고 헌법소원의 심판이 청구된 경우, ㉡ 법원의 재판에 대하여 헌법소원심판이 청구된 경우, ㉢ 헌재법 제69조의 규정에 의한 청구기간이 경과된 후 헌법소원심판이 청구된 경우, ㉣ 헌재법 제25조의 규정에 의한 대리인의 선임 없이 청구된 경우, ㉤ 기타 헌법소원심판의 청구가 부적법하고 그 흠결을 보정할 수 없는 경우이다.

2. 기각결정

헌법소원심판청구가 '이유 없다'고 인정되는 경우, 즉 공권력의 행사 또는 불행사로 말미암아 헌법상 보장된 청구인의 기본권침해가 인정되지 않아 청구인의 주장을 배척하는 경우 내리는 결정형식이다. 주문은 '이 사건 심판청구를 기각한다'라는 형식으로 결정한다.

3. 인용결정

인용결정은 공권력의 행사 또는 불행사로 말미암아 헌법상 보장된 기본권이 침해되었음을 인정하는 결정형식이다. 인용결정에는 취소결정, 위헌확인결정, 위헌결정변형결정, 근거법률의 위헌결정 등이 있다.

(1) 취소결정

공권력의 행사가 청구인의 기본권을 침해한 것으로 인정되는 경우에 헌법재판소는 당해 공권력의 행사를 취소한다. 행정행위, 법원의 재판, 검사 또는 군검찰관의 불기소처분에 대한 헌법소원심판을 인용하는 경우에 취소결정을 한다. 법령에 대한 헌법소원심판에서는 취소결정을 하지 않고, 위헌결정이나 변형결정을 한다.

(2) 위헌확인결정

기본권침해 행위가 종료된 경우, 공권력의 불행사로 인하여 기본권의 침해가 인정되는 경우에는 종료된 침해행위나 당해 공권력의 불행사가 위헌이었음을 확인하는 결정을 한다.

(3) 위헌결정 및 변형결정

법령에 대한 헌법소원의 경우에는 규범통제의 성질을 가지고 있기 때문에 위헌법률심판과 마찬가지로 위헌선언형식을 취한다. 단순위헌결정, 헌법불합치결정, 한정위헌결정, 한정합헌결정 등의 형식으로 결정한다.

(4) 근거법률의 위헌결정(부수적 규범통제)

헌법재판소는 공권력의 행사 또는 불행사가 위헌인 법률 또는 법률조항에 기인한 것이라고 인정될 때에는 인용결정에서 당해 법률 또는 법률조항이 위헌임을 선언할 수 있다.[1]

1 헌재법 제75조 제5항.

헌재 2003. 2. 27. 2002헌마106

헌법재판소법 제75조 제5항은 '위 법 제68조 제1항에 의한 헌법소원을 인용하는 경우 헌법재판소는 공권력의 행사가 위헌인 법률조항에 기인한 것이라고 인정될 때에는 인용결정에서 당해 법률조항이 위헌임을 선고할 수 있다'고 하여, 소위 '부수적 규범통제'를 규정하고 있다. 따라서 행정청 행위의 위헌성이 위헌적인 법률에 기인한다고 판단된다면, 헌법재판소는 행정청 행위의 근거가 되는 법률조항의 위헌성을 확인함으로써 그를 적용한 행정청 행위의 위헌성을 확인할 수 있는 것이다.[1]

4. 심판절차종료선언

심판절차종료선언은 본안판단에 들어가지 않는 점에서는 각하결정과 같지만 청구인의 사망 또는 심판청구의 취하 등으로 심판절차의 종료여부가 불분명하게 된 경우에 절차관계의 종료를 명백히 확인하는 의미에서 하는 결정이다.

(1) 청구인의 사망

헌법소원심판절차 계속 중에 청구인이 사망하게 되면 일신전속적 권리인 경우에는 수계될 성질의 것이 아니므로 청구인의 사망과 동시에 심판절차가 당연히 종료된다. 일신전속적 권리가 아닌 경우에는 수계할 당사자가 없거나 수계의사가 없을 때에는 원칙적으로 심판절차가 종료된다.

1 헌법재판소는 "헌법심판의 대상이 된 법률조항 중 일정한 법률조항이 위헌선언 되는 경우 같은 법률의 그렇지 아니한 다른 법률조항들은 효력을 그대로 유지하는 것이 원칙이나, 합헌으로 남아 있는 어떤 법률조항이 위헌선언되는 법률조항과 밀접한 관계에 있어 그 조항만으로는 법적으로 독립된 의미를 가지지 못하는 경우에는 예외적으로 그 법률조항에 대하여 위헌선언을 할 수 있다"고 판시하고 있다. 헌재 2001. 7. 19. 2000헌마91.

헌재 1992. 11. 12. 90헌마33

고용계약상의 노무공급의무는 일신전속적인 것이고(민법 제657조), 노무자가 사망하면 고용관계는 종료될 권리관계라고 할 것인바, 그렇다면 이 사건 검사의 불기소처분 때문에 침해되었다 할 고용계약상의 지위는 노무자인 청구인의 사망에 의하여 종료되고 상속인에게 승계될 것이 아니다. 그러므로 그에 관련된 이 사건 심판절차 또한 수계될 성질이 못되고 이 사건은 청구인이 사망함과 동시에 당연히 그 심판절차가 종료되었다고 할 것이다.

헌재 1994. 12. 29. 90헌바13

청구인은 이 사건 헌법소원심판절차가 계속 중인 1990. 12. 4. 사형집행에 의하여 사망한 사실이 인정된다. 청구인이 이 사건 헌법소원심판을 청구할 당시의 전제되는 재판이었던 대법원 90도319호 사건은 앞서 본 바와 같이 1990. 4. 24. 상고기각판결에 의하여 종료되었지만, 헌법소원이 인용되는 경우 헌법재판소법 제75조 제7항에 의하여 유죄의 확정판결에 대하여 재심을 청구할 수 있으므로 같은 법 제40조 민사소송법 제211조 제1항에 따라 청구인의 사망 후에 재심을 청구할 수 있는 자는 이 사건 헌법소원심판절차를 수계할 수 있지만, 수계할 당사자가 없거나 수계의사가 없는 경우에는 청구인의 사망에 의하여 헌법소원심판절차는 원칙적으로 종료된다고 할 것이고, 다만 수계의사표시가 없는 경우에도 이미 결정을 할 수 있을 정도로 사건이 성숙되어 있고 그 결정에 의하여 유죄판결의 흠이 제거될 수 있음이 명백한 경우 등 특별히 유죄판결을 받은 자의 이익을 위하여 결정의 필요성이 있다고 판단되는 때에 한하여 종국결정을 할 수 있다고 할 것이다.

(2) 심판청구의 취하

청구인이 헌법소원심판청구를 취하한 경우에 헌법재판소의 다수의견은 민사소송법 제266조 소취하 규정을 준용하여 심판절차종료선언결정을 하고 있다.

헌재 1995. 12. 14. 95헌마221

헌법재판소법이나 행정소송법이나 헌법소원심판청구의 취하와 이에 대한 피청구인의 동의나 그 효력에 관하여 특별한 규정이 없으므로, 소의 취하에 관한 민사소송법 제239조는 검사가 한 불기소처분의 취소를 구하는 헌법소원심판절차에 준용된다고 보아야 한다. 따라서 청구인들이 헌법소원심판청구를 취하하면 헌법소원심판절차는 종료되며, 헌법재판소로서는 헌법소원심판청구가 적법한 것인지 여부와 이유가 있는 것인지 여부에 대하여 판단할 수 없게 된다.

헌재 2003. 2. 11. 2001헌마386

헌법재판소법 제40조 제1항은 "헌법재판소의 심판절차에 관하여는 이 법에 특별한 규정이 있는 경우를 제외하고는 민사소송에 관한 법령의 규정을 준용한다. 이 경우 탄핵심판의 경우에는 형사소송에 관한 법령을, 권한쟁의심판 및 헌법소원심판의 경우에는 행정소송법을 함께 준용한다"고 규정하고, 같은 조 제2항은 "제1항 후단의 경우에 형사소송에 관한 법령 또는 행정소송법이 민사소송에 관한 법령과 저촉될 때에는 민사소송에 관한 법령은 준용하지 아니한다"고 규정하고 있다. 그런데 헌법재판소법이나 행정소송법에 헌법소원심판청구의 취하와 이에 대한 피청구인의 동의나 그 효력에 관하여 특별한 규정이 없으므로, 소의 취하에 관한 민사소송법 제266조는 이 사건과 같은 헌법소원절차에 준용된다고 보아야 한다.

찾아보기

조 재 현

연세대학교 법학사
연세대학교 법학박사
독일 쾰른대학교 객원연구원
법무부 변호사시험 출제위원
법무부 사법시험위원
한국헌법학회 이사
현재 동아대학교 법학전문대학원 교수

헌법재판론

초판인쇄 2013년 8월 5일
초판발행 2013년 8월 10일

지은이 조재현
펴낸이 안종만

편 집 김선민 · 엄주양
기획/마케팅 조성호
표지디자인 김지은
제 작 우인도 · 고철민

펴낸곳 (주) 박영사
서울특별시 종로구 평동 13-31번지
등록 1959. 3. 11. 제300-1959-1호(倫)
전 화 02)733-6771
f a x 02)736-4818
e-mail pys@pybook.co.kr
homepage www.pybook.co.kr
ISBN 979-11-303-2504-0 93360

정 가 19,000원